I0099705

DÉPARTEMENT DE LA SEINE.

DONS

A

L'ARMÉE D'ORIENT.

PARIS,

IMPRIMERIE ADMINISTRATIVE DE PAUL DUPONT,
Rue de Grenelle-Saint-Honoré, 45.

1857

PARIS, IMPRIMERIE DE PAUL DUPONT,
rue de Grenelle-St-Honoré, 45.

DONS

A

L'ARMÉE D'ORIENT.

ÉTAT des dons déposés, à destination de l'Armée d'Orient, dans les mairies des douze arrondissements de Paris et dans les quatre-vingts communes du département de la Seine.

Cette publication a pour but de satisfaire au vœu exprimé par S. Exc. le Maréchal Ministre de la guerre dans une circulaire, en date du 26 décembre 1854, adressée aux Préfets, au sujet des dons offerts à l'Armée d'Orient.

Voici les termes mêmes de cette lettre :

« Je désire, Monsieur le Préfet, que la plus grande publicité « soit donnée à ces offres généreuses, et que chaque personne « puisse connaître la direction et l'emploi qui sont assignés aux « objets qu'elle destine à l'Armée.

« Un avis sera placé dans un journal de la localité, afin que « tous les dons puissent être connus, enregistrés et contrôlés. »

Les journaux, alors remplis de nouvelles et de détails relatifs

NOMS, PRÉNOMS et professions DES DONATEURS.	DONS			DATE DE LA REMISE DES DONS à l'Intendance militaire.
	EN ARGENT.		EN NATURE.	
	fr.	c.		
B... (Mme).	»		1 paquet de chaussettes.	3 mars 1855.
Bacquet (Mme).	»		1 vieux drap de lit.	2 février.
Baillet (Mme).	100	»		
Barbaroux (Mme).	»		1 paquet de charpie.	27 juin.
Barbot.	30	»		
Baret.	»		1 paquet de vieux linge.	27 juin.
Bariller de la Chevallerie.	10	»		
Id. (Fils), collégien.	2	»		
Id. (Mlle).	1	»		
Barra (Mme).	»		1 paquet de vieux linge.	3 mars.
Bavy (Mme).	»		1 — *Id.*	27 juin.
Beaucaine (Mme).	100	»		
Bellanger (Mme).	100	»		
Benier (Mme).	5	»	1 paquet de linge et charpie.	3 février-12 mars.
Blerzi (Mme)	50	»		
Borguet (Mme).	»		1 paquet de charpie.	27 juin.
Borguet.	100	»		
Bertinier.	»		1 paquet de charpie.	3 mars.
Boulanger.	»		1 — *Id.*	27 juin.
Id.	»		1 — de vieux linge.	—
Bouquet (Mme Vve).	»		1 — de charpie.	3 mars.
Bruzelin.	»		2 vieux draps, 1 couverture.	3 février.
Burat (Mme).	»		1 paquet de vieux linge.	3 mars.
Cailliez.	150	»		
Callaghan.	»		1 paquet de charpie.	27 juin.
Caron et Ozouf.	5	»		
Carteron (Alfred).	30	»		
Chatillon.	5	»		
Clopin (Mme).	»		1 paquet de vieux linge et charpie.	27 juin.
Cottenot.	20	»		
Cousin (Mlle).	»		6 draps et 12 taies d'oreillers.	3 février.
Curmer (Mme).	»		1 paquet de linge et charpie.	3 février-3 mars.
Id.	»		5 paquets de charpie.	27 juin.
Dabien.	»		1 paquet de linge et charpie.	3 février.
Dabrin.	»		1 — camisoles coton.	3 mars.
Id.	»		1 — caleçons longs.	—
Danloux Dumenil.	50	»		
Daudin (Mme).	»		1 paquet de linge.	3 mars.
Daumesnil.	»		1 — de vieux linge.	—
David.	»		1 — de charpie.	27 juin.
De Blanry (M. et Mlle).	30	»		
De Boisseuil.	»		1 paquet de vieux linge.	27 juin.
De Chatony.	»		1 — de charpie.	3 mars.
De Dion.	»		1 — *Id.*	—
De Clermont.	»		1 — *Id.*	27 juin.
Degoëst.	»		1 — de vieux linge.	3 mars.
De Gouy (Mme).	»		1 — *Id.*	27 juin.
De Janze (Bon Fréd.).	100	»		
De la Bruerre.	»		25 couvertures grises (laine).	3 février.
Id.	»		2 paires de draps.	—
Id.	»		4 taies d'oreillers.	—
De la Chevallerie (Mme).	»		1 paquet de vieux linge.	27 juin.
Delacour (Mme).	»		1 — *Id.*	3 mars.
De la Mardelle (Mme).	5	»	1 — de charpie.	27 juin.
Delaunay.	»		1 — *Id.*	—
De la Villestreux.	20	»		
De Lagrenée.	»		1 paquet de charpie.	27 juin.
Deleval.	»		1 — *Id.*	3 mars.
De Locquart.	»		1 — de vieux linge.	—

NOMS, PRÉNOMS et professions DES DONATEURS.	DONS EN ARGENT.		DONS EN NATURE.	DATE DE LA REMISE DES DONS à l'Intendance militaire.
	fr.	c.		
De Locquart (Mme).	»		1 paqu t de charpie.	3 mars 1855.
De Locquers (Mme).	»		1 — *Id.*	27 juin.
De Louvencourt.	100	»		
De Marconnet.	»		2 paquets de charpie.	3 mars-27 juin.
Dericquehem.	100	»	1 paquet *Id.*	27 juin-18 avril.
De Rougrave (Cte).	»		50 bouteilles de vin.	29 juin.
Id.	»		1 paquet de vieux linge.	3 mars.
Id.	»		12 bouteilles d'eau-de-vie.	1er mars.
Id.	»		1 paquet de vieux linge.	3 mars.
De Sieyes (Mme).	»		1 — vieux linge et charpie.	27 juin.
De Soucy.	»		1 paquet de charpie.	—
D'Est (Bne).	»		1 — *Id.*	—
D'Estigny (Mme).	»		1 — *Id.*	—
Dethan (Mme Vve).	»		1 paquet de vieux linge et charpie.	3 février.
De Fabricius.	»		1 *Id.*	3 mars-27 juin.
Deville.	»		1 paquet de vieux linge.	27 juin.
Id.	»		1 paquet de charpie.	—
De Villeplaine.	»		1 — de vieux linge.	—
Devinck, député.	»		20 caisses contenant 500 kil. de chocolat.	3 mars.
De Violaine.	»		1 paquet de vieux linge.	—
Dibos.	»		1 — *Id.*	27 juin.
D'Leindre.	10	»		
Dora (Mme).	»		1 paquet de charpie.	27 juin.
Doutreleponf.	»		1 — de vieux linge.	—
Douxon (Mme).	»		1 — de charpie.	—
D'Oyzonville.	50	»		
Drouard.	»		2 paquets de vieux linge.	27 juin.
Ducos (Mme).	»		1 paquet de charpie.	—
Duplay.	»		1 — de vieux linge.	—
Duplessy.	»		1 — *Id.*	—
Dupuis.	»		1 — *Id.*	3 février.
Durand.	50	»		
Ebelin.	»		1 paquet de charpie.	27 juin.
Fagniez.	40	»		
Fauler.	25	»		
Fauler jeune.	50	»		
Ferrand (Smith).	3	»		
Fessart.	20	»		
Février.	60	»		
Fiévé.	»		1 paquet de vieux linge.	3 mars.
Finken.	»		1 — *Id.*	27 juin.
Flamanville.	10	»		
Fouquet.	»		1 paquet de charpie.	27 juin.
Frottin, maire du 1er arr.	»		1 — contenant 6 draps.	3 mars.
Id.	»		6 couvertures.	—
Id.	»		2 paquets de charpie.	—
Forcade (Mme de).	40	»	1 paquet *Id.*	3 et 12 mars.
Gamba.	10	»		
Garnier.	»		2 paquets de charpie.	3 mars.
Gillion.	20	»		
Gombert.	»		1 paquet de vieux linge.	3 mars.
Greillier.	»		1 — de charpie.	27 juin.
Greslé.	»		1 — de vieux linge.	3 février.
Guerin, fabr. de pompes.	»		1 boîte de secours toute garnie.	3 février.
Guery.	20	»	1 paquet de vieux linge.	3 et 12 mars.
Guillaume.	»		1 — *Id.*	27 juin.

NOMS, PRÉNOMS et professions DES DONATEURS.	DONS			DATE DE LA REMISE DES DONS à l'Intendance militaire.
	EN ARGENT.		EN NATURE.	
	fr.	c.		
Guillermy (Mme).	»		1 paquet de charpie.	27 juin 1855.
Guy (Mme).	10	»	1 — de vieux linge.	3 et 12 mars.
Guyard-Delalain.	»		1 — de linge et charpie.	3 mars.
Hagan (Mme).	»		1 — de charpie.	27 juin.
Hailig.	20	»		
Henri.	»		1 paquet de linge et charpie.	3 février.
Herpin.	»		1 boîte de charpie.	27 juin.
Hulot.	»		Charpie.	—
Hottot.	20	»		
Janneron.	»		1 paquet de charpie.	27 juin.
Jamin.	»		1 — de vieux linge et charpie.	3 mars.
Jansse.	50	»	1 paquet de charpie.	3 et 12 mars.
Julg (Mme Vve).	»		1 — de vieux linge.	3 mars.
Klein.	»		1 paquet de linge.	—
Id.	»		1 — de charpie.	—
Id.	»		1 — de compresses.	—
Lebey.	50	»		
Lafaulotte.	»		1 paquet de charpie.	27 juin.
Laidier.	»		1 — de vieux linge.	—
Laimant.	100	»		
Lairtallier.	»		1 paquet de vieux linge.	27 juin.
Lambert.	3	»		
Lassus et Cernesson.	20	»		
Lebœuf.	»		2 paquets de vieux linge.	27 juin.
Id.	»		2 — de charpie.	—
Lecagh.	»		1 paquet de vieux linge.	3 mars.
Lefebvre et Michel,	»		1 — *Id.*	—
Legendre.	100	»		
Legendre (Adolphe).	40	»		
Léger (Mme).	»		1 paquet de charpie.	27 juin.
Id.	»		1 — de vieux linge.	—
Lemarchand.	»		1 — de vieux linge et charpie.	3 février.
Lemarquant.	»		2 paquets de vieux linge.	27 juin.
Lenormand (Mme).	»		1 paquet de vieux linge.	3 mars.
Le Roy.	»		1 — de vieux linge et charpie.	—
Leroy, adjoint au maire du 1er arr.	»		1 — de couvertures et vieux linge.	27 juin.
Locquart (Bne).	»		1 carton de charpie.	3 mars.
Lombard.	»		1 paquet de linge et charpie.	—
Lourdel.	»		1 — *Id.*	3 février.
Lubert.	»		1 — *Id.*	15 février 1856.
Lugardon.	»		1 — de vieux linge et charpie.	3 mars 1855.
Maison (Cte).	»		36 bouteilles de Xerès.	23 juin.
Maison des bains, 28, r. Courcelles.	»		1 paquet de vieux linge et charpie.	27 juin.
Marbeau, propriétaire.	»		1 — de vieux linge.	3 février.
Marconnet (Mme).	1	»		
Marteau.	»		1 paquet de vieux linge et charpie.	27 juin.
Martenot.	200	»		
Mathieu et Rolland.	»		12 chemises neuves, 2 paquets de linge et charpie.	3 février.
Mea.	»	50		
Mercier (Mme).	2	»		
Meunier.	10	»		
Michaud.	5	»		

NOMS, PRÉNOMS et professions DES DONATEURS.	DONS EN ARGENT.	DONS EN NATURE.	DATE DE LA REMISE DES DONS à l'Intendance militaire.
	fr. c.		
Millot.	5 »		
Moal.	»	1 paquet de charpie.	27 juin 1855.
Monet.	»	1 — d'objets divers.	3 mars.
Moreau (Mme).	»	4 couvertures, 2 paquets de bandes et charpie.	—
Moulin, inspr d'octroi.	10 »		
Muller Sochnée (Mme).	»	2 paquets de vieux linge.	3 février-27 juin.
Id.		4 couverts de laine, 2 douz. de chaussettes, 2 douz. de gants, 8 limousines blanches, 2 *id.* grises, 30 gilets tricot de laine, 18 *id.* laine et coton.	—
Niemann (Mme).	»	1 paquet de charpie.	27 juin.
O'Brien (Mme).	»	1 carton *Id.*	—
Pacgoub.	»	1 paquet de vieux linge et charpie.	3 mars.
Pajot.	»	1 — de charpie.	—
Pannin.	»	1 — *Id.*	27 juin.
Pavie.	»	1 — de vieux linge.	—
Pean de Saint-Gilles.	»	1 — de charpie.	—
Penaud (Ed.).	»	1 — *Id.*	3 mars.
Pepin Lehalleur.	»	3 vieux draps, 1 paquet de vieux linge.	3 février.
Pernier (Mme).	»	1 paquet de vieux linge.	27 juin.
Perrin.	60 »		
Petey.	20 »		
Piat, sénateur.	200 »		
Piat, général.	»	1 paquet de charpie.	27 juin.
Piault.	5 »		
Pluchon.	»	1 paquet de charpie.	3 mars.
Poulain.	10 »		
Poulain (Mme).	»	1 paquet de vieux linge.	3 mars.
Id.	»	1 — de charpie.	—
Rattier.	»	1 — *Id.*	27 juin.
Reis.	»	1 — *Id.*	3 mars.
Renou (Mme).	»	1 — de vieux linge, 12 madras.	3 février.
Renouard (Mme).	»	1 — de vieux linge et charpie.	27 juin.
Rivet (François).	40 »		
Rivet et Simon.	»	1 — de vieux linge.	3 mars.
Roche (A.).	»	1 — de vieux linge et charpie.	27 juin.
Rocques (Mme).	»	1 — de vieux linge.	3 mars.
Rouhet.	»	1 — de charpie.	27 juin.
Roy et Varennes.	»	1 — de 6 paires de chaussettes.	3 mars.
Salmon (Mme).	»	1 — de charpie.	—
Sandouilly (Mlle).	»	1 — de vieux linge et charpie.	27 juin.
Sapiecka (Pesse).	»	1 — de charpie.	—
Sarrat (Mme).	»	1 — *Id.*	—
Sauvage.	5 »		
Schmidt.	»	1 paquet de charpie.	12 mars.
Sieyes.	200 »		
Simon (Albert).	40 »	1 paquet de charpie.	12 et 13 mars.
Simon (Mme).	»	1 — *Id.*	27 juin.
Sochnée, propriétaire.	»	16 limousines, 1 caisse de linge et de charpie.	—

NOMS, PRÉNOMS et professions DES DONATEURS.	DONS			DATE DE LA REMISE DES DONS à l'Intendance militaire.
	EN ARGENT.		EN NATURE.	
	fr.	c.		
Sopereur.	»		1 paquet de charpie.	23 juillet 1855.
Spiers.	»		1 — de vieux linge.	3 mars.
Stenacker.	»		1 — de charpie.	27 juin.
Tattet (Mme).	20	»		
Tavernier.	100	»		
Tetaud.	»		1 paquet de vieux linge et charpie.	3 février.
Texier.	»		1 — de linge et tricots.	3 mars.
Thibaut.	»		1 — de charpie.	27 juin.
Thiebaut.	»		1 couverture de laine.	3 mars.
Id.	»		1 paquet de charpie.	27 juin.
Thierry.	»		1 paquet de 10 couvertures.	3 mars.
Tiby.	300	»		
Toutain.	20	»		
Trouville.	»		2 paquets de charpie.	27 et 23 juillet.
Troyer.	»		1 paquet *Id.*	3 mars.
Une petite fille.	3	»		
Vaton, propriétaire.	»		1 paquet de linge et carton de charpie.	3 février-27 juin.
Vasserot (Mme).	5	»	1 gilet de flanelle.	12 mars.
Id.	»		2 cartons de bandes, charpie.	—
Vaysse.	»		1 paquet de charpie.	27 juin.
Veret.	»		1 — *Id.*	—
Vernade.	10	»		
Vernes, cuisinière.	2	»		
Verville.	10	»		
Vrault aîné.	»		1 paquet de vieux linge.	27 juin.
Viguier (Mlle).	»		1 — de vieux linge.	—
Villa.	»		1 — de vieux linge et charpie.	3 février.
Vinches.	»		1 — de linge.	3 mars.
Yon.	5	»		
TOTAL..	3,722	50	versés à la caisse du ministère de la guerre les 20 avril 1855 et le 18 février 1856.	

DEUXIÈME ARRONDISSEMENT.

	fr.	c.		
Adolphe (Mme).	»		Charpie.	29 juin 1855.
Altendorf (Mme).	»		Vieux linge.	—
Ancelle.	»		*Id.*	3 février.
Andrial (Mme).	»		*Id.*	3 mars.
Andrieux (Mme).	40	»		
Anger (Mme), rentière.	»		Vieux linge, charpie.	29 juin.
Anner, rentier.	5	»		
Anonyme.	100	»		
Id.	20	»		
Id.	10	»		
Id.	10	»		
Id.	5	»		
Id.	10	»		
Id.	20	»		
Id.	5	»		
Id.	»		Vieux linge.	3 février.
Id.	»		*Id.*	—
Id.	»		*Id.*	3 mars.
Id.	»		*Id.*	29 juin.
Id.	»		Vieux linge, charpie.	—

NOMS, PRÉNOMS et professions DES DONATEURS.	DONS EN ARGENT. fr.	c.	DONS EN NATURE.	DATE DE LA REMISE DES DONS à l'Intendance militaire.
Anonyme.	»		Vieux linge.	29 juin 1855.
Antoine (Mme).	»		5 couvertures de coton.	3 mars.
Argand (Mme).	»		Charpie.	3 mars-29 juin.
Arnaut (Mlle).	5	»		
Atelier de facteurs de pianos.	21	75		
Aubert.	2	»		
Azambre (M. et Mme).	»		Bandes, charpie.	3 mars.
Baillot, propriétaire.	»		Vieux linge.	—
Bailly.	20	»		
Barthe.	»		Charpie.	29 juin.
Barthe (Mme), concierge.	»		*Id.*	—
Bartholomé (Mme).	»		*Id.*	—
Bartholony (Mme).	»		*Id.*	—
Baudoux, garçon de recette.	»		Vieux linge.	—
Bault.	20	»		
Beausillon (Mme Vve).	»		Charpie.	29 juin.
Beck (Mme Vve).	»		Vieux linge.	3 mars.
Beck.	»		3 couvertures, vieux linge.	—
Belin (Mme).	»		Vieux linge, charpie.	29 juin.
Berceon (Mme).	»		1 couverture, vieux linge.	—
Bernard (Mme).	5	»		
Bertin (Mme).	»		Vieux linge.	3 mars.
Bertin.	»		*Id.*	—
Beurdeley (Mme).	»		Linge.	3 février.
Bignon (Mme).	»		Charpie.	29 juin
Binding (Mme).	»		Vieux linge.	3 mars.
Biollay (Paul).	20	»		
Biot.	5	»		
Bisson (Mme).	»		Bandes, compresses, charpie, 10 douz. p. de chaussettes.	29 juin.
Bocquet (Eugène).	2	»		
Bondon (Paul).	20	»		
Bonnet et ses employés.	155	50		
Bordeaux (Mme), rentière.	»		Vieux linge.	3 mars.
Boscary (Mme Vve).	»		Charpie.	29 juin.
Boué (Mme).	»		Charpie, 3 paires de chaussettes de laine.	3 mars.
Bournet, négociant.	200	»		
Bouzenot, bijoutier.	»		Vieux linge.	29 juin.
Boy (Mme), concierge.	»		Charpie.	—
Boyer (M. et Mme).	5	»	Vieux linge.	—
Brandex.	5	»		
Brémond (Mme).	»		Vieux linge.	29 juin.
Breuillard (Mme).	»		*Id.*	3 février.
Bruneau, huissier à l'Assemblée.	3	»	Vieille couverture, linge, charpie.	3 mars.
Bucquet (Mme Vve).	»		Bandes, charpie.	29 juin.
Cadot (Mme).	5	»		
Caissier des Variétés.	10	»		
Carbonnet.	20	»		
Casis.	2	»		
Cathrein (Mme).	»		Vieux linge, charpie.	3 mars-29 juin
Cathrein.	60	»		
Cercle des Arts.	1,500	»		
Cercle du Commerce.	1,000	»		
Cercle du Commerce et de l'Industrie.	500	»		
Challiot (Mme), institutrice.	7	»	Vieux linge, bandes, compresses, charpie.	3 mars.
Chamolet (Mme).	»		Charpie.	29 juin.

NOMS, PRÉNOMS et professions DES DONATEURS.	DONS EN ARGENT.		DONS EN NATURE.	DATE DE LA REMISE DES DONS à l'Intendance militaire.
	fr.	c.		
Chapelle, cordonnier.	»		Vieux linge, charpie.	29 juin 1855.
Chatonney (Mme).	100	»		
Chaudet (Mme), propriétaire.	»		Vieux linge, charpie.	29 juin.
Chasle (Mme).	»		Vieux linge, bandes, charpie.	3 mars.
Christophe, médécin.	»		1 vieux couvre-pieds.	29 juin.
Chaillot (Mme).	»		Vieux linge.	3 février.
Colas (Mlle).	5	»		
Collonnier.	»		Bandes.	3 mars.
Comptoir nat. d'Escompte.	3,000	»		
Coquerel (Mme).	100	»		
Cordel (Mme).	»		Vieux linge.	3 février.
Cornu (Mme Vve).	»		Vieux linge, charpie.	29 juin.
Cottin, propriétaire.	»		*Id.* *Id.*	3 mars.
Cottinet (Mme), propriétaire.	»		Vienx linge, bandes, charpie.	—
Courtbiade.	5	»		
Courtot.	5	»		
Crespel (Mme), épicière.	»		Charpie.	29 juin.
Dacosta.	5	»		
Daguin (Constant), rentier.	20	»		
Daugny (Mme).	»		Charpie.	29 juin.
D'Arberou.	»		Bandes, vieux linge.	—
De Cancloux (Csse).	»		Charpie.	3 mars.
De Chamiso (Cte).	»		Vieux linge, charpie.	—
De Courville et Petit de Barancourt (Mmes).	»		Charpie.	29 juin.
Delanneau.	»		Vieux linge.	3 mars.
De la Paquerais.	20	»		
Delatouche (Mme).	»		Bandes, charpie.	29 juin.
De Loustal (Mme).	»		Linge.	3 février.
Delton.	»		Charpie.	3 mars.
De Maupron.	10	»		
Demouchy (Mme).	»		Vieux linge, bandes, charpie.	3 mars.
Denis, lieutt.colel en retraite.	»		3 couvertures de laine, bandes, charpie.	3 février.
De Rigny (Csse).	»		Charpie.	29 juin.
Deronsse (Mme).	»		3 couvertures de laine.	—
Desbœuf (Mme).	»		Bandes, compresses, charpie.	—
Deshayes, tailleur.	»		Vieux linge.	3 mars.
Deslauriers (Mme).	»		Bandes, charpie.	29 juin.
Desvallières (Mme).	»		Charpie	—
Detroyes (Mme), rentière.	»		Vieux linge, draps, tapis, charpie.	3 février-3 mars.
Dentz Brentaud (Mme).	»		Bandes, charpie.	29 juin.
De Varenne (Mse).	»		Vieux linge, charpie.	—
De Viallanes (Bne).	»		Charpie.	—
Directeur et Elèves de l'Ecole communale de garçons, impasse de l'Ecole, 9.	25	»		
Doré jeune.	»		Vieux linge.	3 février.
Duchesne, employé.	»		Bandes, charpie.	29 juin.
Dupin.	»		2 couvertures de laine neuve.	3 février.
Dupont (Mme).	»		Vieux linge, charpie.	29 juin.
Dupotet (Mlle).	»		Vieux linge.	3 mars.
Duquesne (Mme).	30	»		
Durand.	»		Vieux linge.	3 mars.
Dusouzel, propriétaire.	»		3 couvertures de laine grise.	—
Duval, notaire.	»		5 vieux draps, charpie.	3 mars-29 juin.
Duval (Constant).	»		Linge, draps, charpie.	3 février.
Elèves de l'Ecole des filles, rue Breda.	17	50		

NOMS, PRÉNOMS et professions DES DONATEURS.	DONS EN ARGENT.	DONS EN NATURE.	DATE DE LA REMISE DES DONS à l'Intendance militaire.
	fr. c.		
Employés du contrôle des Variétés.	14 20		
Fessars (Charles).	»	6 gilets de tricot.	3 mars 1855.
Février (Mlle).	»	Vieux linge.	—
Fontenay, bijoutier.	»	Bandes, compresses, charpie.	—
Fould (Eugène), notaire.	»	4 draps de lit.	3 février.
Fouqueau de Pussy (Mme).	»	Vieux linge.	3 mars.
Fournères (Xavier).	»	100 bouteilles de Bordeaux.	1er mars.
Fremé (Mme).	»	Vieux linge, charpie.	29 juin.
Fresné.	7 »		
Freville.	20 »		
Galaud (Mme), propriétaire.	»	Vieux linge, charpie.	29 juin.
Galand, architecte.	»	Vieux linge.	3 mars.
Gallot (Mme).	100 »		
Gaytte.	»	Vieux linge, charpie.	29 juin.
Gerast (Mme).	5 »		
Glandaz, ancien avoué.	100 »		
Godard (Mme.)	»	Vieux linge.	3 mars.
Godard de Sapenay (M. et Mme).	»	Charpie.	3 mars-29 juin.
Gomard, rentier.	10 »		
Gouin (Mlle).	»	Vieux linge.	3 février.
Grandard.	20 »		
Grangeret (Mme).	10 »		
Grenier.	»	Vieux linge.	3 mars.
Grondard (Mme), propriétaire.	»	*Id.*	—
Gruby, médecin.	»	12 couvertures de laine grise, 12 paires de chaussettes, 12 paires de chaussons, 531 bandes.	3 mars-29 juin.
Guillaume, propriétaire.	50 »		
Guiot, épicier.	3 »		
Habeneck (Mme Vve).	»	2 couvertures de laine grise, 2 paires de chaussettes de laine, vieux linge.	3 mars.
Hackspil (Mme).	»	Compresses, charpie.	29 juin.
Haim (Mme Vve).	5 »		
Halphen (MM. et MMmes).	600 »	40 tabliers, 15 bandes, 21 draps de lit, 19 serviettes, 1 fichu, 2 taies d'oreiller, charpie, serviettes, chemises, linge.	3 février.
Halphen (Léopold) (Mme).	»	Charpie.	29 juin.
Harang.	»	Vieux linge.	3 mars.
Hédouin (Mme).	»	Charpie.	29 juin.
Held, rentier.	5 »		
Henry (Mme Vve).	»	Bandes, compresses, charpie.	29 juin.
Hérard, rentier.	»	Vieux linge.	3 mars.
Hérault (Mme).	»	Vieux linge, charpie.	29 juin.
Hervez.	20 »		
Heurtault (Mme).	»	Vieux linge, charpie.	29 juin.
Heyder.	400 »		
Hinoult, propriétaire.	5 »		
Holm, ingénieur suédois.	»	1 couverture rayée.	3 février.
Honoré (Mme).	»	Charpie.	29 juin.
Honoré (produit d'une quête à domicile.)	80 »		
Huet (Mme), rentière.	20 »	Draps, vieux linge, charpie.	3 février.
Jacquelin.	40 »		

NOMS, PRÉNOMS et professions DES DONATEURS.	DONS EN ARGENT. fr.	c.	DONS EN NATURE.	DATE DE LA REMISE DES DONS à l'Intendance militaire.
Jaffeux.	5	»		
Jarre (Mlle).	»		Vieux linge.	29 juin 1855.
Joly (Mlle).	»		*Id.*	3 mars.
Jonas (Mme).	»		Vieux linge, charpie.	29 juin.
Julien.	»		*Id.* *Id.*	—
Kœnigswarter (Mlle).	»		Charpie.	3 mars.
Labarthe.	100	»		
Labour, juge.	»		Draps, vieux linge, charpie.	3 mars.
Lacarrière (Mme).	»		Vieux linge.	3 mars-29 juin.
Lafargue, rentier.	20	»		
Laffon de Ladebat (M. et Mme).	»		2 couvertures de laine grise.	3 mars.
Lagoutte (Mme).	»		Vieux linge.	29 juin.
Lainé.	10	»		
Lendormy (Mme Vve).	»		Charpie.	3 mars.
Langlois (Mme Vve), propre.	5	»		
Lapra, propriétaire.	10	»		
Laüe (Mme).	»		Vieux linge.	3 mars.
Lasson, rentier.	»		Vieux linge, bandes, charpie.	29 juin.
Laulaine.	20	»		
Laurier (Mme)	»		Vieux linge, charpie.	29 juin.
Leclair.	»		2 couvertures, vieux linge.	3 mars.
Leclerc (Mme).	»		2 draps, 1 oreiller, vieux linge.	3 février.
Lecuyer (Mme).	25	»		
Lemaître (Mme).	»		Charpie.	29 juin.
Lemoine.	10	»		
Léon Comte (Mme).	»		Charpie.	29 juin.
Lepeintre, rentier.	»		Vieux linge, bandes, charpie.	3 mars.
Lescudier.	5	»		
Levaux (Henri), avoué.	»		Vieux linge, hardes.	3 mars.
Leviel, propriétaire.	»		Vieux linge.	3 février.
Lièvre, propriétaire.	»		Charpie.	29 juin.
Lippemann (Mme).	»		Bandes, charpie.	—
Louveau.	40	»		
Louvet (Mme).	»		Vieux linge, charpie.	3 mars.
Loyer.	»		Vieux linge.	3 février.
Mancel, médecin.	20	»	Bandes, compresses charpie.	29 juin.
Mandrou père, négociant.	150	»		
Mandrou de Villeneuve (Mme).	»		Vieux linge, bandes, charpie.	3 mars.
Manière.	20	»		
Maquart (Mme Vve).	»		Charpie.	29 juin.
Marcaire.	2	»		
Margueritte.	»		Vieux linge, bandes, charpie.	29 juin.
Martenot Garom de Cussy.	100	»	Charpie.	—
Martin (Mlle).	»		Vieux linge.	3 mars.
Martin, bottier.	5	»		
Martin de la Paquerais (Mme).	»		Vieux linge, gilet, bas de laine.	29 juin.
Martineau (les héritiers).	»		Vieux linge.	—
Marty, négociant.	»		Charpie.	3 mars.
Mathéous.	40	»		
Meunier (Mme), propriétaire.	»		Vieux linge, charpie.	3 mars.
Meyer (Mme), concierge.	5	»		
Meyer (Mme).	»		Charpie.	29 juin.
Mignot.	50	»		
Millet (Mme).	»		Charpie.	29 juin.
Minat (Mme), rentière.	2		Vieux linge.	3 février.
Mirio (Mme).	»		Vieux linge, charpie.	29 juin.
Moineaux.	5	»		

NOMS, PRÉNOMS et professions DES DONATEURS.	DONS			DATE DE LA REMISE DES DONS à l'Intendance militaire.
	EN ARGENT.		EN NATURE.	
	fr.	c.		
Monbourne.	»		Charpie.	29 juin 1855.
Monestier, rentier.	»		Vieux linge, bandes, charpie.	3 mars.
Muller (Charles), négociant.	»		Vieux linge, bandes, charpie.	29 juin.
Niquet (M. et Mme).	50	»		
Noel (Mme).	»		Vieux linge, charpie.	3 février.
Norès, rentier.	»		4 draps de lit.	3 mars.
Nunès (Georges).	40	»		
Ouvreuses et employés de l'orchestre des Variétés.	27	25		
Ouvriers machinistes de l'Opéra.	117	15		
Panhard (Mme Vve).	»		Charpie.	3 mars-29 juin.
Panhard, propriétaire.	»		*Id.*	3 mars.
Parent.	20	»		
Pégout (Mme).	»		Charpie.	29 juin.
Perlin (Mlle).	5	»		
Petit.	»		Vieux linge, charpie.	29 juin.
Petit (Jules).	»		1 couverture, linge, charpie.	3 février.
Petit de Gatines.	50	»		
Pezé.	60	»		
Philippe.	10	»		
Picard.	10	»		
Piot (M. et Mme).	»		Charpie.	29 juin.
Pique (Paris).	5	»		
Poidevin (Mme).	»		Vieux linge.	29 juin.
Pochard (Mme).	»		2 couvertures de laine, 2 paires de chaussettes.	3 mars.
Prignan.	15	»		
Prost, médecin.	»		Vieux linge.	3 mars.
Prugneaux.	200	»		
Radiguet.	10	»		
Ragani (bal donné au théâtre Italien).	1,000	»		
Ramelot et Ragneaud (Mme).	150	»		
Rampont.	5	»		
Raquillon.	»		Vieux linge, charpie.	29 juin.
Raverot (Mme Vve).	»		Charpie.	—
Renout (Mme).	»		6 vieux draps, charpie.	—
Renouard.	5	»		
Ricint et Mignon (MM.).	»		9 douz. de serviettes, 32 peignoirs.	29 juin.
Roche.	10	»		
Roche (Mlles).	»		Bandes, compresses, charpie.	3 mars.
Roger, médecin.	»		1 petite couverture de laine grise.	—
Roger, peintre d'histoire.	20	»		
Rougemont de Lowemberg (Mme).	»		Vieux linge, charpie.	29 juin.
Rousseau (Philippe).	20	»		
Rue (Mme), propriétaire.	»		Vieux linge, charpie.	3 mars.
Ruel.	20	»		
Saffers (Mme Vve).	»		Vieux linge.	3 mars.
Saussine, propriétaire.	»		*Id.*	—
Sauvage.	10	»		
Sellier (Mme).	»		Compresses, charpie.	3 mars.
Simon (Mme).	»		Charpie.	29 juin.
Simon, rentier.	50	»		
Sinet (Mme).	»		Charpie.	29 juin.
Société philanthropique des maîtres tailleurs de Paris.	100	»		

NOMS, PRÉNOMS et professions DES DONATEURS.	DONS EN ARGENT.		DONS EN NATURE.	DATE DE LA REMISE DES DONS à l'Intendance militaire.
	fr.	c.		
Soyer (M. et Mme).	»		Charpie.	3 mars-29 juin 1855.
Stichel (Mme).	40	»		
Stichel (Léopold, Achille, Léonard) (MM.).	30	»		
Stiebel (Mme).	»		Vieux linge, charpie.	3 mars.
Tanrade (Amélie) (Mme).	10	»		
Tellier (Mme).	»		Vieux linge, bandes.	29 juin.
Théâtre des Variétés.	561	»		
Thiphaine Desanneaux.	50	»		
Thurot (Mme), rentière.	30	»		
Torras (Léon).	»		Linge, draps de lit.	3 février.
Vellet.	»		6 vieilles chemises.	29 juin.
Vergniau.	5	»		
Viguerand.	25	»		
Villain de St-Hilaire (Mme).	»		Charpie.	29 juin.
Vinchon.	30	»		
Vuillaume (Mme).	»		Bandes, compresses, charpie.	29 juin.
Wiedmer (Mme).	»		Bandes, charpie.	—
Wirth (Mme).	»		Vieux linge, charpie.	—
TOTAL...	12,114	35	versés à la caisse du ministère de la guerre le 20 avril 1855 et le 18 février 1856.	

TROISIÈME ARRONDISSEMENT.

	fr.	c.		
Acloque.	»		Linge.	3 février 1855.
Anonyme.	1	»		
Id.	»		2 lots de charpie.	3 mars.
Id.	»		1 — *Id.*	—
Id.	»		Plusieurs paquets de vieux linge.	3 février-3 mars.
Id.	»		1 paquet de vieux linge.	3 mars.
Id.	»		Couverture et linge.	3 février.
Id.	»		1 paquet de vieux linge.	3 mars.
Id.	»		Bandes et charpie.	3 février.
Id.	»		Linge et charpie.	3 mars.
Id.	»		12 draps, 3 gilets de flanelle, 12 paires de chaussettes et du linge.	3 février.
Id.	5	»		
Id.	20	»	Charpie.	3 février.
Id.	»		*Id.*	—
Id.	8	»		
Id.	»		Charpie.	3 février.
Id.	10	»		
Id.	10	»		
Aretz (Mme Vve).	»		4 draps.	—
Aubry.	»		2 caisses de genièvre, 100 bouteilles.	19 février.
Balaine.	20	»		
Barreswil.	20	»	1 ballot de vieux linge.	3 février.
Barroux.	1	»		
Barthe.	»		Charpie.	3 février.
Baton.	»		Linge.	—
Baudelocque.	20	»		
Bauzon.	5	»		
Beau (Ferdinand).	10	»		
Beauchez.	5	»		

NOMS, PRÉNOMS et professions DES DONATEURS.	DONS EN ARGENT.		DONS EN NATURE.	DATE DE LA REMISE DES DONS à l'Intendance militaire.
	fr.	c.		
Beaulieu.	»		2 couvertures, 1 paquet de linge et charpie, 12 paires de chaussons.	3 février 1855.
Béguin, pharmacien.	»		Charpie.	3 mars.
Berger père.	20	»		
Berger (Oscar).	20	»		
Bergmann.	»		Charpie et vieux linge.	3 février.
Berneuil.	»		Charpie.	—
Bernon.	5	»	Linge.	
Bertin.	5	»		
Bertrand, notaire.	40	»		
Besson, propriétaire.	200	»		
Bienaimé.	»		2 coupes de draps.	3 février.
Bignault Delacour.	20	»		
Billiet et divers.	111	»		
Blanc (Mme).	»		1 paquet de toile.	3 mars.
Bloch.	»		Vieux linge et bandes.	3 février.
Boillot (Mme).	»		Linge et charpie.	3 mars.
Boissy et Vildieu.	10	»		
Boivin.	»		72 paires de chaussettes de laine.	3 février.
Boldin (John).	50	»		
Bouez et fils.	50	»		
Bouisson.	»		1 drap, 2 gilets de flanelle, charpie et linge.	3 février.
Bourdaux.	100	»	2 draps, 1 paquet de vieux linge.	—
Brousse.	»		Charpie.	—
Broyelle (M.)	»		Linge et charpie.	3 mars.
Bruyère (de la).	»		Linge.	3 février.
Bruyère.	21	»		
Cailleux.	»		10 paires de chaussettes.	3 février.
Camus.	»		Bandes et charpie.	—
Carlier (Mme), r. Montmartre.	»		Charpie.	3 mars.
Carlier (Mme), r. du Mail.	10	»		
Carpentier.	»		Linge, 1 couverture, 1 gilet de flanelle et bas.	3 février.
Carruesco.	»		Linge et cravattes.	—
Cerveau Léal.	20	»		
Chaillot.	»		Vieux linge.	3 février.
Chanson.	5	»		
Chedeaux.	»		Vieux linge.	3 février.
Cheuvreux, Aubertot, Herbet-Loireau et Cie.	»		24 couvertures de laine grise.	—
Chocardelle (Mme).	20	»	Compresses et charpie.	3 mars.
Claudin.	5	»		
Collière.	»		Vieux linge.	3 février.
Corbière, curé de St-Vincent-de-Paul.	107	»	2 paquets de bandes et charpie.	3 mars.
Corneille.	»		10 chemises et 6 serviettes.	3 février.
Cotelle.	»		Serviettes et compresses.	—
Curé de St-Eustache.	»		Charpie et linge.	—
Daffrique (Mlle).	»		4 douz. de bas de laine, 2 douz. de gilets et 2 douz. de caleçons en coton.	3 février.
Debarolet.	5	»		
Decaen.	10	»		
Decan, maire du 3e arr.	100	»	1 paquet de linge et charpie.	3 février.
Deconty (Mme).	»		Linge et charpie.	3 mars.
Delabarre.	10	»		

NOMS, PRÉNOMS et professions DES DONATEURS.	DONS			DATE DE LA REMISE DES DONS à l'Intendance militaire.
	EN ARGENT.		EN NATURE.	
	fr.	c.		
Delalande.	50	»	Charpie et bandes.	3 février 1855.
Delasalle.	»		2 draps.	—
Delaunoy.	»		Linge.	—
Delessert.	200	»		
Demachy.	»		Charpie.	3 mars.
Denep (Mlle).	»	50		
Derome.	»		2 bouteilles d'eau-de-vie.	3 février.
Desprès, concierge.	5	»		
De Wailly.	20	»		
Douillet.	10	»	Vieux linge.	3 février.
Doussot.	2	»		
Dreux.	»		Charpie.	3 mars.
Duché.	160	»		
Dufour.	50	»		
Dufour, notaire.	»		2 paquets de charpie vierge.	3 février.
Dufour (Paul-Ernest).	15	»		
Dufresne.	»		1 ballot de bandes et charpie.	3 mars.
Dumas.	»		1 paquet de charpie et linge.	3 février.
Durand, rue Vivienne.	»		1 couverture et 1 paquet de linge.	—
Durand, rue du Faubourg-Poissonnière.	20	»		
Durenne.	200	»		
Erat-Oudet.	5	»		
Esnault-Peltrie.	15	»		
Fagot.	»		1 paquet de linge et 1 de de charpie.	3 février.
Fanet.	10	»		
Fol.	»		Linge.	3 février.
Folignet.	2	»		
Fontaine.	»		1 paquet de linge.	3 février.
Forney.	5	»		
Fortin.	160	»		
Fourey.	»		2 couvertures, 1 tapis, 2 caleçons, 1 paire de bas, 2 toiles de matelas, 3 taies d'oreiller et du vieux linge.	3 février.
Frechon.	»		Chaussettes.	—
Fremin.	5	»		
Frémont.	20	»	1 paquet de vieux linge.	3 mars.
G. A. C. T. T.	100	»		
Gagnet.	»		6 draps, 1 paquet de linge.	3 février.
Gaillard.	10	»	1 paquet de charpie.	—
Gelée.	20	»		
Génot.	»		Bandes et charpie.	3 février.
Germain-Thibaut et divers.	2,283	»	3 paquets de vieux linge.	3 février-3 mars.
Gillet.	10	»		
Gosset.	75	»		
Gréhant.	20	»		
Grandjean (Mlle).	»		1 paquet de toile, compresses et bandes.	3 mars.
Gronle.	»		1 couverture et linge.	3 février.
Guiffard (Mme), institution.	»		2 paquets de vieux linge et charpie.	3 mars.
Guyot.	5	»	Vieux linge.	3 février.
Haxtre et Pépin.	25	»		
Hamel, propriétaire.	5	»		
Hamot.	95	»		
Hardy et Paillard (Mme).	»		1 paquet de vieux linge, bandes et charpie.	3 mars.

NOMS, PRÉNOMS et professions DES DONATEURS.	DONS EN ARGENT.		DONS EN NATURE.	DATE DE LA REMISE DES DONS à l'Intendance militaire.
	fr.	c.		
Hébert, adjoint au maire du 3e arr.	»		3 paquets de charpie, couvertures et 1 paquet de vieux linge.	3 mars 1855.
Hennecart.	»		1 paquet de linge.	3 février.
Henry.	150	»		
Herbet-Loreau, négociants.	»		24 couvertures.	3 février.
Hinot.	5	»	Linge.	—
Horrer, adjoint au maire du 3e arr.	20	»		
Hôtel de Flandres.	»		1 paquet de vieux linge.	3 février.
Jackson.	»		2 couvertures.	—
Jacob-Lambert.	20	»		
Jacquesson.	»		2 paquets de bandes.	3 février.
Jeuck.	10	»		
Laflèche.	50	»		
Lalande.	»		Bandes et charpie.	3 février.
Lamaison.	5	»		
Lanseigne (Mme).	»		5 draps et 12 serviettes.	3 février.
Lanseigne frères.	100	»	2 chemises, linge.	—
Lavanchy (John).	10	»		
Lavaud.	»		1 paquet de charpie.	3 février.
Lavoignat.	6	»		
Leboyteux.	20	»		
Leclerc.	1	50		
Lecouturier.	»		Linge.	3 février.
Lecuyer.	»		Vieux linge.	—
Ledreux.	5	»	Charpie et linge.	—
Lefebure de St-Maur.	»		1 paquet de linge.	—
Lefebvre (Jacques).	100	»		
Legentil (Mme).	50	»	Charpie.	3 mars.
Legentil père.	300	»		
Legentil fils.	50	»		
Lelarge.	»		Linge et charpie.	3 mars.
Lemaire (Mme).	»		Linge.	—
Lemarchand.	20	»		
Léon aîné.	25	»		
Leser.	50	»		
Letac, institutrice.	»		Charpie.	3 février.
Leullier.	5	»		
Levois.	»		Linge.	3 février.
Linard.	10	»	*Id.*	—
Lombard.	»		*Id.* et charpie.	3 février.
Loude et Brandac, négociants.	»		100 cache-nez.	—
Lucy (Marguerite).	10	»		
Lucy (Eugène).	10	»		
Lucy-Sédillot.	100	»		
Maendl (Mme).	»		2 paquets de vieux linge et charpie.	3 mars.
Magnin.	»		2 paquets de vieux linge et charpie.	—
Marchais (Mlle).	»		1 paquet de linge et charpie.	—
Marest-Petit.	»		Vieux linge.	3 février.
Marguin (Mme).	»		Charpie.	3 mars.
Martin.	»		Linge.	3 février.
Maubert.	5	»		
Menestrier.	»		1 paquet de linge.	3 février.
Mercier.	1	»		
Mercier, huissier.	»		Charpie.	3 mars.
Mesiasse.	10	»		
Messageries impiles, adminon.	2,000	»		
Mignotte, ancien notaire.	60	»		

NOMS, PRÉNOMS et professions DES DONATEURS.	DONS			DATE DE LA REMISE DES DONS à l'Intendance militaire.
	EN ARGENT.		EN NATURE.	
	fr.	c.		
Mille (Mme).	»		1 paquet de vieux linge.	3 février 1855.
Monnot.	1	»		
Monod.	50	»		
Mordret (Mlle).	»		1 paquet de charpie.	3 février.
Moreau, présidt de l'Œuvre de St-François.	35	40		
Muller.	»		1 paquet de charpie et linge.	3 février.
Muller (Charles).	20	»		
Noirot.	»		Vieux linge.	3 mars.
Oberkampf.	»		Charpie.	3 février.
Pagès (Mme).	»		*Id.*	—
Pagez-Baligot.	50	»		
Palant.	20	»		
Patissier aîné, tailleur.	»		1 caleçon, des jambières et 1 capuchon imperméable.	3 mars.
Paturle (Mme).	»		2 paquets de linge.	3 février.
Paturle et Cie.	500	»		
Payen.	178	50	Linge, bandes, compresses et charpie.	3 février.
Payen et divers.	614	50	1 paquet de linge et charpie.	—
Périer.	»		Vieux linge.	—
Peltre.	»		1 couverture et 1 paquet de charpie.	—
Pillivuyt-Dupuis et Cie.	25	»		
Pinard.	5	»		
Pitancier.	10	»		
Piton, courtier.	»		1 paquet de charpie.	3 février.
Piton (Mme).	»		Vieux linge.	3 mars.
Plumier.	»		*Id.*	3 février.
Poncy.	10	»		
Poyet, avocat.	»		1 paquet de linge et 1 couverture de laine.	3 février.
Prelier.	200	»		
Preux.	»		Charpie et bandes.	15 février 1856.
Prosper.	»		100 flacons d'eau-de-vie.	—
Quétil (Mme).	»		Charpie.	—
Rameye.	10	»		
Rattier.	50	»		
Réné.	»		Linge.	15 février.
Richaud.	100	»		
Richaud fils.	100	»		
Ridet.	1	»		
Rivière.	»		Linge.	15 février.
Robert.	»		*Id.*	—
Rolland.	»		*Id.*	—
Roncourt.	»		2 matelas, 1 oreiller, 1 traversin et 2 couvertures.	—
Roullé (Mme).	»		Charpie	—
Rumler (Mme Vve).	5	»	2 draps.	—
Salé.	»		2 draps.	—
Santojre.	1	»		
Sciama.	10	»		
Sédillot (Charles).	20	»		
Sédillot (F.).	100	»		
Terillon.	»		Linge.	15 février.
Thory (Mme).	»		2 petits paquets de linge, et charpie.	—
Thouron.	»		2 chemises.	—
Toutain.	»		Bandes et charpie.	—
Touzet.	2	»		

NOMS, PRÉNOMS et professions DES DONATEURS.	DONS EN ARGENT.		DONS EN NATURE.	DATE DE LA REMISE DES DONS à l'Intendance militaire.
	fr.	c.		
Travers.	50	»		
Trouillet (Mme Vve).	10	»		
Trouillet.	10	»	2 paquets de linge.	15 février 1856.
Truchy.	50	»	1 paquet de vieux linge.	—
Vallery.	20	»		
Vandernot.	10	»		
Vassal.	100	»		
Vasset.	5	»	1 ballot de vieux linge.	15 février.
Vasseur.	5	»		
Vatin.	10	»		
Vatin et Cie.	500	»		
Verneuil.	»		Linge et charpie.	15 février.
Vigne.	»		Linge.	—
Vilain, concierge.	»		*Id.*	—
Voitrin.	10	»		
TOTAL...	10,889	40	versés à la caisse du ministère de la guerre le 20 avril 1855 et le 18 février 1856.	

QUATRIÈME ARRONDISSEMENT.

NOMS	ARGENT		NATURE	DATE
	fr.	c.		
Adamoly, négociant.	10	»		
Affichage (employ. ouvr. d').	100	»		
Armand, négociant.	10	»		
Anonyme.	»		1 paquet de vieux linge.	3 février 1855.
Id.	»		1 petit paquet de linge.	—
Id.	»		1 paquet de linge et charpie.	—
Id.	»		1 — de vieux linge.	—
Id. (par les sœurs de Christ.)	»		Paquet de vieux linge.	—
Id.	»		Lot de charpie.	—
Id.	»		1 petit paquet de vieux linge.	—
Id.	»		1 — de linge.	—
Id.	10	»	3 paires de gants, 4 paires de chaussettes, 1/2 kil. de chocolat, 1 paquet de vieux linge.	29 janvier-3 février.
Id.	5	»		
Id.	5	»		
Barbay, clerc.	5	»		
Bernard Bonhomme, rentier.	8	»		
Bernot, serrurier.	5	»		
Besneux, menuisier.	»		1 paquet de vieux linge.	3 février.
Besneux (Mme).	»		Lot de charpie.	—
Bienaimé, négociant.	»		25 m. 80 c. de drap.	—
Bigle, négociant.	»		2 douz. de caleçons en coton.	—
Blancart, négociant.	10	»		
Blocaille, maître d'hôtel.	5	»	1 paquet de vieux linge.	3 février.
Bohin et Corday, quincailles.	5	»		
Bonnes de M. Sangnier.	10	»		
Borniche, propriétaire.	25	»		
Bouchet.	»		1 paquet de vieux linge.	15 février 1856.
Bouffard (Mme).	»		1 paquet de vieux linge et charpie.	3 février 1855.
Brebion (Mme).	»		1 petit paquet de vieux linge.	—
Brebion, négociant.	20	»		
Brunet, médecin.	5	»		
Cadet-Gassicourt, pharmac.	»		2 kil. de charpie.	3 février.

NOMS, PRÉNOMS et professions DES DONATEURS.	DONS EN ARGENT.		DONS EN NATURE.	DATE DE LA REMISE DES DONS à l'Intendance militaire.
	fr.	c.		
Caillot (Mme).	20	»		
Caron (Mme et sa fille).	100	»	1 paquet de charpie.	3 février 1855.
Id.	»		Paquet de linge.	23 juillet.
Catrin (Mme).	»		Paquet de linge et charpie.	3 février.
Cestéré, rentier.	5	»		
Chambaux (Jules), négociant.	»		10 douz. de chaussettes de laine.	3 février.
Chambry et Cie.	»		500 draps en toile.	15 février 1856.
Chauvet, aubergiste.	5	»		
Cherronnet, entrepreneur.	20	»		
Cohin et Cie, négociants.	500	»		
Colon, négociant.	5	»		
Coquillon, march. de tabac.	5	»		
Costard, hôtelier.	»		6 draps, 24 serviettes.	3 février 1855.
Cottereau, concierge.	5	»		
Cotton, fourreur.	»		6 douz. de suspensoirs.	3 février.
Cramail (Jules), juge au tribunal civil.	20	»		
Darblay et Béranger, négoc.	400	»		
D'Argout, gouverneur de la Banque.	300	»		
Dandré, propriétaire.	»		2 douz. de chaussettes en laine, 1 douz. de gilets de flanelle.	3 février.
David (Théodore), négociant.	»		5 draps, 2 nappes et 1 enveloppe de toile.	—
Decagny.	20	»		
Defoy, rentier.	»		2 camisolles de coton.	3 février.
Delamarre et Lefèvre, négoc.	20	»	1 paquet de linge.	—
Delon.	»		1 douz. de vestes peluchées en laine.	—
Delorme (Mme).	»		1 petit paquet de linge et charpie.	—
Demarne, négociant.	»		12 caleçons en flanelle.	—
Dernis, propriétaire.	20	»		
Desaide, graveur.	10	»		
D'Etchevery, négociant.	30	»		
Didier (Mme).	»		1 paquet de linge.	3 février.
Dreyfous, fourn. de farines.	20	»		
Drouhin, marchand de vin.	5	»		
Dondelle, marchde de fruits.	5	»		
Domergue, marchand de vin.	4	»		
Dubois, grainetier.	5	»		
Duchêne et Defrain, négocts.	»		1 paquet de linge et charpie.	3 février.
Dupart, tailleur.	»		1 — de linge.	—
Dupire et Cie, négociants.	20	»	3 douz. de chaussettes en laine.	15 février 1856.
Duperrier, négociant.	100	»		
Eschard, rentier.	»		1 paquet de vieux linge, 1 couverture, 1 couvre-pieds.	3 février 1855.
Farian-Saint-Ange.	5	»		
Feron (veuve Michel).	»		4 douz. de gilets de laine, 3 douz. de chaussons.	3 février.
Ferrand, marchand de vin.	15	»		
Fessart (Mme), propriétaire.	10	»		
Fleureau (ve), maître d'hôtel.	»		1 paquet de vieux linge.	3 février.
Fournier et Marin, négoct.	10	»		
Gallois, bur. de bienfaisance.	20	»		
Gasté, tailleur.	»		Paquet de vieux linge et charpie.	3 février.
Gasquet-Billard, pharmac.	5	»		
Geoffroy (Amédée).	40	»		

NOMS PRÉNOMS et professions DES DONATEURS.	DONS EN ARGENT.		DONS EN NATURE.	DATE DE LA REMISE DES DONS à l'Intendance militaire.
	fr.	c.		
Goffin, propriétaire.	20	»		
Gourdin.	»		1 paquet de charpie.	3 février 1855.
Guenot, militaire retraité.	5	»		
Guignier, contr. à la douane.	5	»		
Guillon, m^{d} de comestibles.	10	»		
Gauthier, receveur d'enreg^{t}.	»		1 paquet de linge.	23 juillet.
Hamot, négociant.	»		5 bouteilles de rhum, 11 cravates de laine.	29 janvier-3 février.
Hébert (M. et Mme), négoc^{ts}.	22	»	70 cache-nez en laine, 1 paquet de linge.	3 février-23 juillet.
Henriquet, fruitier.	»		Lot de charpie.	3 février.
Herson, rentier.	5	»	1 paquet de linge.	—
Hulmé (M. et Mme), chef de bureau.	10	»	1 paquet de linge et charpie.	—
Jacquart, employé.	20	»		
Jacqueau, employé.	5	»		
Juery, cremier.	1	»		
Labourdette (Mme).	»		1 paquet de vieux linge.	3 février.
Lamé et Chennevière, nég^{ts}.	»		13 couvertures grises et 7 blanches.	—
Lalouet (bur. de bienfais.).	10	»		
Lamarre, négociant.	20	»		
Lardière, médecin.	»		Petit paquet de linge et charpie.	3 février.
Larivière, Renouard et Cie, négociants.	»		24 tricots et 24 ceintures en laine.	—
Lecou, libraire.	»		Paquet de vieux linge.	—
Lefebvre, négociant.	»		3 douz. de chaussettes.	—
Leger, médecin.	»		6 paires de chaussettes en laine.	—
Lepage, coiffeur.	5	»		
Lepannetier (M. et Mme), rentiers.	»		1 paquet de linge, 1 couverture de laine.	3 février.
Leverd (Jules), maître d'hôt.	»		Vieux linge, draps de toile.	—
Lion, graveur.	2	»		
Lorin, propriétaire.	50	»		
Louesse, grainetier.	10	»		
Margotte (Mme).	3	»		
Marjolin.	3	»		
Martin, marchand de fer.	5	»		
Massa, coutelier.	5	»		
Maucomble, greffier de la justice de paix du 12e arr.	210	»		
Mannoury, employé.	»		18 serre-tête, 2 draps, 2 couvertures, charpie.	3 février.
Meckel, négociant.	10	»		
Menin, dessinateur.	5	»		
Michel (Mme).	»		Vieux linge.	3 février.
Morange, propriétaire.	»		2 paires de bas, 1 couverture de laine, draps et linge.	—
Moret et Lodechèvre, nég^{ts}.	3	»		
Morissot, march. d'ustensiles	20	»		
Moron.	»		Charpie, vieux linge	23 février.
Morot (Jean-Baptiste).	»		4 draps en toile.	3 février.
Mouton, propriétaire.	10	»	Charpie, vieux linge.	23 juillet
Musard (Mme), rentière.	»		Charpie.	—
Pauvre-Diable (employ. du).	113	50		
Pelleray (Léon), négociant.	20	»		
Perreaudin, médecin.	5	»		
Persin, négociant.	25	»		

NOMS, PRÉNOMS et professions DES DONATEURS.	DONS EN ARGENT.	DONS EN NATURE.	DATE DE LA REMISE DES DONS à l'Intendance militaire.
	fr. c.		
Pregniard, boucher.	10 »		
Proulle.	»	Vieux linge.	3 février 1855.
Remond, marchand de vin.	5 »	Vieux linge.	3 février.
Renard, épicier.	73 »		
Rivière (Mme).	»	1 couverture de laine, 2 draps	3 février.
Rodiéré, licencié.	3 »		
Romain (Mme).	»	Vieux linge, charpie.	3 février.
Rousseau, négociant.	5 »	1 paquet de linge.	—
Rousset, marchand de draps.	5 »		
Samuel, quincailler.	5 »		
Saugnier frères.	100 »		
Sauvageot, capit. en retraite.	5 »		
Sendron, rentier.	5 »		
Sendron, propriétaire.	5 »		
Sicard, négociant.	10 »		
Société Sainte-Anne.	120 »		
Sœurs de Charité.	»	Caisse de charpie.	3 février.
Tellier (Mme), rentière.	20 »		
Thierré, quincaillier.	20 »		
Troche, chef de bureau.	10 »	Vieux linge.	3 février.
Vallerand, ancien receveur.	25 »		
Vernes, sous-gouverneur de la Banque.	50 »		
Verzinay.	»	Charpie, linge.	3 mars.
Verzinay fils.	5 »		
Verzinay, bur. de bienfce.	40 »		
Vilmorin, négociant.	20 »		
Villemorin-l'Evêque, grainetier.	30 »		
Wéber, employé.	»	1 caleçon, 1 gilet, tricot de coton.	3 février.
TOTAL...	3,195 50	versés à la caisse du ministère de la guerre le 20 avril 1855 et le 18 février 1856.	

CINQUIÈME ARRONDISSEMENT.

NOMS	EN ARGENT	EN NATURE	DATE
	fr. c.		
Administration des glaces de Saint-Gobain.	1,000 »		
André, propriétaire.	»	8 draps.	3 février.
Annoho (Mme), ouvrière.	»	Vieux linge.	19 mai.
Anonyme.	»	Bandes, charpie, 1 serviette.	3 février.
Id.	50 »	Vieux linge, charpie, 3 draps, 2 couvertures.	3 février-10 mars.
Id.	»	Linge et charpie.	3 février.
Id.	10 »		
Id.	»	Charpie, bandes.	19 mai.
Id.	»	Charpie.	—
Id.	10 »		
Id.	»	Charpie.	20 juillet.
Id.	»	*Id.*	—
Id.	»	*Id.*	3 mars.
Id.	»	*Id.*	3 février.
Id.	»	*Id.*	15 février 1856.
Id.	»	*Id.*	—
Id.	»	*Id.*	—
Id.	»	*Id.*	20 juillet 1855.
Antoine (Mme), instituteur.	»	*Id.*	19 mai.

NOMS, PRÉNOMS et professions DES DONATEURS.	DONS EN ARGENT.		DONS EN NATURE.	DATE DE LA REMISE DES DONS à l'Intendance militaire.
	fr.	c.		
Baudry, papetier.	1	»		
Bermond.	»		Charpie et linge préparé.	3 février 1855.
B. ch. C. B.	20	»		
Bodier, propriétaire.	10	»		
Boucher (Mme).	»		Vieux linge et charpie.	20 juillet.
Cailly.	5	»	Un vieux drap.	3-10 mars.
Cartier et Honnet.	»		4 couverture de laine grise, 2 tapis de pieds.	3 mars.
Cattaert.	»		Linge pour charpie.	—
Caut.	»		Vieux drap.	—
Chrétien, fleuriste.	»		Charpie.	19 mai.
Dardelle, négociant.	40	»		
Darte (Mme).	5	»	Linge et bandes.	3 février-10 mars.
Davin, manufacturier.	500	»		
Davy, instituteur.	5	»		
Degoannis.	3	»		
Deny, marchand de vins.	20	»		
Derquenne, limonadier.	»		Vieux linge.	19 mars.
Descats (Mme), rentière.	»		1 drap, 10 chemises, 2 serviettes, 1 caleçon.	3 février.
Desnoyers.	50	»		
D'Origny, propriétaire.	10	»		
Doslrousses, frangeur.	»		Linge pour charpie.	3 mars.
Ducasse, négociant.	20	»		
Dupont (Mme), rentière.	»		Bandes, charpie.	3 mars.
Dupont (chevalier de l'Arc).	74	»		
Ellard, fabricant de plumes.	»		Vieux linge.	19 mai.
Eugénie, rentière.	»		Charpie.	—
Fasse, ouvrière.	»		Charpie, compresses.	—
Fayolle, instituteur.	2	»		
Fabien.	100	»		
Gaudron, cordonnier.	»		1 drap, linge.	3 février.
Gauthier.	»		Linge pour charpie.	3 mars.
Gaudy, propriétaire.	100	»	Vieux linge, charpie, 1 couverture de laine.	3 février-10 mars.
Gillet, mercier.	80	»		
Gingembre, négociant.	20	»		
Georges, négociant.	5	»		
Gosse, peintre d'histoire.	5	»		
Grafflet.	»		Vieux linge.	19 mai.
Grellon (Henri) Maison.	120	»		
Hébert (rentier).	»		6 chemises.	3 février.
Imbert, rentier.	10	»		
Jacob (Mme).	»		Charpie, bandes.	3 mars.
Jacquart, charcutier.	10	»	Linge, charpie.	3 février-10 mars.
Jannon, propriétaire.	20	»		
Jazet.	30	»	Charpie, bandes.	19 mai.
Jeanson, architecte.	15	»		
Lamour.	»		1 couverture, 2 oreillers, 2 paires de chaussettes, 1/2 liv. de chocolat.	3 février.
Landeau (Mme).	»		Charpie, bandes.	3 mars.
Lardet, bonnetier.	»		Charpie.	3 mars-19 mai.
Lardet (Mme).	»		Id.	—
Lasson, marchand de fer.	200	»		
Lasson, propriétaire.	50	»		
Latourte, receveur d'octroi.	5	»		
Lefebure (Mme).	»		Charpie, bandes.	19 mai.
Lebideux.	10	»	4 draps.	3 février-10 mars.
Lelièvre et M. Georges.	»		Vieux linge.	3 mars.

NOMS, PRÉNOMS et professions DES DONATEURS.	DONS			DATE DE LA REMISE DES DONS à l'Intendance militaire.
	EN ARGENT.		EN NATURE.	
	fr.	c.		
Liegard (Auguste).	»		15 bouteilles de vin d'Alicante.	3 mars 1855.
Luc, employé en retraite.	5	»		
Lequin.	»		Linge pour charpie.	—
Mancel, propriétaire.	20	»		
Mancel, propriétaire.	20	»		
Marette.	5	»		
Mariotte.	10	»		
Masson.	»		Linge pour bandes et charpie.	3 mars.
May.	»		Charpie.	3 mars.
Mendez.	»		Linge et charpie.	19 mai.
Monnot le Roy, adjoint.	25	»	Charpie.	10 mars-19 mai-20 juill.
Morel, propriétaire.	»		Vieux linge.	3 février.
Moreau, architecte.	3	»		
Muller.	»		40 serviettes, linge, charpie.	3 février.
Noel, rentier.	5	»		
Painchaud.	»		1 drap, 1 couverture de coton.	3 février.
Pascal, restaurateur.	»		2 draps, 80 serviettes.	—
Pecunier.	»		Linge pour charpie.	3 mars.
Peltier, médecin.	20	»		
Percheron.	»		4 draps, charpie.	3 février.
Personnel de la mais. Pascal.	35	»		
Pierson, rentière.	»		Charpie, vieux linge.	19 mai.
Pommier, adjoint.	»		10 couvertures de laine grise.	3 mars.
Porte-Saint-Martin (théâtre).	1,434	09		
Preta, employé.	»		Charpie, bandes, compresses, couverture de laine, vieux linge.	3 février-19 mai.
Prunier.	»		Charpie.	3 mars.
Quirot, rentière.	»		1 couverture de laine.	—
Raparlier, employé.	50	»		
Ratte, joaillier.	100	»		
Raymond, propriétaire.	»		5 draps, 18 chemises.	3 février.
Robin.	20	»		
Saint-Gilles (de), propre.	»		Charpie.	20 juillet.
Sallat, rentier.	5	»		
Salomon.	10	»		
Sandras.	»		Charpie, bandes.	19 mai.
Segault, receveur d'octroi.	10	»		
Segepine.	»		Linge pour charpie.	3 mars.
Siebecher.	»		Vieux linge.	19 mai.
Signoret.	10	»	Charpie.	3 février-10 mars.
Solvet, rentier.	»		Linge, charpie.	19 mai.
Saint-Clair, lieutenant de pompiers.	»		Charpie, bandes.	—
Tetard (Mme), rentière.	»		1 paire de bas de laine.	3 février.
Tevenot (Auguste).	1	»		
Titrevelle, brigadier d'octroi.	4	»		
Trays.	5	»	Linge et charpie.	19 mai.
Vée, inspecteur général de l'assistance publique.	20	»		
Veeckmann (Mme), ouvrière.	»		Vieux linge.	3 février.
Vigneron, pour l'Ecole de dessin.	25	»		
TOTAL...	4,457	09	versés à la caisse du ministère de la guerre le 20 avril 1855 et le 18 février 1856.	

NOMS, PRÉNOMS et professions DES DONATEURS.	DONS EN ARGENT.		DONS EN NATURE.	DATE DE LA REMISE DES DONS à l'Intendance militaire.
	fr.	c.		
SIXIÈME ARRONDISSEMENT.				
Achille Brocot et Delettrez.	100	»		
Alabarbe, droguiste.	40	»		
Albrier.	5	»		
Alinot.	10	»		
Alirand.	2	»	Charpie.	3 mars-19 mai 1855.
Angrard (Alfred).	15	»		
Année.	20	»		
Anonyme.	5	»		
Id.	10	»		
Id.	»		4 gilets de flanelle.	3 février.
Id.	»		Vieux linge.	—
Id.	»		3 paires de chaussettes, 2 caleçons, charpie, 2 gilets de flanelle.	—
Id.	»		8 couvertures de laine, vieux linge.	—
Id.	»		Vieux linge.	—
Id.	»		Bandes, compresses, charpie.	—
Id.	2	»		
Id.	5	»		
Id.	10	»		
Id.	»		Vieux linge.	3 mars.
Id.	5	»		
Id.	10	»	Charpie.	3 mars.
Id.	20	»		
Id.	5	»		
Id.	»		Vieux linge, charpie.	3 mars.
Id.	»		Charpie.	—
Id.	»		48 paires de gants castor.	—
Id.	3	»		
Id.	4	»		
Id.	»		Bandes.	19 mai.
Id.	»		Charpie, bandes.	—
Id.	»		Charpie.	—
Id.	»		*Id.*	—
Id.	»		*Id.*	—
Id.	»		Charpie, bandes, compresses.	—
Id.	»		Charpie.	—
Id.	»		Vieux linge.	—
Id.	»		Bandes, charpie.	20 juillet.
Id.	»		Charpie.	—
Id.	»		*Id.*	—
Id.	»		Compresses.	—
Id.	»		Bandes, vieux linge.	—
Id.	10	»	Charpie.	—
Id.	»		*Id.*	—
Id.	»		Bandes, charpie.	—
Id.	»		Vieux linge.	—
Id.	»		Bandes, charpie.	—
Arnaud, curé de St-Joseph.	5	»		
Aroles.	5	»		
Artaud (Mlle), maitresse de pension.	5	»	Compresses, bandes, charpie.	3 mars.
Artiveau (Mme), rentière.	»		Vieux linge.	3 février.
Aubé.	»		*Id.*	—
Aubert (Mme).	»		*Id.*	—
Aubin père et fils.	10	»		

NOMS, PRÉNOMS et professions DES DONATEURS.	DONS			DATE DE LA REMISE DES DONS à l'Intendance militaire.
	EN ARGENT.		EN NATURE.	
	fr.	c.		
Aubry jeune et Cie, fab. de limes.	15	»		
Aumont (Mme), propriétaire.	»		Bandes, charpie.	3 mars 1855.
Bachimont, peaussier.	10	»		
Bailly, rentier.	»		30 paires de chaussettes.	3 février.
Bap, teinturier.	5	»		
Barfety, rentier.	10	»	Bandes, compresses, charpie.	3 février.
Bart, bijoutier.	2	»		
Barthelemy.	5	»		
Baudrit père et fils.	10	»		
Baumont.	2	»		
Bazire.	»		2 couvertures de laine.	3 février.
Bazire, rentier.	»		Compresses, bandes.	—
Beaujois.	50	»		
Beaumont.	5	»		
Beauvais.	10	»		
Becherel, rentier.	20	»		
Blecker (Joseph), négociant.	»		20 m. de calicot.	3 mars.
Bejanin.	»		2 chemises neuves.	—
Belpêche, herboriste.	»		Charpie.	3 février.
Benard, rentier.	6	»		
Benech, rentier.	5	»		
Benoît et ses élèves, instit.	20	»		
Béraud (veuve).	»		Bandes, compresses, charpie.	3 mars.
Berge, notaire.	20	»		
Berluque, commis.	5	»		
Bernard, rentier.	5	»		
Bernard, propriétaire.	10	»		
Bernard.	6	»		
Bernier.	20	»		
Berthelot père, médecin.	5	»		
Berthelot fils.	5	»		
Berthier, orfèvre.	20	»		
Bertrand.	10	»		
Bertrand, négociant.	10	»		
Beslon.	1	»		
Besse et Maugé.	5	»		
Bessière, propriétaire.	»		2 gilets de flanelle, vieux linge.	3 février.
Bey (Mme), rentière.	2	»	12 serviettes neuves.	—
Biglet (veuve).	»		1 couverture, vieux linge.	—
Billian.	1	»		
Binet (Mme).	»		Vieux linge, compresses, bandes, charpie.	3 février-3 mars.
Binier (veuve), propriétaire,	»		1 gilet de flanelle, 2 paires de chaussettes de laine.	3 février.
Binier, emballeur.	3	»		
Binot.	10	»		
Bloch.	»		3 gilets de laine.	3 mars.
Blondeau.	2	»		
Boncaz.	1	50		
Bonnaire, rentier.	»		Charpie.	20 juillet.
Bonnot (Mme).	»		Vieux linge.	3 février.
Bonnet, propriétaire.	15	»		
Bord.	5	»		
Bordier.	10	»		
Borel, rentier.	5	»		
Bouchardon.	»		Bandes, charpie.	3 mars.
Bouché, marchand de blanc.	»		Vieux linge.	3 février.
Boudouresque (Mme), fleurte.	»		Vieux linge, bandes, compresses, charpie.	—

NOMS, PRÉNOMS et professions DES DONATEURS.	DONS EN ARGENT.	DONS EN NATURE.	DATE DE LA REMISE DES DONS à l'Intendance militaire.
	fr. c.		
Boulanger-Hottin.	20 »		
Boulet.	10 »		
Bourdillat (Vve), propriétre.	20 »		
Bourdon, ingén.-mécanicien.	150 »		
Bourdon, miroitier.	»	Vieux linge, bandes, compresses.	3 février 1855.
Bourin.	»	Vieux linge.	3 mars.
Bourrières, pharmacien.	15 »		
Boussard.	25 »		
Bouteille, propriétaire.	10 »		
Boyer, concierge de la 6e mairie.	5 »		
Brasset et Constantine, taill.	5 »		
Brenot.	10 »		
Breon, médecin.	10 »		
Brizac (Mlle), lingère.	»	6 chemises, 2 paires de vieux draps.	3 février.
Bridoux, limonadier.	30 »		
Brière.	5 »		
Brisse, confiseur.	»	6 gilets de flanelle.	3 mars.
Brisset, propriétaire.	10 »		
Brizard (Mme), rentière.	»	Vieux linge, charpie.	3 février.
Bruère de Verville.	20 »		
Cabrilié, vicaire de Sainte-Elisabeth.	10 »		
Caille-Chevalier.	»	Charpie, compresses.	3 février.
Camille.	50 »	Charpie, bandes, compresses.	—
Calliot (Mme), rentière.	»	1 couverture de laine.	—
Carpentier père, propriétre.	20 »		
Carpentier fils, pâtissier.	5 »		
Carré, propriétaire.	5 »	1 couverture de laine grise.	3 février.
Casabune.	5 »		
Causserouge, distillateur.	20 »		
Cerf.	3 »		
Chabrol (Mme).	»	Vieux linge, bandes, compresses.	3 février.
Chapuis.	5 »		
Chapuis (Emile).	5 »		
Charpentier, propriétaire.	5 »		
Chassang (Mme), rentière.	5 »		
Chatel.	»	1 couverture, 1 vieille serviette.	3 février.
Chatelin.	5 »		
Chatenout.	»	Vieux linge.	3 février.
Chatey.	10 »		
Chatey jeune.	3 »		
Chéron.	»	2 vestes de laine.	3 février.
Chevalier (Mme).	»	Vieux linge.	3 mars.
Chevalier.	»	Charpie, bandes, compresses.	3 février.
Chineau, négociant.	5 »		
Clément, rentier.	20 »		
Clément-Yot.	»	Vieux linge.	3 février.
Clouet.	5 »		
Cœffier, marchand de bois.	10 »		
Cœuret (veuve).	»	Compresses, bandes, charpie.	3 mars.
Coiffier (veuve).	2 »		
Coiffier (Emile).	2 »		
Colin.	5 »		
Collin, bijoutier.	1 25		
Collin (Mlle).	5 »		

NOMS, PRÉNOMS et professions DES DONATEURS.	DONS		DATE DE LA REMISE DES DONS à l'Intendance militaire.
	EN ARGENT.	EN NATURE.	
	fr. c.		
Commis de la mais. Lefebvre.	55 »		
Conor.	5 »	Vieux linge.	3 février 1855.
Conte (Mme).	»	Bandes, compresses.	—
Costerousse.	5 »		
Courtat, propriétaire.	15 »		
Courtier.	»	Vieux linge.	3 février.
Cousin du Theil, pharmacien.	3 »		
Cuqu (Joseph), propriétaire.	20 »		
Dalibon (Mme).	»	Compresses, charpie.	3 mars.
Dance, couturière.	3 »		
D'Argentré.	10 »		
Darras (Mme), rentière.	»	Vieux linge.	3 février.
Darthenay.	5		
D'Athis (Étienne), rentier.	5 »		
Daumont, mercier.	5 »		
David, propriétaire.	»	Vieux linge, compresses, bandes, charpie.	3 février.
De Baptiste.	10 »		
Debard, estampeur.	3 »		
Debauge (veuve), rentière.	5 »		
Debord.	10 »		
Deck.	2 »	1 vieux drap.	3 mars.
Dejean aîné, propriétaire.	10 »		
Dejeufosse.	1 »		
Dejob (Mme), institutrice.	»	Charpie.	3 février.
Dejou, rentier.	5 »		
Delacroix, propriétaire.	40 »		
Delacroix (Mme).	»	Bandes, charpie.	20 juillet.
Delamarre, joaillier.	10 »		
Delarue.	10 »		
Delarue (Mme).	»	Vieux linge.	3 mars.
Delaunay (Mme), rentière.	20 »		
Deleuze.	10 »		
Delondre, propriétaire.	50 »		
Delondre (Mme), rentière.	»	Charpie.	3 mars.
Deloygne.	5 »		
De Madière (Mlle).	20 »	Bandes, charpie.	3 mars.
Demmin.	15 »		
Demonceaux.	2 »		
Denier (Mme).	»	Vieux linge.	3 mars.
Deriquehem, propriétaire.	5 »		
De Saint-Cricq.	20 »		
Desjardins.	2 »		
Desmarest.	5 »		
Desmure, vicaire de Sainte-Élisabeth.	10 »		
Desrochers.	10 »		
Desrone, rentier.	»	Vieux linge.	3 février.
Destavigny.	20 »		
Destrée.	10 »		
Desvaux et sa famille.	20 »		
Devailly, médecin.	»	1 couverture de laine grise, vieux linge.	3 février.
Devaux, propriétaire.	»	2 couvertures de laine, 1 camisole, vieux linge.	—
Devaux.	2 »		
D'Hostel (Mme).	»	Charpie, compresses.	19 mai.
Dodin, employé.	5 »		
Doré (Charles).	»	Vieux linge.	3 mars.
Doreau, bijoutier.	»	Charpie.	3 février.

NOMS, PRÉNOMS et professions DES DONATEURS.	DONS			DATE DE LA REMISE DES DONS à l'Intendance militaire.
	EN ARGENT.		EN NATURE.	
	fr.	c.		
Douchin.	10	»		
Dreux (Mme), propriétaire.	»		Charpie, bandes.	3 mars 1855.
Driancourt.	»		Bandes, compresses.	3 février.
Droit, limonadier.	10	»		
Dubois.	10	»		
Dubois.	5	»		
Dufayel, rentier.	2	»	Bandes, compresses, charpie,	3 mars.
Duguet (Mme).	5	»	*Id.* *id* *id.* vieux linge.	3 février-3 mars.
Dumontois.	»		Vieux linge.	3 mars.
Duncuffour.	5	»		
Dupont.	5	»		
Dupont, blanchisseur.	2	»		
Durun.	10	»		
Dutertre.	10	»		
Dutromp, rentier.	»		2 couvertures de laine.	3 février.
Eck, fondeur.	10	»		
Elèves de l'Ecole centrale des arts et manufactures.	258	»		
Employés de la maison Tollu-Bertrand.	83	70		
Employés de la mais. Groult.	165	»		
Id. de M. Beaujois.	59	50		
Esnée, notaire.	100	»		
Eudeline, couvreur.	5	»		
Fabre.	20	»		
Fabre.	»		Vieux linge, bandes, charpie.	3 février.
Fallet (Mlle).	5	»		
Favier (Mme), marchand de vins en gros.	»		Charpie, bandes, compresses.	3 février.
Favolle, ferrailleur.	2	»	Vieux linge.	—
Félix le Bouvier (veuve), rentière.	5	»	Charpie, bandes, compresses.	—
Ferdinand.	5	»		
Flament-Marguerel et employés.	150	»		
Flamet.	»		Bandes, compresses, charpie.	3 mars.
Flan (Mme), ciseleur.	»		Charpie.	—
Fouen, employé.	»		500 gr. de tabac à fumer.	3 février.
Fouquet.	2	»		
Fournier.	9	»		
Fournier (Mme).	»		Charpie, compresses.	3 mars.
François, rentier.	»		Bandes, vieux linge.	3 février-3 mars.
François (veuve), ouvrière.	»		Charpie.	—
Freconnet.	10	»		
Fremeaux (veuve).	»		1 couverture de laine, vieux linge.	3 février.
Froment fils.	10	»		
Froment père, propriétaire.	10	»		
Gastellier, propriétaire.	10	»		
Ginesty (Mme).	»		Bandes, compresses.	3 mars.
Gion, propriétaire.	40	»		
Girard, négociant.	»		6 couvertures de laine, vieux linge.	3 février.
Girard, rentier.	»		Bandes, compresses, charpie.	3 mars.
Gilet, propriétaire.	»		Vieux linge.	3 février.
Gillet et son fils.	15	»	2 ceintures de flanelle, 1 camisole, 1 capuchon, 1 cache-nez, vieux linge.	—
Gillet, propriétaire.	10	»		

NOMS, PRÉNOMS et professions DES DONATEURS.	DONS			DATE DE LA REMISE DES DONS à l'Intendance militaire.
	EN ARGENT.		EN NATURE.	
	fr.	c.		
Glaudin, propriétaire.	»		6 gilets de laine.	3 février 1855.
Gloremain (Mme), rentière.	»		Bandes, compresses.	3 mars.
Gobert (Mlle), propriétaire.	»		1 couverture de laine.	3 février.
Gobert, propriétaire.	»		Bonnets de coton, vieux linge.	—
Godard (Mme).	»		Vieux linge.	3 mars.
Godquin, secrétaire de la 6e mairie.	»		Vieux linge, bandes, compresses, charpie.	3 février.
Goffard, négociant.	»		2 couvertures de laine, 12 caleçons, vieux linge.	—
Gohin, rentier.	»		Charpie, vieux linge, bandes.	20 juillet.
Goldmisth, employé.	3	»		
Gonon, rentier.	»		2 gilets de flanelle, bandes, compresses.	3 février.
Gorre, propriétaire.	»		1 couverture de laine, 1 gilet, 2 paires de chaussettes, vieux linge.	—
Gosset (Mme).	»		Charpie.	3 mars.
Goullier.	20	»		
Gouilly.	5	»		
Goupil.	25	»		
Granier.	»		Charpie.	3 mars-19 mai.
Greer, propriétaire.	10	»		
Grégoire.	1	»		
Grégoire Thierry.	2	»		
Grenet, médecin.	5	»		
Grevel-Dinger.	20	»		
Grossetête.	5	»		
Groult jeune, négociant.	»		500 kil. de tapioca.	29 janvier.
Gruet père et fils.	10	»		
Grulet (Mme), rentière.	10	»		
Guenifet, propriétaire.	20	»	Bandes, charpie, compresses.	19 mai.
Guérin, propriétaire.	50	»	3 gilets de flanelle, vieux linge.	3 février.
Guérin (Mme).	»		3 gilets de flanelle.	—
Guérin.	»		1 couverture de laine, 4 paires de chaussettes, vieux linge.	—
Guerin et Barafort.	5	»		
Gueret, boucher.	20	»		
Guermain.	»		Vieux linge.	19 mai.
Guesdon (Mme), propriétaire.	»		Bandes, compresses, charpie.	3 mars.
Guillemont.	8	»		
Guitton.	10	»	Charpie.	3 mars.
Gutel père.	10	»		
Gutel fils.	10	»		
Guyot de Fère.	»		Vieux linge.	3 février.
Halboister.	10	»		
Hambert.	1	»		
Harmand, propriétaire.	5	»		
Hartogs (veuve).	»		Bandes, charpie.	3 mars.
Henry Macaire.	»		Vieux linge.	—
Héret.	10	»		
Hermand et ses ouvriers, tabletiers.	»		5 caleçons, 8 paires de chaussettes.	3 février.
Hénou aîné, négociant.	20	»		
Hervé, gérant de la Cie du gaz.	50	»		
Hirsch, rentier.	10	»		
Houdaille-Vallois.	5	»		
Houlin (Mme).	»		Vieux linge.	3 mars.
Huguet, architecte.	5	»		
Huillard.	3	»		

NOMS, PRÉNOMS et professions DES DONATEURS.	DONS			DATE DE LA REMISE DES DONS à l'Intendance militaire.
	EN ARGENT.		EN NATURE.	
	fr.	c.		
Husson.	»		12 couvertures de laine grise.	3 février 1855.
Hyon père.	10	»		
Hyon fils.	5	»		
Imber (Mme), lampiste.	5	»		
Ingé, distillateur.	»		4 couvertures de laine.	3 février.
Jacquel.	10	»		
Jacquemin, négociant.	25	»		
Jacquemin, fabr. de bijoux.	100	»		
Jeannin Giverny.	10	»		
Jousselin.	1	»	Vieux linge, charpie, bandes.	3 février.
Jucot, employé.	2	»		
Juillard.	»		1 caleçon, 1 gilet, 2 chemises de calicot.	3 février.
Kaulek, propriétaire.	10	»		
Labiey.	10	»		
Lacarrière, ses employés et ouvriers.	61	50		
Laclef (Auguste).	10	»		
La Cie du gaz Lacarrière.	150	»		
Lambert et ses employés.	33	»		
Lamouche, propriétaire.	20	»		
Lamy.	5	»		
Lanes (veuve).	15	»		
Laniel, pharmacien.	20	»		
Laperonière (Mlle).	»		Charpie.	3 mars.
Laporte.	5	»		
Larcher.	5	»		
Lasnier.	4	»	Bandes, compresses, charpie.	3 mars.
Latour.	5	»		
Laumailler, bonnetier.	»		3 bonnets de laine, 1 paire de chaussons, 14 paires de chaussettes, 6 paires de gants.	3 février.
Laurendon.	5	»		
Lavessière.	5	»		
Lavigne et ses employés.	52	»		
Lazare (Louis).	15	»		
Le Bleux, propriétaire.	»		Bandes, compresses, charpie.	3 mars.
Lebon.	2	»		
Lebrun, cordonnier.	»		2 paires de bottines de chasse.	3 février.
Lechenet.	»		12 cache-nez en laine.	3 mars.
Leclerc.	15	»		
Lecocq.	»		2 paquets de cigares, vieux linge.	3 mars.
Lecocq (veuve).	»		1 couverture, vieux linge.	3 février.
Lecoq (Mme).	»		Vieux linge, bandes, compresses, charpie.	—
Lecour (Mlle).	»		Linge, charpie.	3 mars.
Lecouvreur (veuve).	»		2 couvertures de coton.	—
Ledeschault, médecin.	5	»		
Ledoux.	25	»		
Leduc.	25	»		
Lefébure (veuve).	»		Charpie.	3 mars.
Lefebvre et sa famille, négt.	80	»		
Lefévre, bonnetier.	»		12 paires de chaussettes de laine, 6 paires de gants, 6 paires de moufles.	3 février.
Lefèvre (Mme Charles).	»		Charpie.	3 mars.
Lefèvre (Mme), fleuriste.	10	»		
Legrand.	15	»		

NOMS, PRÉNOMS et professions DES DONATEURS.	DONS EN ARGENT.		DONS EN NATURE.	DATE DE LA REMISE DES DONS à l'Intendance militaire.
	fr.	c.		
Legrand (Mlle).	»		Bandes, compresses.	3 février 1855.
Leguillette.	»		*Id.* *id.*	—
Lejeune fils.	5	»		
Lejeune père.	10	»		
Lemaire.	10	»		
Lemaistre (veuve), propriét.	20	»		
Lemanissier.	»		Vieux linge.	3 février.
Lemesle.	»		2 couvertures de laine, vieux linge.	—
Lemoinne.	10	»		
Lemonnier.	10	»		
Lenain, négociant.	5	»		
Lenoir, propriétaire.	»		Bandes, charpie, compresses.	10 mai.
Lenoir et Duplessy.	»		Vieux linge.	3 mars.
Lepage.	10	»		
Lepine.	10	»	Charpie, bandes, compresses.	3 février.
Leroux, distillateur.	5	»		
Leroy.	5	»	Vieux linge.	3 mars.
Leroy.	»		*Id.*	3 février.
Leroy aîné, confiseur.	»		1 couverture, 2 gilets, 1 pantalon, 4 paires de chaussettes, 3 paires de chaussons, 1 paire de bas, 1 mouchoir, 1 drap.	—
Letailleur.	»		1 couverture, vieux linge.	3 février.
Letailleur, march. peaussier.	5	»		
Leube (veuve).	»		Bandes, compresses, charpie.	3 mars.
Levasseur et ses élèves.	10	»		
Levent aîné.	10	»		
Levy-Marix.	2	»		
Lhaumellier.	»		Vieux linge.	—
Loge maçonnique des Ecossais inséparables.	15	»		
Lorillon, propriétaire.	20	»		
Lorillon (Mmes).	20	»		
Louis.	1	»		
Lozier.	4	»		
Lucas, propriétaire.	5	»	Charpie, bandes, compresses.	3 février.
Maguan (Mme).	»		Bandes et charpie.	3 mars.
Magord (Mme).	»		1 couverture, vieux linge, bandes, compresses.	3 février.
Mahier.	»		1 couverture de laine.	—
Majeune.	2	»		
Mallet (Mme), propriétaire.	»		6 couvertures de laine, 12 ceintures *id.*, 24 paires de chaussettes *id.*, 12 bonnets de coton, vieux linge.	3 février.
Marais.	5	»	Charpie, bandes.	—
Marc (Mme).	»		Vieux linge, bandes, charpie.	3 mars.
Marchand, rentier.	5	»		
Marchands ambulants de la section des Arts et Métiers.	40	75		
Marchetti.	10	»		
Maréchal.	3	»		
Margot.	17	»		
Margot (veuve).	20	»		
Margueritat, édit. de musiq.	20	»		
Marienval et ses employés.	100	»	Charpie, bandes, compresses, vieux linge.	3 février.
Martin, confiseur.	20	»		

NOMS, PRÉNOMS et professions DES DONATEURS.	DONS			DATE DE LA REMISE DES DONS à l'Intendance militaire.
	EN ARGENT.		EN NATURE.	
	fr.	c.		
Martin, propriétaire.	5	»	Vieux linge, bandes, charpie.	3 février 1855.
Maslard.	5	»		
Masson, commis.	5	»		
Masson, lapidaire.	»		Vieux linge, bandes, charpie.	3 février.
Mathieu (veuve).	»		Bandes, charpie.	3 mars.
Mauduit, employé.	»		500 gr. de tabac à fumer.	3 février.
Mauger-Delasselle.	»		2 couvertures de laine.	—
Maupin.	»		Vieux linge.	—
Mazal.	»		Vieux linge; charpie, bandes, compresses.	—
Mazet.	10	»		
Mazotte (Mme).	»		Charpie.	3 mars.
Mercier.	5	»		
Mestrey (François), rentier.	»		8 cache-nez, 4 camisoles, vieux linge, 3 caleçons, 1 pantalon de treillis.	3 février.
Meunier.	10	»		
Michaux.	»		3 gilets de flanelle, 1 *id.* de tricot, 1 peau de fourrure, 2 caleçons, vieux linge.	3 février.
Michel.	»		Vieux linge.	—
Millon.	5	»		
Milon, boulanger.	20	»		
Minigo (Mme).	5	»		
Miroy et ses ouvriers.	464	65	Bandes, compresses, charpie.	3 mars.
Mocquot (Mme).	10	»		
Moitier.	5	»		
Moncourt (Mms).	5	»		
Monnin (Mme), rentière.	»		Charpie.	19 mai-20 juillet.
Monnin-Japy (Mme).	»		Compresses, charpie, bandes, vieux linge.	3 février.
Monvoisin.	5	»		
Morel.	10	»	Charpie.	19 mai.
Most.	»		1 couverture de laine.	3 février.
Mourier, directr. des Folies.	100	»		
Mouy.	5	»		
Mue (Mlle).	»		2 gilets de flanelle, bandes, compresses.	3 février.
Mutin (Mme), rentière.	5	»		
Naltet.	50	»		
Navaux-Flamet.	»		Vieux linge, bandes, compresses, charpie.	3 février
Naveteur.	20	»		
Nérac, épicier.	5	»		
Niquet.	5	»	Vieux linge.	3 février.
Nivois, négociant.	10	»		
Nivoix (Mme).	»		Bandes, charpie.	3 mars.
Noel.	»		Compresses, bandes, charpie.	—
Noel-Quillet, fondeur.	10	»	Bandes, compresses, charpie.	—
Nys de Longagne (MM. et Mmes).	150	»	Vieux linge, charpie.	—
Orsay.	5	»		
Ory-Levy (Mme).	»		Vieux linge, charpie.	19 mai.
Ouvrière (une).	1	»		
Ouvriers de M. Jacquemin.	65	»		
Ouvriers de M. de Baptiste.	7	70		
Ouvriers de M. Collin (deux).	»	75		
Pannier.	»		7 caleçons, 1 couverture de laine, 500 gr. de tabac à fumer, bandes, compresses, charpie, 1 drap.	3 février.

NOMS, PRÉNOMS et professions DES DONATEURS.	DONS		DATE DE LA REMISE DES DONS à l'Intendance militaire.
	EN ARGENT.	EN NATURE.	
	fr. c.		
Pannier (Auguste)	25 »	3 gilets de flanelle, 8 chemises, 3 draps.	3 février 1855.
Parisot, négociant.	»	Vieux linge, charpie.	—
Pauly.	»	1 couverture de coton.	—
Peghaire.	5 »	Vieux draps.	19 mai.
Pelletier.	5 »		
Père, marchands de vins.	5 »		–
Périer, rentier.	»	1 gilet de laine; 2 paires de bas, caleçons, 1 couvre-pieds, vieux linge.	3 mars.
Petermann, rentier.	5 »		
Petit, rentier.	»	1 couverture de laine, 2 chemises.	3 mars.
Petit (Edme).	10 »		
Petit.	5 »		
Petit (Mme).	»	Charpie, bandes, compresses.	3 février.
Petit, concierge.	5 »		
Petit, rentier.	20 »	6 vieux draps, 8 vieilles serviettes, 6 vieilles chemises.	3 février.
Petit.	5 »		
Petit (E.).	3 »		
Petit, pharmacien.	20 »		
Petit-Didier.	20 »		
Petitjean.	»	Vieux linge.	3 mars.
Picquefeu, négociant.	50 »		
Pigeaux, rentier.	»	Vieux linge.	3 février.
Pillon.	»	Caleçons, compresses, bandes, charpie.	—
Pilon (Mme).	»	Bandes, compresses, charpie.	—
Piroelle, propriétaire.	»	1 couverture, 2 gilets de flanelle, vieux linge.	—
Pitre.	5 »		—
Place.	»	Vieux linge.	3 mars.
Plébeau.	»	Bandes, compresses.	—
Poiret frères et employés.	150 »		
Poitevin, pâtissier.	»	1 couverture de laine.	3 mars.
Pouget.	5 »		
Pouilleau.	10 »		
Poupinel aîné.	»	3 couvertures de laine, 1 camisole, 2 gilets de flanelle, 2 caleçons, vieux linge, charpie, bandes.	3 février-19 mai.
Pouyallet, marchand de vins.	5 »		
Prepam, rentier.	»	Draps et serviettes.	3 février.
Prevost.	5 »		
Prevot (Mme), rentière.	»	1 couvre-pieds piqué, vieux linge.	3 février.
Pucey (Mme).	»	Chaussettes.	3 mars.
Raget (veuve).	5 »		
Ragot, marchand de vins.	5 »		
Raon et ses ouvriers.	35 »		
Ravenel, bijoutier.	5 »		
Raymond.	5 »		
Regnier.	5 »		
Remusa.	10 »		
Revillon, horloger.	5 »		
Reydel.	»	Vieux linge, bandes, compresses, charpie.	3 février.
Reydel (Mme).	»	Charpie, compresses, bandes.	—
Richard, marchand de vins.	5 »		

NOMS, PRÉNOMS et professions DES DONATEURS.	DONS			DATE DE LA REMISE DES DONS à l'Intendance militaire.
	EN ARGENT.		EN NATURE.	
	fr.	c.		
Richer.	20	»		
Ritzenthaler, tailleur.	2	»		
Rivière, rentier.	»		Bandes, compresses, charpie.	3 février 1855.
Rivierre et Martinot.	10	»		
Robert.	10	»		
Robert.	10	»		
Roger, horloger.	10	»		
Rolland.	»		Draps, bandes, compresses, charpie.	3 février.
Rollon (Mlle).	»		Charpie, bandes.	—
Roslyn.	»		Charpie, 1 couverture de coton, 2 gilets de flanelle.	—
Rosty, marchand de laines.	»		1 couverture, 1 drap.	—
Rouget-Bourdillat, propriét.	20	»		
Rougier, chef de bureau retraité.	7	»		
Rouilly (Mme).	»		3 couvertures, bandes, compresses.	3 février.
Rousseau.	100	»		
Saint-Denis, fondeur.	5	»		
Salvat (Frédéric).	10	»		
Samson.	»		Bandes, charpie.	3 mars.
Samuel.	5	»		
Sanglier.	5	»		
Sarrazin, bijoutier.	»		12 couvertures de laine, vieux linge, compresses, charpie.	3 mars.
Saulnier.	»		1 gilet de flanelle, vieux linge.	3 février.
Sauvage.	3	»		
Sauvage (brassie. flamande).	5	»		
Savalliot, parfumeur.	5	»		
Savary, joaillier.	10	»		
Schanne.	5	»		
Segofin.	10	»		
Serpette, propriétaire.	10	»	Vieux linge.	3 février.
Serré.	2	»		
Sichel-Javal.	30	»	2 paires de chaussettes de laine, bandes, charpie, compresses.	3 mars.
Société israélite (Patriarches d'Abraham).	50	»		
Soulier.	10	»		
Soupé.	»		Morceaux de toile.	3 mars.
Stéphasius.	»		Vieux linge.	3 février.
Sturbet (François).	»		12 paires de chaussettes de laine.	—
Suchot, employé.	5	»		
Tavernier, ciseleur.	»	50	Bandes, morceaux de toile.	3 mars.
Terrier (Mme).	»		Bandes, compresses, charpie.	3 mars.
Terwagne (Mme), rentière.	10	»	Charpie, bandes.	—
Teste, horloger.	5	»		
Tête et Duval, bonnetiers.	20	»	4 gilets de flanelle, 3 paires de bas, 6 paires de chaussettes, 1 caleçon.	3 février.
Thevenet, coiffeur.	»		Vieux linge.	—
Thierré-Vaillant et employés.	120	»		
Tierry.	10	»		
Thomas (veuve), rentière.	»		1 gilet de flanelle, vieux linge.	3 février.
Thuillier.	»		Vieux linge.	3 mars.
Thuillier, restaurateur.	10	»		
Titreville.	5	»		

NOMS, PRÉNOMS et professions DES DONATEURS.	DONS EN ARGENT.	DONS EN NATURE.	DATE DE LA REMISE DES DONS à l'Intendance militaire.
	fr. c.		
Tollu et Bertrand, négoc[ts].	200 »	Vieux linge.	3 mars 1855.
Toulet.	5 »		
Touret (veuve).	1 »		
Traizet.	20 »		
Troyer, fleuriste.	20 »		
Vadé (Mme), artiste dramat.	»	Bandes, compresses, charpie, vieux linge.	3 février.
Valette.	»	1 gilet de flanelle, bandes.	—
Vauvray, rentier.	10 »		
Veilleux, doreur.	5 »		
Vétu.	»	6 paires de chaussettes de laine.	3 février.
Veymiller aîné.	»	2 gilets de flanelle, vieux linge, bandes, compresses.	—
Veyrat (Mme).	»	Charpie.	—
Veyrat fils, orfèvre.	»	12 paires de gants, 6 paires de chaussettes, 2 couvertures, 2 caleçons, vieux linge.	—
Veyrat père.	20 »		
Vidalin.	»	Vieux linge, charpie.	3 mars.
Viel.	5 »		
Vienna (Mlle), rentière.	20 »		
Villemin (Mme), sage-femme.	»	Vieux linge, bandes, compresses.	3 février.
Villemin.	2 »		
Villion, propriétaire.	5 »		
Vinot, négociant.	10 »	Charpie.	3 mars.
Vittoz, propriétaire.	10 »	*Id.*, bandes.	3 février.
Wagner et ses ouvriers.	35 »		
Walter (Stéphane).	10 »	Charpie, bandes.	3 mars.
Weil, bijoutier.	10 »		
Zano (Mme).	»	Vieux linge.	3 mars.
Zimmermann.	10 »		
TOTAL...	6,707 · 80	versés à la caisse du ministère de la guerre le 20 avril 1855 et le 18 février 1856.	

SEPTIÈME ARRONDISSEMENT.

	fr. c.		
Adam.	5 »		
Aide.	1 »		
Alard.	20 »		
Albert.	5 »		
Albert.	20 »		
Alfred.	» 50		
Allais père et fils.	30 »		
Allard.	1 »	Charpie, vieux linge, 2 vieux caleçons.	3 février 1855.
Allouard.	2 »		
Amouroux.	10 »		
Ancien employé de la maison Villard.	5 »		
André.	40 »		
Anonymes (Deux).	3 »		
Anonyme, chez M. Desouches.	4 »		
Id.	»	Charpie.	3 février.
Id.	»	*Id.*, bandes.	4 mars.

NOMS, PRÉNOMS et professions DES DONATEURS.	DONS		DATE DE LA REMISE DES DONS à l'Intendance militaire.
	EN ARGENT.	EN NATURE.	
	fr. c.		
Anonyme.	»	Charpie, vieux linge.	3 février 1855.
Id.	»	Vieux linge.	—
Id.	»	*Id.*, charpie.	—
Id.	»	Charpie, bandes, vieux linge.	21 juillet.
Id.	»	*Id.*, *id.*, *id.*	4 mars.
Id.	»	*Id.*	3 février
Id.	»	Vieux linge, charpie.	4 mars.
Id.	»	*Id.*	3 février.
Appay.	20 »		
Apprentis d'un pâtissier.	4 »		
Arbouin.	10 »		
Armand Mathieu.	5 »		
Arnaud Jeanti, maire du 7e arrondissement.	500 »		
Asselin aîné, chapelier.	20 »		
Astier.	1 »		
Atelier de Laffitte.	18 »		
Id. de M. Marmin.	3 »		
Id. de M. Bonhommé.	4 »		
Aubriot.	» 50		
Aubry.	1 »		
Aucher.	10 »		
Augustins.	5 »	Vieux linge.	4 mars.
Auzole (L.).	1 »		
Auzole aîné.	1 »		
Avizard.	10 »		
Bac.	200 »		
Bachellier.	20 »		
Bachoux.	30 »	Vieux linge.	3 février.
Badié.	1 »		
Badre (L.).	1 »		
Bardou et Asseline.	25 »		
Barduc.	1 »		
Barille.	1 »		
Barrois fils.	5 »		
Barthe.	» 50		
Baudoin.	50 »		
Baudry, miroitier.	10 »		
Baux, avocat.	100 »		
Bayard.	20 »		
Baziere.	2 »		
Beires.	» 50		
Bellanger.	1 »		
Bellanger.	1 »		
Bellanger Mimerel.	20 »		
Bellenger.	»	Charpie, vieux linge.	3 février.
Belmont.	5 »		
Belval.	3 »	Vieux linge.	3 février.
Benard.	1 »		
Benoist.	3 »		
Beressen.	2 »		
Berlizi.	5 »		
Bernier.	1 50		
Berthon (Mme).	»	Vieux draps, bandes, charpie.	3 février.
Bezançon.	5 »		
Biccard.	5 »		
Bienvenu Guimond.	2 »		
Biet.	2 »		
Bigex, fabricant de fers.	35 40		
Bigot.	10 »		

NOMS, PRÉNOMS et professions DES DONATEURS.	DONS		DATE DE LA REMISE DES DONS à l'Intendance militaire.
	EN ARGENT.	EN NATURE.	
	fr. c.		
Billault.	3 »		
Billy fils.	2 »		
Bine.	1 »		
Blanc.	4 »		
Blanc.	5 »		
Blanchart.	1 »		
Bleton.	5 »		
Blondeau.	1 »		
Boisnel.	2 »		
Boissard.	5 »		
Boitard.	2 »		
Boivin.	5 »		
Boivin.	5 »		
Boudot.	»	Charpie, bandes, vieux linge.	3 février 1855.
Bondu, md de vins.	20 »		
Bonhomme.	10 »		
Bonhommé.	20 »		
Bom.	1 »		
Bonnet.	5 »		
Bonpaix.	20 »		
Borne.	5 »		
Boucher et Harpilly.	10 »		
Boucher Lemaître, papetier.	5 »		
Bouchiron.	3 »		
Boudon.	1 »		
Bouillat.	20 »		
Bouillet et Yvelin, bijoutiers.	20 »		
Bourain.	10 »		
Bourdelot.	3 »		
Bourdet.	10 »		
Bourdon.	» 50		
Bourgeaud.	5 »		
Bourgeois.	5 »		
Bourgeraine.	10 »		
Bourguignon.	» 50		
Bournazet.	1 »		
Boutillier.	100 »		
Boyenval.	10 »		
Boyer.	3 »		
Branlard.	5 »		
Brebam.	10 »		
Bréon.	2 »		
Brion.	10 »		
Brot.	5 »		
Broux.	20 »		
Brunet.	2 »		
Brunet (Mme Vve).	1 »		
Brunschwig.	5 »		
Buisson.	5 »		
Bunon jeune.	10 »		
Busch et Hamer.	10 »		
Cahours.	10 »		
Caillat.	5 »		
Caillot.	10 »		
Calas.	5 »		
Camaret.	20 »		
Capet.	40 »		
Capillot.	5 »		
Caplain St-André.	50 »		
Caron.	5 »		

NOMS, PRÉNOMS et professions DES DONATEURS.	DONS		DATE DE LA REMISE DES DONS à l'Intendance militaire.
	EN ARGENT.	EN NATURE.	
	fr. c.		
Cart.	» 50		
Cary.	10 »		
Castel.	2 »		
Cayrol.	1 »		
Chabert (J.).	1 »		
Chalot (Mme Vve).	6 »	1 drap, 3 chemises, serviettes.	3 février 1855.
Chalot (Mme).	»	Charpie.	4 mars.
Chambellan.	50 »		
Chanson.	» 50		
Chantier.	1 »		
Chanu.	20 »		
Chardin.	15 »		
Charfe.	» 50		
Charles.	2 »		
Charles.	» 50		
Charpentier, fabt de bronze.	100 »		
Chartier.	20 »		
Charton.	5 »		
Chassaigne.	10 »		
Chassevent.	» 50		
Chat.	5 »		
Chaumeil.	1 »		
Chaumette.	2 »		
Chaumette.	6 »		
Chauveau.	1 »		
Chavat.	3 »		
Chavet (Th.).	1 »		
Chavetan.	5 »		
Chenard.	20 »		
Chéron.	5 »		
Chevallier.	2 »		
Chevé.	10 »		
Chorin.	1 »		
Church, md d'habits.	»	Charpie, bandes.	3 février.
Clerc.	1 »		
Clerc.	5 »		
Clerval.	3 »		
Cœuré, adjoint au maire.	100 »		
Colazé.	10 »		
Collard père.	10 »		
Collas.	1 »		
Collet (Charles), passementier.	»	1 couverture, 1 drap, vieux linge.	4 mars.
Collet (Ch.), pour divers anonymes.	16 »		
Collet (Charles).	100 »		
Collette.	10 »		
Collin.	20 »		
Collombet (Philibert).	1 »		
Colmet d'Aage, pharmacien.	10 »		
Comolle et Cie.	6 »		
Conrard.	1 »		
Contour (Mme).	2 »		
Corblin.	1 »		
Cosson (Mme).	»	Charpies, bandes.	20 juillet.
Cosson.	40 »		
Coste et Tavernier, négts.	100 »		
Coste.	»	Charpie, vieux linge.	20 juillet.
Cottereau, pharmacien.	»	*Id.*, *id.*	3 février.
Coussinet jeune.	5 »		

NOMS, PRENOMS et professions DES DONATEURS.	DONS			DATE DE LA REMISE DES DONS à l'Intendance militaire.
	EN ARGENT.		EN NATURE.	
	fr.	c.		
Coutet.	2	»		
Couveille.	»	50		
Crepelle.	100	»		
Croenet.	1	»		
Crozier.	20	»		
Cubain.	50	»		
Cucu (Mme).	»		Charpie.	19 mai 1855.
Cuisin, logeur.	»		Vieux linge.	4 mars.
Cyrille.	2	»		
Dalmas.	20	»		
Danvers, chapelier.	10	»		
Daret fils aîné.	2	»		
Daucby.	5	»		
Davidson.	1	»		
Debani.	20	»		
Debarle (Mme).	»		1 drap, charpie.	4 mars.
Debellay.	10	»		
Debelle et Cie.	15	»		
Debelle jeune.	10	»		
Deberry.	1	»		
Debière, adjoint au maire.	100	»	4 couvertures, 4 paires de draps, 2 nappes.	3 février.
Debray, propriétaire.	100	»		
Debray.	3	»		
Decalonne.	10	»		
Defert.	2	»		
Degardin (Mme).	»		Charpie.	4 mars-19 mai.
Degenareau.	1	»		
Degove et Devailly (commis de).	40	»		
Delachaussée.	100	»		
Delacour.	3	»		
Delafon.	10	»		
Delagarde.	5	»		
Delalain.	5	»		
Delarivière.	»		Vieux linge.	3 février.
Delarivière.	20	»		
Delarue.	5	»		
Delaunay.	10	»		
Delauney.	1	»		
Delavallée (Mme Vve).	10	»		
Delaville.	5	»		
Delesmillière.	»	50		
Delile.	10	»		
Delondre (Auguste).	30	»		
Demalle et Cie.	10	»		
Demarquet.	20	»		
Demeni (Mme).	»		1 couverture de laine.	4 mars.
Dennoure.	1	»		
Denaré.	200	»		
Deneux et Gramet.	10	»		
Denizart.	1	»		
Depralon.	»	50		
Derchu.	3	»		
Dereysefresnes.	2	»		
Deriencourt, négociant.	25	»		
Deronssois.	5	»		
Desacat.	2	»		
Desgrois.	1	»		
Dethorré.	10	»		

NOMS, PRÉNOMS et professions DES DONATEURS.	DONS			DATE DE LA REMISE DES DONS à l'Intendance militaire.
	EN ARGENT.		EN NATURE.	
	fr.	c.		
Detouche, fab[t] de bijoux.	100	»		
Deux parties de piquet.	10	»		
Devrat.	1	»		
Diard et Morière.	40	»		
Dieudonné, juge d'inst[on],	10	»		
Directeur et employés de la maison Jackson frères.	37	»		
Dobée.	5	»		
Dorenlot.	5	»		
Dory.	25	»		
Dourlet.	2	»		
Dreart.	5	»		
Drouin.	20	»		
Drouin, négociant.	100	»		
Drouineau.	10	»		
Drour.	»	50		
Duboc (Mme).	»		Charpie, vieux linge.	3 février 1855.
Dubois.	3	»		
Dubois.	2	»		
Dubourg.	20	»		
Ducholet.	10	»		
Duclerc et Marchand.	40	»		
Ducy.	10	»		
Dufay frères et fils.	100	»		
Dufieu.	10	»		
Duhamel.	20	»		
Dullion.	10	»		
Dumand.	4	»		
Dumange.	»	50		
Dumange père.	1	»		
Dumouchel.	5	»		
Dumont.	20	»		
Dumotel.	50	»		
Duparcque, médecin.	50	»		
Duplessis père et Cie.	50	»		
Duponchelle.	10	»		
Dupont (E.).	50	»		
Dupont.	1	»		
Dupuis.	5	»		
Durand (Mme).	»		Vieux linge.	4 mars.
Durand.	30	»		
Durand.	»	50		
Duvignaud.	1	»		
Ecole de filles.	»		Charpie.	3 février.
Ecole des Sœurs, rue Ste-Croix-de-la-Bretonnerie.	»		*Id.*	3 février-19 mai.
E. H.	2	»		
Elambert, bijoutier.	5	»		
Emile.	»	50		
Employé chef des équipages militaires.	10	»		
Employés de MM. Nathan et Hernsheim.	31	»		
Id. de MM. Guerin et Lefrançois.	10	»		
Id. de MM. Duvernoy et Schoen.	20	»		
Id. de MM. Buffet et Lamagne.	7	»		
Enout.	10	»		

NOMS, PRÉNOMS et professions DES DONATEURS.	DONS		DATE DE LA REMISE DES DONS à l'Intendance militaire.
	EN ARGENT.	EN NATURE.	
	fr. c.		
Escalier.	3 »		
Estavard (Alfred).	5 »		
Estelle.	1 »		
Estivant frères, de Givet.	300 »		
Eugène.	» 50		
Evrard et Lebargy.	5 »		
Exupère.	10 »		
Fagary.	25 »		
Fauquet.	3 »		
Faure.	100 »		
Faure (Mme Vve).	20 »		
Feyeux.	10 »		
Ferdinand.	10 »		
Fère (Victor), négociant.	100 »		
Fert.	3 »		
Feuxjeux (E.).	5 »		
Figaret, fabrt de bronze.	20 »		
Figaret fils.	5 »		
Fleury.	10 »		
Fleury et Delatre.	50 »		
Foult frères.	4 »		
Fouquet.	»	6 chemises, bandes.	3 février 1855.
Fournereaux.	20 »		
Fournier.	100 »		
Fournière.	1 »		
Frager (Jules).	10 »		
François, rentier.	»	Vieux linge, charpie.	3 février-19 mai.
François frères.	5 »		
Frelon (Mme Vve).	10 »		
Frey.	20 »		
Fromentin.	20 »		
Fruau.	1 »		
Gabiot.	1 »		
Gabrielle (Mlle).	2 »		
Gaillard frères.	20 »	1 boîte de bougies.	3 février.
Gaigne (Mme).	20 »		
Gallanet.	1 »		
Gallet.	5 »		
Gallois.	5 »		
Gambier.	20 »		
Ganneron.	20 »		
Gardin.	10 »		
Garnier.	40 »		
Garnier (Ernest).	200 »		
Garnier (Ch.).	20 »		
Garnier.	100 »		
Garnier, propriétaire.	6 »	4 chemises, 6 serviettes.	3 février.
Gastine.	1 »		
Gaulier.	»	1 couverture de laine.	3 février.
Gaupillat.	20 »		
Gauthier.	50 »		
Gavrel.	5 »		
Genty, bijoutier.	2 »		
Gérard.	» 50		
Gerbier.	10 »		
Germon.	2 »		
Gervais.	1 »		
Gebert.	100 »		
Gigney.	» 50		
Gillon.	10 »		

NOMS, PRÉNOMS et professions DES DONATEURS.	DONS			DATE DE LA REMISE DES DONS à l'Intendance militaire.
	EN ARGENT.		EN NATURE.	
	fr.	c.		
Gion (Léon).	2	»		
Gion (Paul).	2	»		
Gion (Lucie).	1	»		
Gion, droguiste.	10	»	1 caisse de charpie (18 kil.).	3 février 1855.
Gion (Mme).	»		1 couverture de laine.	4 mars.
Girardot.	5	»		
Gire (Charles).	1	»		
Giris (Paul).	5	»		
Godar.	2	»		
Godart.	5	»		
Goudement.	2	»		
Godquin (Leroux).	5	»		
Gouriet père.	25	»	2 couvertures, vieux linge.	3 février.
Gouriet fils.	25	»		
Grandpré.	5	»		
Grandpré.	5	»		
Grappe.	5	»		
Grattellier.	1	»		
Grenier, voyageur.	5	»		
Gricourt.	10	»		
Gronon.	2	»		
Gronon, teinturier.	5	»		
Grouffal.	»	50		
Gruneval.	»	50		
Guerault.	1	»		
Guesdon.	10	»		
Guesmer frères.	100	»		
Guesnu.	50	»		
Guillé.	20	»		
Guillois (C.-L.).	15	»		
Guillou, négociant.	100	»		
Guillou et Buquet, négts.	»		Charpie.	3 février.
Guitau (Mme Vve), bijoutière.	5	»		
Guy.	2	»		
Guyand.	5	»		
Guyaya.	1	»		
Haiboister.	2	»		
Hamelin.	1	»		
Hardouin.	5	»		
Hébert (Mme).	»		Charpie, bandes, 2 chemises, 6 serviettes.	3 février.
Hébert et Boulogne.	15	»		
Hélain.	20	»		
Helaye.	5	»		
Hémon fils aîné.	40	»		
Henry.	»	50		
Hérault.	20	»		
Hericher (L.).	2	»		
Heuzelin.	2	»		
Hey.	2	»		
Hinot.	10	»		
Hirbu.	5	»		
Hirsch.	5	»		
Houdin.	3	»		
Huber et Cie.	20	»		
Hubert.	1	»		
Hudelist.	5	»		
Hugot.	2	50		
Huilard.	20	»		
Huillard aîné, négociant.	100	»		

NOMS, PRÉNOMS et professions DES DONATEURS.	DONS			DATE DE LA REMISE DES DONS à l'Intendance militaire.
	EN ARGENT.		EN NATURE.	
	fr.	c.		
Hulliard.	5	»		
Hurillon et Raulin.	20	»		
Imbert.	5	»		
Imbert.	5	»		
Isnard, négociant.	20	»	1 drap, 2 morceaux de toile, vieux linge, bandes, compresses.	3 février 1855.
Isnard (Mme).	»		Charpie, bandes, vieux linge.	19 mai.
Jacques.	10	»		
Jacques.	10	»		
Jacquemart.	10	»		
Jalacé.	2	»		
Jandel.	»		Charpie, vieux linge.	3 février.
Jannin.	1	»		
Janvier.	10	»		
Jardin (François).	100	»		
Jarlot.	»		Vieux linge.	3 février.
Jarlot et ses employés.	15	»		
Jauset et Leroux.	30	»		
Javel (Mme Vve).	5	»		
Jean, md de charbons.	20	»		
Jesson.	25	»		
Jeunes filles protestantes (Ecole des Billettes).	»		Bandes, compresses, charpie.	3 février.
Joby.	»		Charpie.	19 mai.
Joly fils aîné.	10	»		
Joseph.	2	»		
Jouault.	5	»		
Joubert.	2	»		
Jouet (Adolphe).	100	»		
Jouet père.	50	»		
Jouet (Charles).	100	»		
Jovard.	»		3 paires de draps.	3 février.
Jules.	1	»		
Julien.	1	»		
Julien (Mme).	1	»		
Julien.	»		5 chemises.	4 mars.
Jumel, md d'huiles.	20	»		
Kahn (Mme).	1	»		
Kahn (Ecole israélite).	»		Charpie.	19 mai.
Kieffer (MM.).	1	»		
Labolle.	10	»		
Lacombe.	1	»		
Lacroix.	»	50		
Ladvocat.	20	»		
Laffitte.	25	»		
Laget.	5	»		
Lagoutte fils aîné, négt.	20	»		
Lalouette.	10	»		
Lamarque (Mlle).	2	»		
Lamarre.	1	»		
Lamarre.	»		Charpie.	4 mars.
Lamarre (Mme).	1	»		
Lamboi, négociant.	10	»		
Lanciau.	25	»		
Landrin.	20	»		
Lange.	50	»		
Lange Desmoulins.	50	»		
Langlois.	30	»		
Langlois.	2	»		

NOMS, PRÉNOMS et professions DES DONATEURS.	DONS			DATE DE LA REMISE DES DONS à l'Intendance militaire.
	EN ARGENT.		EN NATURE.	
	fr.	c.		
Lanta.	5	»		
Lasne père et fils.	30	»		
Lassez, bijoutier.	5	»		
Lassus (Mme).	»		Charpie, bandes, compresses.	3 février 1855.
Laurent.	5	»		
Laurent.	2	»		
Lauvray.	3	»		
Lavaux.	5	»		
Laveissière, nég^t en métaux.	500	»		
Laveissière.	11	»		
Laville.	20	»		
Lebarbier.	25	»		
Lebeau.	5	»		
Lebel.	2	»		
Leblanc.	2	»		
Lebouteux.	25	»		
Lebon.	5	»		
Lebreton, négociant.	»		100 chemises, charpie, bandes, compresses, vieux linge, 3 paires de draps.	3 février.
Lecat.	5	»		
Lecaudier.	5	»		
Lecharbonnier.	50	»		
Leclerc.	»		6 vieilles chemises.	3 février.
Lecreux (Auguste).	20	»		
Ledru.	1	»		
Leduc.	20	»		
Lefebvre.	5	»		
Lefebvre aîné.	5	»		
Legrand.	3	»		
Legrand.	5	»		
Legendre, bijoutier.	5	»		
Lehideux et Cie.	100	»		
Lemé.	»		Vieux linge.	19 mai.
Lejeune.	»	50		
Lejoindre.	40	»		
Lejolliot.	5	»		
Lelevain.	5	»		
Lelièvre.	10	»		
Leloup.	»	50		
Lemoine (Mme).	»			
Lemoine et Cie.	10	»	Charpie.	3 février.
Lemoine Squire, fab^t de papiers.	3	»		
Lemounier.	»	50		
Lennain.	5	»		
Lenoble, bijoutier.	25	»		
Léo.	2	»		
Léonard.	»		Vieux linge.	4 mars.
Lepatre (Mme).	10	»	Bandes en toile.	—
Leperdriel.	1	»		
Lepinette des Castignolles.	2	»		
Leprovost.	1	»		
Leroux.	5	»		
Leroy.	5	»		
Leroy.	»	50		
Lesage.	1	»		
Lesbre.	5	»		
Lesieur (Mme Vve).	15	»		
Lesieur et Leborgé.	10	»		

NOMS, PRÉNOMS et professions DES DONATEURS.	DONS		DATE DE LA REMISE DES DONS à l'Intendance militaire.
	EN ARGENT.	EN NATURE.	
	fr. c.		
Lethimonnier.	20 »		
Lethimonnier.	10 »		
Letrauge David et Cie.	100 »		
Levasseur.	1 »		
Levavasseur (Mme).	»	1 drap, 1 chemise, bandes, compresses.	3 février 1855.
Levavasseur.	20 »		
Levêque.	5 »		
Levillain frères, négociants.	25 »		
Levy.	15 »		
Levy (Cerf), md de bestiaux.	2 »		
Libersalles.	5 »		
Lierman, faïencier.	20 »		
Ligue aîné.	50 »		
Linder, fabt de moules.	»	Charpie.	4 mars.
Lion Allemand (Mme).	200 »		
Lobé, traiteur.	»	Bandes, vieux linge.	3 février.
Lobligeois et Hache, négts.	20 »		
Loiseau.	» 50		
Loiseau.	5 »		
Loubeaud.	» 50		
Lourdel.	2 »		
Lucie (Mlle).	20 »		
Luignet.	10 »		
Mabire.	10 »		
Mahieux.	3 »		
Magnant.	1 »		
Magnant fils.	5 »		
Mahieu (Adrien).	2 »		
Maillard.	5 »		
Maillet.	2 »		
Maitre.	1 »		
Malexandre.	10 »		
Mallat, horloger.	5 »		
Mandagourt.	5 »		
Mandeau.	5 »		
Manigant, négociant.	50 »		
Marchand, négociant.	»	13 couvertures.	3 février.
Marchand.	2 50		
Marchandier.	10 »		
Marguerite.	10 »		
Marie (ses ouvriers).	2 »		
Marix.	10 »		
Marmin.	10 »		
Marteau.	25 »		
Martin.	5 »		
Martin.	2 »		
Martin, pharmacien.	»	1 kil. de chocolat.	3 février.
Martin.	1 »		
Martin.	10 »		
Martincourt.	2 50		
Massabowa (N.)	1 »		
Masson.	5 »		
Masson.	5 »		
Mathias.	100 »		
Mathieu.	1 »		
Mauduit.	1 »		
Maurin.	20 »		
Mavré, médecin.	10 »		
Mayer.	3 »		

NOMS, PRÉNOMS et professions DES DONATEURS.	DONS			DATE DE LA REMISE DES DONS à l'Intendance militaire.
	EN ARGENT.		EN NATURE.	
	fr.	c.		
Mayer, négociant.	50	»		
Mayer.	5	»		
Mayon.	2	»		
Mazurier (Jules).	25	»		
Melinot, sergent de ville.	2	»		
Menereuil.	5	»		
Ménier, chocolatier.	500	»		
Menier (Mme Vve), propre.	150	»		
Mentin.	2	»		
Merlin.	5	»		
Mets.	1	»		
Meyer.	»		1 couverture de laine.	3 février 1855.
Miguet, médecin.	10	»		
Miguet fils.	20	»		
Moineaux.	10	»		
Moinery, négociant.	100	»		
Moinery (Félix), négociant.	25	»		
Moireau.	5	»	1 couverture de coton, vieux linge.	3 février.
Moïse.	6	»		
Molle.	»	50		
Mollot.	10	»		
Mondolot, instituteur.	5	»		
Mongin.	5	»		
Monod (Mme).	»		Charpie, vieux linge.	3 février.
Montauriol.	20	»		
Monteron Mme).	»		Charpie.	4 mars.
Moreau, ancien maire.	200	»		
Moreau (Mme).	20	»	2 draps, vieux linge.	3 février.
Morel.	5	»		
Morey.	»		Charpie, vieux linge.	19 mai.
Morin.	1	»		
Moris.	10	»		
Morize, pharmacien.	10	»		
Mouchard.	5	»		
Mouillard (Mme).	»		2 draps, vieux linge.	3 février.
Mourot.	1	»		
Mousset.	1	»		
Moussu.	2	»		
Moyen.	1	»		
Mustel.	5	»		
Nathan et Hernsheim.	10	»		
Nelson.	10	»		
Neolin.	2	»		
Nicolas.	5	»		
Noel.	5	»		
Noel.	1	»		
Notte.	5	»		
Nozot (Médard), rentier.	5	»		
Oger, fabt de savons.	20	»		
Olivier.	1	»		
Ouvriers.	8	50		
Ouvriers de M. Gion.	5	»		
Pain.	2	»		
Palandin.	5	»		
Pasteur.	1	»		
Pauclut.	1	»		
Pebay.	1	»		
Pension de filles protestantes.	»		Charpie, bandes, compresses.	4 mars.
Percheron (Mme).	5	»	Vieux linge, charpie, bandes, compresses.	—

NOMS, PRÉNOMS et professions DES DONATEURS.	DONS			DATE DE LA REMISE DES DONS à l'Intendance militaire.
	EN ARGENT.		EN NATURE.	
	fr.	c.		
Peret.	20	»		
Peret.	5	»		
Perez.	5	»		
Perotte.	»	50		
Perreau (Mme).	»		Charpie.	3 février 1855.
Pers.	2	»		
Petitbled.	»		1 couverture, vieux linge.	3 février.
Petitot jeune.	»	50		
Peupin (Henry).	»	50		
Peupin.	1	»		
Peyraud, commissaire de police.	5	»		
Picot, tailleur.	1	»		
Pierre.	1	»		
Pillard.	5	»		
Pillod.	5	»		
Pitat.	20	»		
Place.	10	»		
Plataret, filateur.	100	»		
Plateau.	1	»		
Plet et ses employés.	61	»		
Plon.	2	»		
Polin.	3	»		
Poly.	»	50		
Pomard.	»	50		
Pommer.	1	»		
Porto.	1	»		
Pothier aîné.	5	»		
Potrel, md de nouveautés.	10	»		
Pottier.	10	»		
Pouille.	10	»		
Poupart.	5	»		
Poupin.	10	»		
Poye.	10	»		
Poyret.	3	»		
Prat.	1	»		
Prevost.	1	»		
Prieur.	5	»		
Provost.	1	»		
Provost frères, négociants.	50	»		
Pujol.	5	»		
Puntris.	3	»		
Quest.	5	»		
Quetil.	20	»		
Quoniam.	20	»		
Rabiat.	5	»		
Radout.	100	»		
Raguet.	20	»		
Ranc (Mme).	»		Charpie.	20 juillet.
Raynaud.	5	»		
Rebottet.	1	»		
Redier, fabt d'horlogerie.	100	»		
Redon.	5	»		
Regnault (Réné).	1	»		
Renard fils.	25	»		
Renardeux et Claude.	10	»		
Renaud.	»		Charpie.	4 mars.
Renaud.	5	»		
Renault.	20	»		
Réné.	1	»		

NOMS, PRÉNOMS et professions DES DONATEURS.	DONS		DATE DE LA REMISE DES DONS à l'Intendance militaire.
	EN ARGENT.	EN NATURE.	
	fr. c		
Rey, négociant.	20 »		
Reynard.	2 »		
Ribot.	1 »		
Richard.	10 »		
Richard.	5 »		
Richard.	»	2 draps, vieux linge.	3 février 1855.
Richer.	20 »		
Ricquet et Ticquet.	20 »		
Ridet.	1 »		
Rigol.	» 50		
Rigollot.	5 »		
Riottot.	5 »		
Rioul.	2 »		
Riout.	5 »		
Ripault.	20 »		
Riquier et Delavallée.	50 »		
Riverin frères, négociants.	100 »		
Rivet.	1 »		
Rivollier.	» 50		
Robert Houdin.	1 »		
Robillard.	» 50		
Robin.	3 »		
Robinet, instituteur.	5 »		
Robinot, épicier.	5 »		
Roger.	3 »		
Rolland.	50 »		
Rollin.	20 »		
Rollin.	2 »		
Romeney.	5 »		
Rongier père et fils.	10 »		
Ronjac.	10 »		
Rose.	5 »		
Rondel.	2 »		
Rouillard.	»	Charpie,	20 juillet.
Roulet (Ch.).	1 »		
Roulet (Mme Vve).	1 »		
Roumengon, négociant.	»	1 couverture de coton, 1 drap.	4 mars.
Roussel.	10 »		
Roussel.	20 »		
Rousset.	20 »		
Rousset.	5 »		
Roux.	5 »		
Ruffel.	10 »		
Ruffel et Lemagne.	20 »		
Sagny.	5 »		
Saint-Amand.	15 »		
Saillofest.	20 »		
Sajou, fabt de dessins de broderie.	100 »	Chemises, serviettes.	3 février.
Salle.	»	1 couverture de laine.	—
Salomon.	10 »		
Samuel.	5 »		
Saunier.	» 50		
Savarin.	2 »		
Savoye.	3 »		
Schaffer.	2 50		
Schelessinger.	2 »		
Schiffmann.	1 »		
Schober (Edouard), doreur.	5 »		
Séjourné.	»	2 gilets de flanelle.	4 mars.

NOMS, PRÉNOMS et professions DES DONATEURS.	DONS			DATE DE LA REMISE DES DONS à l'Intendance militaire.
	EN ARGENT.		EN NATURE.	
	fr.	c.		
Serin.	2	»		
Silvera.	1	»		
Simon.	20	»		
Société de secours mutuels de Ste-Geneviève.	50	»		
Sœurs (maison de secours.).	»		Charpie.	4 mars 1855.
Soudée, négociant.	25	»		
Soupaul, négociant.	100	»	1 couverture, 1 drap.	3 février.
Soret.	20	»		
Sormani.	25	»		
Steinkeila.	60	»		
Stoffel.	5	»		
Strauss.	2	»		
Sudre.	1	»		
Tardy.	1	»		
Tatard.	10	»		
Tatin (Charles).	1	»		
Taveau.	30	»		
Tempour.	1	»		
Tessier.	1	»		
Thomas.	10	»		
Thorel.	1	»		
Touraine.	3	»		
Trepeau.	5	»		
Trifosse.	10	»		
Troulet.	1	»		
Truelle.	10	»		
Tugot (Charles).	20	»		
Tugot (Félix.).	20	»		
Turpin (Mme Vve).	10	»		
Une bouillotte en famille.	13	»		
Vallain (Mlle).	»		Bandes, vieux linge,	3 février.
Vallet et Pavie.	20	»		
Vegien.	1	»		
Veillet.	»		Charpie.	19 mai.
Verju.	5	»		
Viardot.	5	»		
Vicherot.	1	»		
Vienner.	2	»		
Villard, md de métaux.	20	»	Charpie, vieux linge.	3 février.
Vimard.	5	»		
Vincent.	5	»		
Vinot, propriétaire.	10	»		
Vion et Regnier.	40	»		
Vuillaume.	»	50		
Vuzy.	5	»		
Waag.	2	»		
Wahl (Mlle).	2	»		
Weber.	4	»		
Willaume.	2	»		
Wirehmann.	5	»		
Witman.	20	»		
Wittersheim, imprimeur.	5	»		
X...	3	»		
Id.	2	»		
Id.	8	»		
Id.	1	50		
Id.	1	»		
Id.	»	50		
Id.	»	50		

NOMS, PRÉNOMS et professions DES DONATEURS.	DONS EN ARGENT.		DONS EN NATURE.	DATE DE LA REMISE DES DONS à l'Intendance militaire.
	fr.	c.		
X...	5	»		
Id.	1	»		
Id.	5	»		
Id.	2	»		
Id.	5	»		
Id.	5	»		
Id.	1	»		
Id.	5	»		
Id.	»	75		
Id.	5	»		
Id.	5	»		
Id.	1	»		
Id.	»	50		
Id.	20	»		
Id.	2	»		
Id.	1	»		
Id.	10	»		
TOTAL...	13,072	15	versés à la caisse du ministère de la guerre le 20 avril 1855 et le 18 février 1856.	

HUITIÈME ARRONDISSEMENT.

Andrieu.	1	»		
Anonyme.	»		1 paquet de linge.	5 février 1855.
Id.	20	»		
Id.	2	»		
Id.	10	»		
Id.	5	»		
Id.	»		1 paquet de linge.	5 février.
Id.	»		1 couverture en laine.	—
Id.	3	»		
Id.	»		1 paquet de linge.	5 février.
Id.	2	»		
Id.	100	»		
Id.	12	50		
Id.	»		3 paires de chaussettes laine.	5 février.
Id.	10	»		
Id.	»		3 couvertures laine, linge, bandes, charpie.	5 février.
Id.	»		1 paquet de linge.	—
Id.	5	»		
Id.	»		1 paquet de linge.	5 février.
Id.	2	»	6 couvertures laine.	—
Anquetil.	50	»		
Armengaud.	285	»	9 couvertures, linge, charpie.	5 février.
Artiste (une jeune).	1	»		
Aubert, négociant.	50	»		
Ballay (Auguste).	1	»		
Balny jeune, ébéniste.	50	65		
Balutet.	74	»		
Balutet et ses ouvriers.	224	»	6 paquets de linge.	5 février.
Barbet-Massin, chef d'instit.	»		27 paires de draps, serviettes.	—
Batreau.	»		Linge.	—
Bastianelli.	6	»		
Bazurin.	10	»		
Bayvet.	100	»		
Bazire (Edmond).	20	»		

NOMS, PRÉNOMS et professions DES DONATEURS.	DONS			DATE DE LA REMISE DES DONS à l'Intendance militaire.
	EN ARGENT.		EN NATURE.	
	fr.	c.		
Belhomme.	20	»		
Bellan père.	20	»		
Bernard.	2	»		
Bernard.	»		Bandes, chaussettes.	5 février 1855.
Bezançon père, propriétaire.	15	»		
Biaud, marchand de vins.	6	»		
Bignard (Mme).	3	»		
Bittlinger (Mme).	»		Charpie.	5 février.
Blanchetot (Mme).	40	»		
Blaque (Mme).	20	»		
Boireaux.	5	»		
Bondois.	10	»		
Bonhivert (Mme).	»		Linge.	5 février.
Bonnel.	5	»		
Boquillon.	»		6 jeux de domino, 6 jeux de loto.	5 février.
Bordat.	10	»		
Bordeaux.	45	»	Linge, charpie, 4 couvertur.	5 février.
Botot.	2	»		
Bouland (Mme).	»		Linge, bandes.	5 février.
Boulanger-Fouquet.	»		Vieux linge.	—
Boulard (Mme).	»		Linge, charpie.	—
Bourdon (Mme).	10	»	1 couverture.	—
Bourget (Mme).	15	»		
Boussaque.	5	»		
Brazier (Mme).	»		Charpie.	5 février.
Brianchon.	100	»		
Brierre de Boismont et ses employés.	57	»	3 couvertures, linge et charpie.	5 février.
Brisset.	15	»		
Brissot-Thivart fils.	»		Manteau en caoutchouc.	5 février.
Brocard frères.	20	»		
Brunet dit Charles.	5	»		
Bruyant.	»		Linge.	—
Bureau, adjoint au 8e arrondissement.	25	»		
Burgh.	»		Linge.	12 mars.
Burnet.	20	»		
Caillas.	2	»		
Carillion.	50	»	Charpie, linge.	5 février.
Censier.	10	»		
Cercueil et ses ouvriers.	80	50		
Chaix.	25	»		
Chambon (Prosper).	20	»		
Chapelle.	10	»		
Chapot.	1	»		
Charpentier père, marchand de bois.	20	»		
Choron (Mme).	»		Charpie.	5 février.
Chossard, curé de Saint-Ambroise.	50	»		
Clerc, Margueridon et Cie.	120	»		
Clouet et Cie.	25	»		
Cocheux.	10	»		
Colinet.	10	»		
Cordier (Alfred).	50	»		
Courtois (Mme).	»		Linge.	5 février.
Crété, secrét. de la 8e mairie.	5	»	Charpie.	—
Cretinon.	1	»	Linge, charpie.	—
Croco et ses ouvriers.	63	70		

NOMS, PRÉNOMS et professions DES DONATEURS.	DONS			DATE DE LA REMISE DES DONS à l'Intendance militaire.
	EN ARGENT.		EN NATURE.	
	fr.	c.		
Danet (Mme).	20	»		
Delaide (Mme).	25	»		
Delarue.	»		Caleçon, chemises, bandes, charpie, linge.	5 février 1855.
Delicourt.	»		Charpie, linge, bandes.	—
Delicourt, ses employés et ouvriers.	280	»		
Delpire.	20	»		
Demouchy fils.	30	»		
Demouchy père.	20	»		
Derigny.	5	»		
Derome.	»		Linge.	5 février.
Deschamps.	5	»		
Desfossés.	186	»	Linge.	—
Deslandes (Jules).	75	»		
Desoindre.	1	»		
Divine (Mlle).	10	»		
Dodenfort (Mme).	»		12 paires de chaussettes, 14 paires de gants, 6 caleçons, 6 tricots, 6 chemises, charpie et linge.	5 février.
Donon, marchand de vins.	5	»		
Duboc.	10	»		
Dubost.	5	»		
Ducoudré, négociant.	20	»		
Dufau.	10	»		
Duflot (Mme).	»		Linge et charpie.	5 février.
Dulac.	5	»		
Dumont.	»		Charpie.	5 février.
Durant.	5	»		
Durenne.	20	»	Linge.	5 février.
Dutour.	10	»		
Duval.	»		8 draps en toile.	5 février.
Duval.	50	»	Linge.	12 mars.
Ediard.	10	»	Linge	5 février.
Ferrand.	10	»		
Ferrière, employé.	5	»		
Foucaut (Mme et fils).	1	50		
Fourdinoit.	75	»	Linge, bandes, charpie.	5 février.
Fournier (Mme).	10	»	Charpie, bandes, compresses.	—
Franc.	5	»		
Gailliot.	10	»		
Gariel père, entrepreneur.	200	»		
Gariel fils.	50	»		
Gariel et Garnuchot (MM. et Mmes).	»		Bandes, charpie.	5 février.
Garnuchot (Paul).	10	»		
Garnuchot (Charles), entrepr.	50	»		
Gaudinat et ses ouvriers.	7	»		
Gautrot.	2	»		
Gautrot, fabr. d'instruments de musique.	»		48 paires chaussettes, 24 caleçons, 24 tricots.	5 février.
Geinlex.	5	»		
Gillon, Thorailler et ses ouvriers.	120	»		
Gobin (Mme).	2	»		
Grenat.	5	»		
Grenet-Merry.	20	»	Linge.	5 février.
Griffeuille.	20	»		
Gruat.	1	»		

NOMS, PRÉNOMS et professions DES DONATEURS.	DONS			DATE DE LA REMISE DES DONS à l'Intendance militaire.
	EN ARGENT.		EN NATURE.	
	fr.	c.		
Grus.	25	»		
Guéneau (Auguste).	»		4 paires de draps.	5 février 1855.
Guérin.	10	»		
Guilbert, marchand de bois.	50	»		
Guillemin, architecte.	20	»		
Guilleminot (Mme).	»		Charpie.	5 février.
Guillon fils.	100	»		
Guillon père.	200	»		
Guiraud.	10	»		
Guyonnet, sculpteur.	10	»		
Handancourt.	10	»		
Haran.	5	»		
Hemmet, négociant.	20	»		
Hibler.	5	»		
Hirch (Mme).	»		Linge.	5 février.
Hochard père.	»		6 couvertures laine.	—
Hottinger.	10	»		
Houdart, propriétaire.	100	»		
Houy.	2	50		
Houzé.	2	»		
Huard.	3	»		
Hugot, souscript. faite chez lui.	200	60		
Husting.	10	»		
Hutan.	10	»		
Huten.	5	»		
Jacquemin.	10	»		
Jacques.	10	»		
Jabiet.	»		Linge, charpie.	5 février.
Jeanselme père et fils et ses ouvriers.	115	75		
Jouy.	3	»		
Kleiber, ébéniste.	6	»		
Klein.	10	»		
Kriéger, souscript. ouverte chez lui.	437	50	36 paires chaussettes, linge.	5 février.
L'Accord, israélite.	100	»		
Laforest (Mme).	5	»	Charpie.	5 février.
Langlet.	5	»		
Langlois.	50	»		
Larmet.	10	»		
Lavallée, directeur de l'Ecole centrale.	100	»		
Laverpillière.	1	»		
Leclerc.	10	»		
Lecocq, propriétaire.	20	»		
Lecuyer fils, épicier.	5	»		
Legay (Mme).	10	»	Linge.	5 février.
Léger (Mme).	»		Charpie.	—
Legrand (Mme).	7	50		
Legrand (Mme).	»		Linge et flanelle.	5 février.
Legrand.	20	»		
Leguien père.	10	»		
Lejeune.	30	»		
Lejeune père.	20	»		
Lemoine.	55	»		
Lemoine (Mme).	»		Linge et charpie.	5 février.
Lepeu.	100	»		
Lequart (Mme).	5	»		
Lequien (Alexandre).	5	»		

NOMS, PRÉNOMS et professions DES DONATEURS.	DONS			DATE DE LA REMISE DES DONS à l'Intendance militaire.
	EN ARGENT.		EN NATURE.	
	fr.	c.		
Lerrede.	2	»		
Leroux.	1	»		
Leroux (Constant).	5	»		
Les employ. de M. Marchand.	15	»		
Les ouvriers de M. Clerc Margueridon.	50	»		
Les ouvriers de M. Fourdinois.	104	25		
Les ouvriers de M. Lemoine.	45	»		
Les ouvriers de M. Maria.	»		Linge, charpie.	5 février 1855.
Lesouef.	20	»		
Lévy (Frédéric).	50	»		
Lhomme.	40	»		
Lhuillier.	10	»		
Lignez.	5	»		
Lombard.	»		2 couvertures laine.	5 février.
Longueville (Mme).	3	»		
Louvrier-Roussel.	50	»		
Loysel et divers.	286	»		
M. A. D.	10	»		
Mahé de la Bourdonnais (Mme).	»		Linge et charpie.	5 février.
Maindrault, médecin.	»		*Id.* *id.*	3 mars.
Maigne.	10	»		
Mairesse.	20	»		
Mairet.	5	»	Linge.	5 février.
Majou.	10	»		
Malingre.	10	»		
Marchand.	100	»		
Maréchal (Mlle).	10	»		
Maréchal (Mlle).	»		Charpie.	5 février.
Maria (Mme).	»		*Id.*	—
Maria (Jules).	25	»		
Maria père.	»		100 paires chaussettes laine.	5 février.
Marot.	2	50		
Marsaux.	20	»		
Martin.	1	»		
Martin (Mme).	1	»		
Martin-Delacroix.	195	»	Linge et charpie.	5 février.
Masson.	»		1 drap.	—
Maubée.	»		Linge, bandes, charpie, 4 couvertures.	—
Mercier.	20	»		
Merlin.	20	»	Linge.	5 février.
Messener, Ligney et divers.	361	80		
Meynard fils.	50	»		
Meynard père.	15	»		
Michel.	25	»		
Millot (Mme).	»		Linge, charpie.	5 février.
Montariol.	5	»		
Morand.	»		6 couvertures, 6 paquets de peluches.	5 février.
Moreau (Ernest).	»		Linge, 6 gilets laine.	—
Morisson.	»		Bandes, compresses, charpie.	—
Moysès, propriétaire.	40	»		
Nizerolle et Charon.	361	50		
Pellenc.	5	»		
Perret père.	»		20 couvertures laine.	5 février.
Piat (liste de souscription).	423	»		
Picot, logeur.	4	»		

NOMS, PRÉNOMS et professions DES DONATEURS.	DONS			DATE DE LA REMISE DES DONS à l'Intendance militaire.
	EN ARGENT.		EN NATURE.	
	fr.	c.		
Piedefert.	10	»		
Pierson.	10	»		
Pignel dit Dupont.	»		Linge.	5 février 1855.
Pihet (Eugène) et sa famille.	»		Charpie.	—
Pion, employé.	3	»		
Planche.	100	»		
Plichon fils, fondeur.	50	»		
Prieur.	»		4 couvertures, 5 caleçons, linge, charpie.	5 février.
Priquet.	3	»		
Quignon et ses ouvriers.	55	»		
Ramondenc.	»		Linge, charpie, 4 paires chaussettes.	5 février.
Rateau.	5	»		
Rants (Mme).	»		Linge, charpie.	5 février.
Ravaut, marchand de bois.	50	»		
Raynaud, médecin.	10	»		
Rebourceau.	3	»		
Régent.	60	»		
Reveilhac.	50	»		
Reveilhac-Baduel.	26	»	4 couvertures, linge, bandes, charpie.	5 février.
Ringaud (veuve).	»		Linge.	—
Riottot et ses ouvriers.	153	»		
Rochat.	10	»		
Roland.	5	»		
Roly.	10	»		
Rossignol.	5	»		
Roussel.	15	»		
Saunier (Mme).	»		Linge.	5 février.
Savart, ses empl. et ouvriers.	150	»		
Sement.	3	»		
Simon.	2	»		
Société anonyme des fonderies de Rouilly.	200	»		
Soubert.	5	»		
Souffrant.	2	»		
Soumis.	4	»		
Taratte.	20	»		
Tessard.	10	»		
Thierry-Delanoue.	10	»		
Thomas.	10	»		
Thomas.	10	»		
Thomel.	1	»	Linge.	5 février.
Tillet et sa famille.	33	»		
Toudouze.	10	»		
Tourillon (Charles).	»		Toile, bandes, charpie.	5 février.
Trophy, maçon.	15	»		
Truchon.	5	»		
Turquet.	100	»		
Valory.	»		Linge.	5 février.
Verdhurt.	5	»		
Vernus.	3	»		
Viciot.	2	»		
Vidal.	20	»		
Vieuge.	10	»		
Vigues aîné et père.	100	»		
Vigues fils aîné (liste de souscription).	176	50		
Vittoz.	20	»		

NOMS, PRÉNOMS et professions DES DONATEURS.	DONS EN ARGENT.		DONS EN NATURE.	DATE DE LA REMISE DES DONS à l'Intendance militaire.
	fr.	c.		
Vivenot, propriétaire.	20	»		
Weldon, fabric. de boutons.	»		Charpie, compresses, 200 mètres de bandes.	5 février 1855.
Zimmermann, horloger.	20	»		
TOTAL...	9,512	25	versés à la caisse du ministère de la guerre le 20 avril 1855 et le 18 février 1856.	

NEUVIÈME ARRONDISSEMENT.

Anonyme.	»		Charpie, linge.	3 février.
Id.	»		Vieux linge.	3 mars.
Id.	2	»	*Id.*	—
Id.	2	»	*Id.*	19 mai.
Id.	10	»	15 kilogr. linge.	—
Id.	»		Linge.	3 mars.
Id.	»		Charpie.	19 mai.
Id.	»		3 chemises toile, 2 en calicot.	3 février.
Id.	»		Bandes.	19 mai.
Id.	»		1 kilogr. linge.	—
Aréra, négociant.	10	»		
Aubrée, contrôleur.	5	»		
Augens.	»		1 couverture laine, 1 drap, 2 nappes, 4 mouchoirs, 3 serviettes.	3 février.
Augier.	5	»		
Barberi.	10	»		
Bazin.	4	»		
Baudelocque.	10	»	Linge, charpie.	3 mars.
Baudelot.	5	»		
Benard (Mme).	5	»		
Bernard (Mlle).	1	»		
Bertin.	10	»		
Bertrand, propriétaire.	20	»		
Bidaux.	3	»		
Boisserenc.	5	»		
Boland (Mme).	»		Bandes, charpie.	3 février.
Boullard (Mme).	15	»		
Boullard, médecin.	10	»		
Boullard père, médecin.	10	»		
Boullay.	10	»		
Boutet (Mme).	»		2 kilogr. vieux linge.	19 mai.
Bouchon (Mme).	»	50		
Bourjot, propriétaire.	10	»		
Brassart.	5	»		
Brison (Mme).	5	»	Vieux linge.	3 février.
Bullier.	20	»		
Cabit, propriétaire.	10	»		
Canet.	20	»		
Carlier.	3	»		
Chauveau, contrôleur.	5	»		
Cappelle, professeur.	10	»		
Chaffard.	10	»		
Carpentier (Mme).	5	»	Linge, charpie.	3 février.
Chapuis, architecte.	5	»		
Charleuf.	100	»		
Charnaux (veuve).	»		Charpie, compresses.	3 février.
Charpentier (Mme).	»		Linge, charpie, bandes.	3 mars.

NOMS, PRÉNOMS et professions DES DONATEURS.	DONS			DATE DE LA REMISE DES DONS à l'Intendance militaire.
	EN ARGENT.		EN NATURE.	
	fr.	c.		
Charpentier.	13	»	Linge, charpie.	3 mars 1855.
Chevalier (Mme).	»		Vieux linge.	3 février.
Chrétien.	5	»		
Cliquet.	3	»		
Coffmann (Mme).	»		Charpie, vieux linge.	3 février.
Combes (Mme).	20	»	Linge, charpie.	—
Colomb.	2	»		
Coron.	»		Charpie, vieux linge.	3 mars.
Coqunod.	3	»		
Coze, contrôleur.	5	»		
Crouzé.	1	»		
Dargenville (Mme), propriét.	»		1 kilogr. charpie.	19 mai.
Dejoux.	100	»		
Delastre.	20	»		
Delaveivre.	3	»		
Deloison.	5	»		
Desclozeaux.	10	»		
Des Essarts.	10	»		
Desmeloizes.	25	»		
Destremont.	10	»		
Detourbet, adjoint.	20	»		
De Villiers.	10	»		
Dezelus.	»		1 drap.	3 février.
Divers anonymes.	38	»		
D'Leindre.	5	»		
Duboscq père.	25	»		
Duboscq fils.	10	»		
Duboscq (Mme).	»		Charpie.	3 mars.
Dubost.	5	»		
Dubost.	»		Bandes, charpie.	3 février.
Dufaure.	5	»		
Dussardier.	»		Linge, bandes.	—
Evelart.	5	»		
Fauvel.	5	»		
Favre.	5	»		
Fonctionnaires, professeurs et élèves du lycée Charlemagne.	1,142	»		
Fruneau.	»		Couverture grise, 2 draps.	3 février.
Gallay.	»		2 draps.	—
Gaillardi.	10	»		
Gaume, propriétaire.	»		Vieux linge.	3 février.
Gesbert.	5	»		
Gorlier.	5	»		
Gory.	»		Charpie.	3 février.
Hueme.	»		Vieux linge.	—
Hedouin.	10	»		
Hennequin, avocat.	5	»		
Japy-Paillard.	»		Bandes, charpie.	3 février.
Jeoffrin.	»		1 couverture laine.	—
Jobart.	»		Vieux linge.	—
Jouet (Mme).	»		Linge et charpie.	—
Lallier.	5	»		
Laurençon.	»		Vieux linge.	3 février.
Lebaudéus.	50	»		
L'abbé Reboul, curé de St-Paul.	»		Vieux linge, charpie.	3 février-20 juillet.
Laboriette.	5	»		
Lafosse.	10	»		
Lebloys.	5	»		

NOMS, PRÉNOMS et professions DES DONATEURS.	DONS			DATE DE LA REMISE DES DONS à l'Intendance militaire.
	EN ARGENT.		EN NATURE.	
	fr.	c.		
Lebreton (Auguste).	20	»		
Lebreton, propriétaire.	10	»		
Leguay.	5	»		
Lelong.	»		1 couverture laine.	3 février 1855.
Lendormy.	»		Vieux linge.	—
Lesecq, maire du 9e arrond.	100	»		
Letuvé.	2	»		
Leveillé, contrôleur.	5	»		
Luret et Duren.	»		10 chemises.	3 février.
Macloux.	1	»		
Magnan.	10	»		
Maillard.	10	»		
Maillard.	»		Vieux linge.	3 février.
Mansard, adjoint.	20	»		
Mangeant.	5	»		
Marchand de journaux, pl. du Palais-de-Justice.	1	»		
Margorie, contrôleur.	5	»		
Martin.	»		Vieux linge, charpie.	19 mai.
Martin.	10	»		
Masson, propriétaire.	50	»		
Meillier.	5	»		
Meunier.	10	»		
Michelin.	10	»		
Monasse (Mme)	»		10 grammes charpie.	19 mai.
Mongirard.	3	»		
Monvoisin.	5	»		
Morel-Darlan.	100	»		
Morel-Darleux (Félix).	5	»		
Morel-Darleux (Charles).	5	»		
Morel-Darleux (Paul).	5	»		
Morissot.	15	»		
Obled, contrôleur.	5	»		
Olléris, contrôleur.	10	»		
Ollivier, contrôleur.	5	»		
Ouvriers de M. Morizot.	40	»		
Paris.	»		Linge, charpie.	3 mars.
Patoueille.	»		Charpie, 1 gilet tricot, 9 bonnets de coton, 3 paires de chaussettes.	3 février.
Patry.	5	»		
Patureau (Mme).	»		Charpie.	3 mars.
Patureau.	»		*Id.*	19 mai.
Pelisson (Mme).	»		Vieux linge.	3 février.
Perducet père.	200	»		
Petitpas.	10	»		
Pineau.	»		Charpie.	3 mars.
Peuchot (Mlle).	»		2 kilogr. 500 gr. bandes et charpie.	19 mai.
Puita.	10	»		
Pouchet.	5	»		
Renard.	10	»		
Riant.	»		1 couverture de coton.	3 février.
Rimasson.	10	»		
Robillard.	1	»		
Rodien.	5	»		
Rogelin.	31	65		
Rousselle, ingénieur.	»		Charpie.	3 mars.
Ruelle.	25	»		
Saleme.	50	»		

NOMS, PRÉNOMS et professions DES DONATEURS.	DONS		DATE DE LA REMISE DES DONS à l'Intendance militaire.
	EN ARGENT.	EN NATURE.	
	fr. c.		
Sarazin.	»	3 gilets de tricot de coton.	3 février 1855.
Saugé, propriétaire.	30 »		
Sauvert dit Rillery, propriét.	40 »		
Serré (Mlle).	1 »		
Saint-Maurice (Mme).	»	2 couvertures laine, 1 de coton, 6 draps.	3 février.
Sœurs du bureau de secours, rue Poultier.	»	4 couvertures laine, charpie, linge, 5 caleçons, bandes, 5 draps, 6 gilets de flanelle.	3 février-3 mars.
Sœurs du bureau de secours, Cloître-Notre-Dame.	»	Bandes, charpie.	3 février.
Sœurs du bureau de secours, rue du Fauconnier.	»	Charpie, vieux linge, 12 paires de chaussons.	3 février-19 mai.
Sourdeval, propriétaire.	20 »		
Stevens.	»	Linge.	3 février.
Stockder.	10 »		
Simon père.	10 »		
Testard.	10 »		
Villeneuve (de).	5 »		
Vallon (Mme).	»	Bandes, charpie, chemises.	3 mars.
Zœppfel, contrôleur.	5 »		
TOTAL...	2,951 15	versés à la caisse du ministère de la guerre le 20 avril 1855 et le 18 février 1856.	

DIXIÈME ARRONDISSEMENT.

Abbaye-au-Bois (les dames de l').	»	Charpie, compresses, bandes.	25 janvier-3 février, 3 mars 1855.
A. B.	2 »		
Adam, propriétaire.	15 »		
Agasse.	10 »		
Andy, propriétaire.	»	Charpie, vieux linge.	25 janvier.
Anonymes.	»	3 lots de charpie.	25 janvier-3 février-3 mars.
Id.	»	8 *Id.*, bandes et vieux linge.	— — —
Anonyme.	10 »		
Id.	2		
Id.	10 »		
Id.	10 »		
Id.	40 »		
Id.	10 »		
Id.	5 »		
Id.	20 »		
Id.	40 »		
Armand, propriétaire.	15 »		
Arnaud de Gorse (Mme).	»	Linge et bandes, 1 couverture.	25 janvier-3 février.
Aumont.	20 »		
Barbier, bonnetier.	»	Linge, chaussons en laine, 7 gilets de flanelle, 2 gilets de coton.	3 février.
Barbette, docteur médecin.	10 »		
Baron.	10 »		
Bartholomée, rentier.	300 »		
Basset.	»	Charpie.	3 mars.
Bauche, propriétaire.	»	*Id.*	25 janvier.
Baume.	»	Linge.	15 mai.

NOMS, PRÉNOMS et professions DES DONATEURS.	DONS EN ARGENT.		DONS EN NATURE.	DATE DE LA REMISE DES DONS à l'Intendance militaire.
	fr.	c.		
Bayard de la Vingtrie.	5	»		
Beau.	20	»		
Beauvais, tambour.	»		Charpie.	3 mars 1855.
Bergognié, juge.	»		Id.	—
Bertaux Duval.	»		Linge, compresses.	—
Bertrand.	»		Linge.	—
Biais, négociant.	10	»		
Bienaymé, juge.	100	»	Charpie.	3 février-12 mars.
Billault, ministre.	»		Id.	3 mars-15 mai.
Bladier, rentier.	5	»	Linge, charpie.	12 mars.
Bonnaire.	5	»	Charpie.	3-12 mars.
Bonnet (Mme).	»		Charpie, vieux linge.	15 mai.
Bordry.	5	»		
Boyer, propriétaire.	»		Vieux linge.	25 janvier.
Boulade (Mlle).	»		Charpie.	15 mai.
Bréauté, avocat.	»		Id.	3 mars.
Brémontier (Mme Vve).	»		Linge.	3 février.
Brice, rentier.	2	»		
Brière de Mondétour Valigny.	»		Charpie.	3 février.
Brisset, docteur.	10	»		
Brunet, propriétaire.	»		Charpie, bandes.	3 février.
Busche.	20	»		
Carrey.	50	»	Bandelettes.	3 février-12 mars.
Carteron, propriétaire.	»		Charpie.	25 janvier.
Caucal, rentier.	»		Charpie, bandes.	3 mars.
Chapouteau.	2	»		
Chatelain.	3	»		
Chesnay (les employés de la maison).	40	»		
Chevalley,	»		Vieux linge.	25 janvier.
Cochin, maire.	»		Charpie, linge.	3 février-15 mai.
Cochin (Mme), propriétaire.	»		Charpie.	3 fév.-3 mars-15 mai.
Choquet, propriétaire.	10	»	Vieux linge.	25 janvier-12 mars.
Colmet d'Aâge, professeur.	20	»		
Collas, propriétaire.	20	»		
Collinot, rentier.	»		Linge.	3 mars.
Compagnie (Canal de Briare).	50	»		
Corard.	1	50		
Courant, receveur.	»		Linge.	3 mars.
Daguet.	8	»		
Darasse.	40	»		
Daveau.	»		Charpie, linge.	15 mai.
Debauche.	»		Id., id.	—
Deblé, propriétaire.	»		Vieux linge, 1 couverture.	25 janvier.
De Bayalos, rentier.	»		Charpie.	3 mars.
De Bethune (Psse de), propriétaire.	»		Linge et charpie.	3 février.
De Bougainville.	»		Charpie.	15 mai.
De Cambray.	30	»		
De Céreste (Dsse de).	200	»		
De Chalembert Guyard.	20	»	Charpie.	12 mars-15 mai.
De Chiffreville.	20	»		
De Chousy (Csse).	30	»		
De Clercq, propriétaire.	300	»		
De Clermont-Tonnerre.	»		Charpie.	15 mai.
De Glos, propriétaire.	»		Id.	3 février-3 mars.
De Godefroi Menilglaise (Mse).	»		Charpie, vieux linge.	25 janvier.
De Gontaut Biron (Vsse de).	»		4 lots de charpie, 1 couverture.	25 janv.-3 fév.-3 mars.
De La Coste, propriétaire.	»		Charpie.	15 mai.
De Livois (Bon de), propriétaire.	40	»	Id.	3-12 mars.

NOMS, PRÉNOMS et professions DES DONATEURS.	DONS		DATE DE LA REMISE DES DONS à l'Intendance militaire.
	EN ARGENT.	EN NATURE.	
	fr. c.		
Delamarre (Cte), sénateur.	100 »		
Delaroche (Mme), rentière.	»	Charpie, bandes, compresses.	15 mai-3 mars 1855.
Delpit (Mme), rentière.	»	Charpie.	3 février.
De Magnanville (Bne).	60 »		
De Marcillac (Csse de).	»	Charpie.	25 janvier-3 mars.
De Mauroy, conseiller de préfecture.	20 »		
De Mauroy, directeur des Incurables.	10 »		
De Merville (Cte de).	50 »		
De Montchamoy, propriétaire.	10 »		
De Montesquiou (Anatole), propriétaire.	»	Charpie.	3 mai.
De Montguyon (Csse de).	»	*Id.*	15 mai.
De Naucaze.	»	*Id.*	—
De Neuilly (Mme), rentière.	»	Vieux linge.	3 mars.
Denis (Mme), rentière.	»	Charpie.	3 février.
De Nobécourt.	»	*Id.*	15 mai.
De Noé (Csse de).	»	*Id.*	—
Dengouil, médecin.	5 »		
De Regardin (Mme), rentière	»	Charpie.	3 février-15 mai.
De Robecourt.	30 »	4 couvertures.	3 février.
De Roissy, propriétaire.	10 »		
De Roquefeuille, rentière.	130 »	2 cache-nez.	3 février-12 mars.
De Saint-Aignan (Csse).	»	Vieux linge.	18 juin.
De Saint-Albin (Mme), propriétaire.	»	*Id.*	25 janvier.
De Sainte-Aldegonde, propriétaire.	»	Charpie.	15 mars.
Desgranges, propriétaire.	»	6 couvertures.	25 janvier.
Desrousseaux.	»	Charpie.	3 février.
De Sayve (marquis de).	100 »		
De Vaudreuil (colonel).	25 »	Vieux linge.	12 mars.
De Vaureix.	»	Linge.	3 février.
De Vérac, propriétaire.	100 »	Vieux linge.	12 mai.
De Vougy (Henri), directeur de la télégraphie.	100 »		
Dezos de la Roquette, propriétaire.	100 »		
Diot.	»	Charpie.	3 mars.
Doucin.	»	*Id.*	3 mars-15 mai.
Dubost.	»	Vieux linge, charpie.	—
Dubost (Mme), rentière.	»	3 douz. de paires de chaussettes, 6 tricots de laine.	3 février.
Dufeux, propriétaire.	»	Vieux linge.	25 janvier.
Duhamel.	100 »		
Dumay.	»	Linge.	15 mai.
Durandan (Bnne).	»	Charpie, vieux linge, chaussettes neuves, 6 couvertures.	25 janvier.
Durouchoux, négociant.	»	8 couvertures.	3 février.
Edme.	3 »		
Egger (Emile) (Mme).	»	Charpie.	3 mars.
Essling (Psse d'), propriétaire.	»	*Id.*, 12 couvertures.	25 janvier.
Employés d'octroi de la patache d'aval.	14 »		
Id., de l'Ile des Cygnes.	5 »		
Faucheux, cuisinier.	2 »		
Fauvel.	»	Charpie.	3 février.
Féré père.	10 »		
Feuilherade, propriétaire.	»	Charpie.	3 février.

NOMS, PRÉNOMS et professions DES DONATEURS.	DONS		DATE DE LA REMISE DES DONS à l'Intendance militaire.
	EN ARGENT.	EN NATURE.	
	fr. c.		
Frion.	»	Linge.	15 mai 1855.
Fournier (Mme).	»	Id., charpie.	3 février.
Fourrié, avocat.	5 »		
Foy, md de vins.	»	Vieux linge.	3 mars.
Frœlicher, propriétaire.	5 »		
Fussy, professeur.	5 »		
Gardeur (Lebrun).	15 »		
Gemaux, propriétaire.	»	Linge.	3 février.
Gemon, id.	»	Charpie, linge, bandes.	15 mai.
Geoffroy.	»	6 couvertures.	25 janvier-3 février.
Georgery, marbrier.	15 »		
Gérard, propriétaire.	20 »		
Gérard, couturière.	»	Linge.	3 mars.
Goujon, rentier.	15 »		
Grapp, id.	»	Charpie.	3 février.
Guéron, employé.	»	Linge.	3 mars.
Halay, rentier.	»	Charpie.	—
Haton.	»	Id.	3 février.
Henu, peintre.	20 »		
Hénoque (Mme), propriétaire.	»	Bandes, vieux linge.	25 janvier.
Herbel, propriétaire.	10 »		
Hochet, id.	»	Linge et charpie.	3 février-3 mars.
Hoffmann, professeur.	10 »		
Hortus, chef d'institution.	»	Charpie.	3 février.
Houdart (l'abbé).	5 »		
Hubert (le général).	»	Linge.	3 février.
Hugot, rentier.	»	Charpie.	15 mai.
Husson.	20 »		
Jeffroy.	»	Charpie.	3 février.
Jouannin.	»	Id.	15 mai.
Jourdain de Muizon.	20 »		
Jubin (Mme), rentière.	»	Linge.	3 février.
L....	»	Linge.	3 mars.
Labarthe et Torchon.	»	Charpie, linge et bandes.	25 janvier-3 février.
Lacornée, architecte.	20 »		
Lacave-Laplagne.	»	Linge et charpie.	12 mars.
Langlois.	»	Charpie.	15 mars.
Lardin, ancien notaire.	5 »		
Latouche.	5 »		
Laveine, propriétaire.	20 »		
Leclerc des Barbins.	2 »		
Lebon, avocat.	»	Charpie, linge.	15 mai.
Lécrivain.	»	Charpie.	3 mars.
Léger (Mme), rentière.	»	Id.	15 mai.
Legrand, propriétaire.	20 »		
Lefebvre, architecte.	5 »		
Lejeune.	»	5 camisoles de coton.	3 mars.
Lenoir.	10 »		
Lermercier (Cte).	200 »		
Lemercier (ouvriers de).	292 50		
Lemoine, propriétaire.	»	Vieux linge, 2 draps, 2 couvertures.	25 janvier.
Lemoine, capitaine retraité.	10 »		
Lemoine, bijoutier.	25 »		
Letissier.	»	Charpie.	15 mai.
Leveau (Mme), rentière.	»	Linge.	3 mars.
Lorin (Mme), rentière.	»	Linge.	3 mars.
Louet, vérificateur.	5 »		
Magnier.	5 »		
Magnier (Arthur).	10 »		
Marcoux (Mme), rentière.	»	Charpie, linge, 2 gilets de flanelle, 3 paires de chaussettes de laine, bandes.	3 mars.

NOMS, PRÉNOMS et professions DES DONATEURS.	DONS			DATE DE LA REMISE DES DONS à l'Intendance militaire.
	EN ARGENT.		EN NATURE.	
	fr.	c.		
Marty et Ragon.	»		Charpie, bandes, vieux linge.	25 janvier 1855.
Masson, médecin.	20	»	Vieux linge.	3-12 mars.
Maugé, cordonnier.	2	»		
Ménages (les dames de l'hospice des).	6	25		
Mérimée.	40	»		
M. J. R.	20	»		
Milan, propriétaire.	»		Vieux linge, 2 couvertures.	25 janvier.
Moret, ancien officier.	20	»		
Moreau, employé d'octroi.	4	»		
Mouchy, propriétaire.	30	»		
Noblet (Mme).	»		Linge et charpie.	3 février-3 mars.
Oppert.	5	»		
Oudan de Virly.	40	»		
Pamard (Mme).	»		Charpie.	15 mai.
Plantard (Mme), rentière.	»		Charpie, bandes.	3 février.
Pellegrin, propriétaire.	»		Linge.	15 mai.
Peltier Saint-Michel.	»		Charpie, linge.	3 mars.
Peytier.	10	»		
Pimparé (Mme), rentière.	»		Charpie.	15 mai.
Prevost, propriétaire.	20	»		
Prevost, chef de bureau.	10	»		
Plumancey.	5	»		
Poitevin.	5	»		
Poiret.	5	»		
Pommier (Mme), rentière.	»		Charpie, linge.	3 mars.
Poirel, propriétaire.	10	»		
Port St-Nicolas (employés).	37	50		
Rainal, avocat.	»		Charpie.	15 mai.
Ramelet, propriétaire.	»		*Id.*	3 février.
Raimbaut (Mme), rentière.	»		Linge.	—
Ranslant.	5	»		
Reille (Maréchale), rentière.	»		Vieux linge, 1 couverture, charpie.	25 janvier-3 février.
Regnault d'Evry, propriét.	10	»		
Renault (Mme), propriétaire.	50	»	Charpie, bandes.	3 février.
Richard (Mme), ouvrière.	»		*Id.*, vieux linge, bandes.	25 janvier.
Rigault.	40	»		
Robiquet.	5	»		
Ronet, propriétaire.	10	»		
Roux (Mme).	»		Linge.	3 février.
Sacré Cœur (les dames du).	»		Linge.	15 janvier.
Savoy.	1	»		
Saint-Augustin (les dames de).	»		Charpie.	25 janvier.
Saint-Thomas de Villeneuve (les dames de).	»		*Id.*, vieux linge.	—
Schœffer.	»		*Id.*	3 février.
Soussignan, md de vin.	2	»		
Soussignan (Mme), rentière.	5	»		
Tagniard (Mme), rentière.	»		Linge.	3 février.
Tamis (Mme).	»		*Id.*, bandes, vieux linge.	25 janvier.
Tamy, rentier.	»		Charpie, linge.	3 mars.
Thomas, propriétaire.	»		Linge.	3 février.
Tortel, propriétaire.	5	»		
Tourin, rentière.	»		Charpie.	15 mai.
Trotin.	10	»		
Van-Cleemputte, architecte.	25	»		
Villars, rentier.	»		Charpie.	3 février.
Williamson, rentier.	»		*Id.*	3 mars.
TOTAL...	3,836	75	versés à la caisse du ministère de la guerre le 20 avril 1855 et le 18 février 1856.	

NOMS, PRÉNOMS et professions DES DONATEURS.	DONS		DATE DE LA REMISE DES DONS à l'Intendance militaire.
	EN ARGENT.	EN NATURE.	
	ONZIÈME ARRONDISSEMENT.		
	fr. c.		
Adrien.	10 »		
Alain.	»	Charpie.	16 juin 1855.
Allain.	»	*Id.*	3 février.
Angée.	100 »	Charpie, linge, bandes, compresses.	3 février-10 mars.
Angliviel.	10 »		
Anonyme (O. F.).	»	20 paires de chaussettes, 5 serviettes.	3 février.
Anonyme.	5 »	2 draps.	—
Id.	»	Charpie.	—
Id.	»	*Id.*	—
Id.	»	Vieux linge.	—
Id.	»	2 vieilles couvertures.	3 mars.
Id.	»	Charpie.	3 février.
Id.	»	*Id.*	—
Id.	»	*Id.*	3 mars.
Id.	»	*Id.*	—
Id.	»	Linge.	—
Id.	3 »		
Id.	40 »		
Id.	10 »		
Id.	5 »		
Id.	»	*Id.*	3 mars.
Id.	»	Charpie, 2 draps coton, vieux linge.	—
Id.	»	Charpie, bandes.	—
Id.	»	Charpie.	—
Id.	10 »		
Anonyme (de Lyon).	10 »		
Arnoult.	»	*Id.*	3 mars.
Arnout.	»	*Id.*	3 février.
Astier (veuve).	»	Linge.	—
A. T. (Mme).	5 »		
Aubenas (Mme).	»	Charpie.	15 mai.
Aubert.	»	4 draps.	3 février.
Auffray.	40 »		
Aufrère.	5 »		
Auzou.	»	Charpie.	15 mai.
Baduel (abbé).	5 »		
Bailly.	5 »		
Baillère (Germer), libraire.	»	Linge.	3 février.
Baillière (Jean-Baptiste), lib.	»	*Id.*	—
Bardou (Mme).	»	*Id.*	—
Baroux.	»	Linge, charpie.	—
Barth.	»	Vieilles chemises.	—
Baudin (Mlle).	»	Linge.	3 février.
Beck.	»	Charpie.	—
Bedelet.	»	Charpie, linge.	15 mai.
Bellavoine (Mme).	»	Charpie.	3 mars.
Berger.	»	*Id.*	3 février-15 mai.
Beuve.	2 »		
Biémont, employé.	»	Linge et charpie.	3 février.
Billaud.	5 »	Charpie.	3 février-10 mars.
Biessenberger.	»	Toile et charpie.	3 février.
Bienvenu.	»	Linge.	—
Blanchard (Mlle).	»	Linge et charpie.	—
Bloch (Mme).	»	*Id.* *id.*	—
Bloch fils.	5 »		
Blondeau père.	»	70 bandes, 100 compresses.	3 février.

NOMS, PRÉNOMS et professions DES DONATEURS.	DONS		DATE DE LA REMISE DES DONS à l'Intendance militaire.
	EN ARGENT.	EN NATURE.	
	fr. c.		
Blottiers.	»	1 paquet de linge, charpie.	3 février 1855.
Bonnemain (Mme).	5 »	Linge et charpie.	3-10 mars.
Biais.	»	Charpie.	3 février.
Bordé.	2 »		
Bouault.	»	4 vieux draps, charpie.	3 février.
Boutron.	»	4 draps, bandes.	3 mars.
Brassou.	»	Bandes et charpie.	3 février.
Bravant.	»	Charpie.	3 mars.
Bresson.	»	*Id.*	3 février.
Brulé.	»	1 drap.	3 mars.
Brunner.	»	Linge.	3 février.
Buisson.	»	Linge et charpie.	15 mai.
Carouge.	»	Bandes, charpie.	3 février.
Cauchois.	»	Linge et charpie.	—
Chantrel.	»	*Id.* *id.*	3 mars.
Chardin père.	»	Bandes, compresses, charpie.	—
Charpentier.	»	Linge.	3 février.
Chatellier-Lemaire (Mme Vve).	»	4 draps, 19 serviettes, vieux linge.	—
Chauvin.	5 »	Bandes, charpie.	10 mars-15 mai.
Cherrier.	»	1 lot de charpie.	— —
Chevalier.	30 »		
Cluseau (Mme).	»	Charpie.	3 février.
Colin.	»	1 drap, 3 chemises, 2 serviettes.	—
Colombel, boucher.	»	Linge.	—
Compagnon.	»	*Id.*	15 mai.
Comparet.	2 »	Bandes, compresses, charpie.	3 février.
Comte (Mme).	»	Charpie.	3 mars.
Corbin.	5 »		
Corby.	20 »		
Cordier (Mme).	10 »	Vieux linge.	3-10 mars.
Courtin.	»	Charpie et bandes.	3 février.
Curé de Saint-Sulpice.	»	Charpie, vieux linge, bandes.	3 fév.-3 mars-26 juin
Curé de Saint-Séverin.	»	Charpie, vieux linge.	3 mars-26 juin.
Damant.	»	Charpie, linge.	3 février.
Dechatelier (Mme).	»	Linge.	—
Delaire.	40 »		
Delaunay.	»	Linge, charpie.	3 février.
Desandré.	»	*Id.* *id*	15 mai.
Deschamps.	»	Charpie.	—
Desforges, restaurateur.	»	2 douzaines de serviettes.	3 février.
Desgranges.	»	Charpie.	—
Dessalle, vérificateur.	»	2 draps.	—
Digne, tapissier	»	Charpie.	15 mai
Dijon (Mme).	»	Bandes, charpie.	3 février.
Doué.	»	1 douz. chaussettes laine.	—
Dromont.	»	2 draps, 1 serviette.	—
Dubois (Mme).	5 »	Vieux linge.	3 février-10 mars
Duchesne-Varennes.	»	Bandes, charpies.	— —
Duclos.	2 »		
Duffault.	»	Linge, charpie.	15 mai.
Dupas.	15 »		
Dussaux.	»	6 vieux draps.	3 février.
Ecole communale de filles, rue de Vaugirard, 109.	»	Charpie.	3 février.
Ecole communale de filles, rue des Grès, 11.	»	*Id.*	3 fév.-3 mars-15 mai.
Ecole communale de filles, rue du Pont-de-Lodi, 2.	»	Charpie.	3 fév.-3 mars-15 mai.
Eugénie (Mlle).	»	*Id.*	3 mars.
Faculté de théologie.	80 »		

NOMS, PRÉNOMS et professions DES DONATEURS.	DONS EN ARGENT.		DONS EN NATURE.	DATE DE LA REMISE DES DONS à l'Intendance militaire.
	fr.	c.		
Feret.	»		Bandes, linges, charpie.	3 février 1855.
Flerien (de).	15	»		
Flicoteaux (Antoine).	»		Linge.	3 février.
Fournier.	»		Linge, charpie.	—
Faguel.	10	»		
Fossé.	»		Linge.	3 février.
Gallais (de).	»		*Id.*	—
Garousse.	»		Vieux linge, charpie.	—
Gaudry (Mme veuve).	»		Linge, charpie.	3 février-3 mars.
Gauthier.	»		Vieux linge.	—
Gauvain.	»		Charpie.	—
Gelin.	»		Linge.	3 février.
Gellé.	5	»	Bandes, charpie.	3 février-10 mars.
Geffroy.	»		Linge.	3 février.
Gendron (Mme)	»		*Id.*	—
Genouville.	»		Charpie, vieux linge.	—
Godichet et sa domestique.	»		1 drap chacun.	3 mars.
Godinet.	»		Linge.	3 février.
Gonin.	5	»		
Gory (Mme).	»		Charpie, bandes.	3 février-3 mars.
Gréa.	»		70 bandes, 100 compresses, 12 couvertures laine.	—
Gréan, pharmacien.	»		Charpie.	3 mars.
Grondart.	»		Linge.	3 février.
Grosman.	»		Charpie.	—
Henry.	1	»		
Hutin (Mme).	»		36 chemises, 1 drap, linge.	3 février.
Hutin père.	60	»		
Hutin fils.	40	»		
Husson.	»		Vieux linge, charpie.	8 février.
Hugon.	10	»		
Jamet.	10	»		
John.	20	»		
Labric.	»		Charpie.	15 mai-26 juin.
Lallemand (Mme veuve).	»		*Id.*	—
Lamblin.	»		Linge, charpie.	3 février.
Labbé.	»		Linge.	—
Lainé.	»		Linge, bandes, charpie.	—
Landereau.	»		Vieux linge.	15 mai.
Levicomte (Mme).	»		Charpie.	15 mai-26 juin.
Leban.	5	»		
Leblanc.	20	»		
Leclert.	»		Linge, charpie.	3 mars.
Lefèvre (Mme).	»		*Id.* *id.*	3 février-15 mai.
Lefranc.	»		Linge.	15 mai.
Lefrançois (Mme).	»		*Id.*	3 février.
Legrand.	5	»		
Lerebours.	»		Linge.	3 février.
Levasseur.	»		Bandes, charpie.	—
Lomné.	»		Charpie, bandes.	3 février-15 mai.
Lorrain.	»		Bandes, charpie.	3 mars.
Lozanne.	3	»	Charpie.	3 février-10 mars.
Luxeuil.	»		Vieux linge, bandes, charpie.	— —
Maillard (Mme).	»		Linge.	3 février.
Magimel.	»		*Id.*	26 juin.
Magny.	»		*Id.*	3 février.
Maire du 11e arrondissement et ses adjoints.	100	»		
Maire.	»		Charpie.	15 mai.
Maire (Mme).	»		*Id.*	3 mars.
Maison Oudot.	100	»		
Majeot.	»		Bandes, charpie.	—

NOMS, PRÉNOMS et professions DES DONATEURS.	DONS EN ARGENT.		DONS EN NATURE.	DATE DE LA REMISE DES DONS à l'Intendance militaire.
	fr.	c.		
Martin (Mme).	»		Charpie, vieux linge.	3 mars-15 mai 1855.
Martin (Henri).	10	»		
Mauger.	5	»		
Maurice.	»		Charpie linge.	3 février.
Mauroy.	»		Charpie.	15 mars.
May (Mme).	»		*Id.*	3 mars.
Mazoyer.	10	»		
Meissas.	50	»		
Meunier.	2	»		
Mignet.	»		1 couverture piquée, vieux linge, 150 bandes.	3 février.
Millet.	15	»		
Mongerard (Mme).	»		Linge, charpie.	3 février.
Mongirard.	»		Vieux linge, charpie.	3 mars.
Mounot.	15	»		
Mory.	»		Drap, charpie.	3 février.
Mornet.	»		Linge, charpie.	15 mai.
Mouchon (Mme).	»		Charpie.	3 mars.
Mutaux.	15	»		
Neuville (de).	»		Charpie.	3 mars.
Nèvre (de).	»		Bandes, charpie.	—
Nicod.	»		Vieux linge, charpie.	—
Olivier.	»		Charpie.	3 février.
Osmont.	5	»		
Ouvrié-Buffet (Mme veuve).	»		Vieux linge.	15 mai.
Paixhans (Mme).	»		Charpie, bandes, vieux linge.	3 février.
Paul Hubert.	»		2 couvertures laine.	—
Pernot, architecte.	5	»	Linge.	3 février-10 mars.
Perraud	5	»	Vieux linge.	— —
Perret.	»		Charpie.	3 février.
Perronnet.	»		Bandes.	3 mars.
Phar (de Saint-)	»		Charpie.	3 février.
Pfeiffer.	»		Linge.	26 juin.
Pfenty et Lallié (Mlles).	»		Charpie.	3 mars.
Philipon de la Madeleine.	40	»		
Pomme.	»		*Id.*	3 février.
Pontanier.	»		2 couvertures, 1 drap, 5 serviettes, 2 mouchoirs.	—
Pourchet.	»		Linge, charpie.	—
Prevost.	»		Charpie.	15 mai.
Prevost (Jules).	5	»		
Professeurs, secrétaire, employés de la Faculté des lettres.	404	»		
Professeurs, secrétaire, employés de la Faculté de médecine.	1,250	»		
Ravel.	»		1 couverture, vieux linge.	3 février.
Remy-Delaunay.	»		Linge, charpie.	3 mars-15 mai.
Renaud et ses ouvriers.	»		Bandes, charpie.	3 février.
Renaud (Mme).	»		Linge.	—
Rivereux (Mme).	5	»	Vieux linge.	3-10 mars.
Roby.	10	»	Linge.	3 février-3 mars.
Roger.	»		Linge et charpie.	— —
Roux.	»		*Id.* *Id.*	— —
Roy.	»		3 chemises, vieux linge.	— —
Rubiani.	5	»		
Rufine.	»		1 paquet de charpie.	26 juin.
Sarazin.	»		Charpie.	—
Sœurs de l'Ecole communale, rue des Prêtres-St-Séverin, n° 10.	»		Linge.	3 février.

NOMS, PRÉNOMS et professions DES DONATEURS.	DONS EN ARGENT.	DONS EN NATURE.	DATE DE LA REMISE DES DONS à l'Intendance militaire.
	fr. c.		
Sœurs de Bon-Secours.	»	Compresses.	3 février 1855.
Id. de Saint-Laurent.	»	Linge, charpie.	3 mars.
Id. de la rue des Prêtres-Saint-Séverin.	»	Charpie.	15 mai.
Sœurs de la rue de Vaugirard.	»	Linge.	—
Société de Saint-Vincent-de-Paul.	»	*Id.*	—
Simon (Mme veuve).	10 »		
Tabouret, limonadier.	»	Linge.	3 février.
Tassin de Villiers (de).	»	Bandes.	—
Teulon.	10 »	6 vieux draps	3-10 mars.
Terfoin (Mlle).	1 »	Linge.	3 février-10 mars.
Thibault.	»	Vieux linge.	— —
Tiby (Mlle.	5 »		
Tiby (Paul).	5 »		
Toutain, pharmacien.	»	Charpie.	3 mars.
Touzelin.	»	3 caleçons, 3 gilets, flanelle, linge.	3 février.
Troisvallet (Mme veuve).	300 »	1 drap.	3 février-10 mars.
Tuffon.	»	Vieux linge.	15 mai.
Turin.	»	Charpie.	3 février.
Tribout.	»	Linge.	—
Vautrin.	»	Charpie, bandes, linge, compresses.	3 mars.
Verdière.	»	Charpie.	15 mai.
Viard.	5 »		
Vice-recteur, secrétaire, inspecteurs, employés et gens de service de l'Académie de Paris.	300 »		
Vignon (Mme).	10 »	Linge et charpie.	3 février-10 mars.
Vincent.	»	*Id.* *id.*	3 février-15 mai.
Vicaire.	10 »		
Videbenc.	»	Linge.	3 février.
Vieille.	»	*Id.*	—
Vigla.	»	4 kilogr. chocolat.	29 janvier.
Viot.	»	2 douz. de serviettes, linge.	3 février.
Voulquier de Harlay.	»	2 couvertures.	—
Volland.	10 »		
Vateblé.	»	150 bandes.	3 février.
Veuve Ouvrée-Buffet.	2 »		
TOTAL...	3,429 »	versés à la caisse du ministère de la guerre le 20 avril 1855 et le 18 février 1856.	

DOUZIÈME ARRONDISSEMENT.

NOMS	EN ARGENT	EN NATURE	DATE
	fr. c.		
Anonyme.	»	1 paire de bas de laine.	3 février 1855.
Id.	50 »		
Id.	5 »		
Id.	»	1 couverture et 6 paires chaussettes laine.	3 février.
Id.	»	Charpie.	27 juin.
Id.	»	Charpie et linge.	—
Id.	»	Charpie.	—
Id.	»	Charpie et bandes.	—
Id.	»	Charpie.	—
Id.	»	*Id.*	—
Id.	»	Charpie et bandes (12 kil.).	—
Id	»	Charpie.	—

NOMS, PRÉNOMS et professions DES DONATEURS.	DONS EN ARGENT.		DONS EN NATURE.	DATE DE LA REMISE DES DONS à l'Intendance militaire.
	fr.	c.		
Anonyme.	»		Charpie.	27 juin 1855.
Id.	»		Charpie et linge.	—
Id.	»		Charpie.	—
Id.	»		Linge (5 kil.).	—
Id.	»		Linge et charpie.	—
Id.	»		Charpie.	—
Albinet (Mme).	»		*Id.*	—
Albinet.	»		5 couvertures laine, charpie, linge.	3 février.
Angelot.	»		1 paletot, 2 gilets, flanelle.	—
Arnoult.	10	»		
Auvry (Mme).	10	»		
Baitz (Mme).	»		Charpie, bandes.	27 juin.
Baloche.	5	»	Linge.	15 février 1856.
Barbedienne.	10	»		
Barbet.	100	»	16 draps.	3 mars.
Barbier.	2	»		
Barbier.	5	»		
Barbier (Mme).	»		Linge.	27 juin.
Bardoux.	5	»		
Barillion.	10	»		
Barré.	10	»		
Barrier.	»		Linge.	3 mars.
Barrot.	20	»		
Barrye.	10	»		
Barruel.	»		1 couverture de laine.	3 février.
Barthelemy (Mme).	»		Linge.	3 mars.
Bayle.	5	»		
Bayle (veuve).	5	»	Linge, charpie.	27 juin.
Bazile de Frejac.	40	»	Charpie, linge.	3 mars.
Beaufort (Mme).	»		6 paires chaussettes laine.	27 juin.
Bejot.	20	»		
Bellot.	1	»		
Belœuf.	5	»		
Benoit.	10	»	Vieux linge.	3 mars.
Berendorff.	20	»		
Bernard (Mme).	10	»		
Bernard.	20	»		
Bernard.	20	»		
Berthé.	»		Vieux linge.	3 mars.
Berthelot.	5	»		
Bertrand (Mme).	»		Linge.	3 mars.
Bessevilval.	»		*Id.*	—
Bialé.	10	»		
Bidon (Mme).	»		Charpie, linge.	27 juin.
Blondet (Mme veuve).	»		2 chemises et vieux linge.	3 mars.
Boisduval.	»		Vieux linge, charpie.	—
Boissel.	100	»		
Bolle.	10	»	Paquet de toile.	3 mars.
Boudard.	1	»		
Bossé.	5	»		
Bouché.	3	»		
Boudin.	3	»		
Boulanger.	»		Charpie.	27 juin.
Boulanger.	»		Linge.	3 mars.
Boulard.	10	»		
Boulé.	5	»		
Boullée.	20	»	Charpie, linge, 1 couverture laine, 3 paires chaussettes.	27 juin.
Bouret.	2	»		
Bourgogne.	4	»		
Bourse.	»		6 couvertures de laine.	3 février.

NOMS, PRÉNOMS et professions DES DONATEURS.	DONS		DATE DE LA REMISE DES DONS à l'Intendance militaire.
	EN ARGENT.	EN NATURE.	
	fr. c.		
Boussard.	5 »		
Boutté.	10 »	Linge.	3 mars 1855.
Bouvier.	» 50	*Id.*	—
Bouvret.	»	1 paletot, 1 vareuse, 2 pantalons, 1 gilet.	—
Brecq.	5 »	Vieux linge.	—
Bremare.	15 »		
Brès.	2 »		
Brey (Dlle).	»	Linge et charpie.	3 mars.
Bridoux.	5 »		
Brioton.	5 »	Linge.	—
Broger.	»	6 couvertures de laine.	27 juin.
Brouet.	15 »		
Brousse.	10 »	Linge.	3 mars.
Brulé.	10 »		
Brun (Mme), enfants de l'asile de la rue Pascal.	5 »		
Brun (Mme veuve).	5 »	Linge et charpie.	27 juin.
Brunel.	»	Linge.	3 mars.
Bullier.	20 »		
Bureau du Colombier.	10 »		
Bury.	»	Charpie.	27 juin.
Burry.	»	Bandes, charpie.	—
Buyck (Mme).	»	Linge.	3 mars.
Cahouet.	10 »		
Campenon, agent comptable des Gobelins.	»	Charpie.	27 juin.
Campenon, souscription des employés et artistes.	274 50		
Camuset.	20 »		
Candas.	50 »	Charpie, vieux linge, 6 chemises, 6 paires chaussettes.	3 mars.
Cantelou.	»	19 paires chaussettes laine.	3 février.
Carlot-Parquin.	20 »		
Cartier.	30 »		
Casella (Mme).	»	Charpie.	3 mars.
Cayron.	5 »		
Cazella (Mme).	»	Linge et charpie.	27 juin.
Chamboissier.	5 »		
Chapavoir.	5 »		
Chapelain.	»	Charpie.	27 juin.
Chapuis.	5 »		
Charles et Bourgeois (MMmes)	25 »		
Charpentier.	»	2 matelas.	3 février
Charrier.	20 »		
Chastel.	5 »		
Chateau (veuve).	»	Linge.	3 mars.
Chauvelot.	5 »		
Chopin.	5 »		
Choquet.	30 »		
Clefty.	10 »		
Clere (Mme).	2 »		
Cochery.	»	Charpie.	27 juin.
Coffin père.	»	Linge.	3 mars.
Colin.	40 »		
Collas.	10 »		
Collége Rollin (élèves et fonctionnaires).	»	30 draps.	3 mars.
Collier.	10 »		
Corbière.	5 »		
Cornevin.	10 »		
Cornu.	12 »		

NOMS, PRÉNOMS et professions DES DONATEURS.	DONS EN ARGENT.	DONS EN NATURE.	DATE DE LA REMISE DES DONS à l'Intendance militaire.
	fr. c.		
Cottin.	»	Charpie.	27 juin 1855.
Cousin.	5 »		
Coulon.	»	Charpie et bandes.	27 juin.
Coupevent.	»	Linge.	3 mars.
Courbée.	10 »	Charpie.	—
Courtellement père.	10 »		
Courtois.	»	6 caleçons, 6 paires de chaussettes de laine, linge et charpie.	3 février.
Crouin (Mme).	»	4 paires de chaussettes laine, linge.	—
Cuel (Mme veuve).	25 »		
Curé de Saint-Etienne.	10 »	Linge et charpie.	27 juin.
Curé de Saint-Jacques, au nom des jeunes filles du catéchisme de Persévér.	70 »		
Dabert.	5 »		
Dance.	»	Linge.	27 juin.
Davesne.	10 »		
D. B. (Mme).	»	6 paires chaussettes de laine.	3 février.
De Borie, curé de Saint-Etienne-du-Mont.	»	Linge et charpie.	27 juin.
De Cailleux.	10 »		
De Jouffroy (vicomte).	50 »		
De Kerguidu, à son nom et au nom des enfants de l'asile de la rue de la Glacière.	10 »	Linge et charpie.	3 mars.
De Kormelitz.	5 »		
Defrance (Mme).	»	Charpie et linge.	27 juin.
Delaforge.	35 »		
Delage (l'abbé).	50 »	Linge.	3 mars.
Delaistre.	5 »		
Delamarre.	10 »		
De la Panouze.	25 »		
Delaunay.	»	1 couvre-pied, 1 ceinture laine, linge.	3 mars.
Delaune.	»	36 serviettes.	27 juin.
Delaunoy.	30 »		
Deliège.	10 »		
Deloche.	5 »	Bandes et charpie.	27 juin.
Demay.	10 »		
Demollien.	10 »		
Denevers.	20 »		
Denevers-Letourneur.	10 »	2 couvertures de laine.	3 mars.
Denizet.	25 »		
Dequevauvillier.	5 »		
Descorps.	10 »		
Desnoyer.	»	6 paires de chaussettes laine, 2 gilets, linge, charpie.	27 juin.
Desouches (Charles).	15 »		
Despierres.	5 »		
Desprès.	5 »		
Detot.	1 »		
Dewulf.	50 »		
D'Hardivillier.	»	Linge, 12 paires chaussettes.	3 mars.
D'Heur.	20 »		
D'Heurle.	17 »	Linge, charpie, bandes, gilets flanelle.	27 juin.
Didier.	10 »		
Dodart.	2 »		
Doré.	2 »		

NOMS, PRÉNOMS et professions DES DONATEURS.	DONS EN ARGENT.	DONS EN NATURE.	DATE DE LA REMISE DES DONS à l'Intendance militaire.
	fr. c.		
Drouard.	15 »		
Drouet.	5 »		
Dubost (Mme).	20 »		
Dubreuil.	5 »		
Dufresnoy.	»	Vieux linge.	3 mars 1855.
Dumay (Mme veuve).	5 »		
Dumesnil.	20 »		
Dumoucelle.	100 »	Linge et charpie.	27 juin.
Durand (MMes).	»	Id. id.	—
Durand.	»	Charpie.	3 mars.
Durand.	5 »		
Durand.	25 »		
Durand.	25 »		
Durand-Chancerel.	25 »	Charpie.	27 juin.
Duranton.	»	80 cigares.	3 mars.
Duval.	»	12 draps.	—
Ecole de Pharmacie.	364 »	Charpie.	27 juin.
Ecole des mines.	193 »		
Ecole normale.	288 »	Linge.	3 mars.
Ecole polytechnique.	520 »	47 bonnets de coton, 87 paires de chaussettes, 39 caleçons, 42 chemises, 34 mouchoirs, 41 serviettes, linge, charpie, 1 chabraque.	—
Elèves des écoles Cochin (garçons).	30 »		
Emery.	5 »		
Enfants de l'asile Pascal.	»	Charpie, bandes.	27 juin.
Enfants du catéchisme Saint-Jacque.	80 »		
Epiphane (sœur).	»	Charpie.	27 juin.
Espietz.	5 »		
Etienne.	5 »		
Evrard.	10 »		
Famin.	5 »		
Filliol (Mlle).	»	Charpie.	27 juin.
Floquet.	»	Linge.	3 mars.
Follet.	»	Vieux linge.	15 février 1856.
Fontaine.	5 »		
Foss.	5 »		
Foucard.	5 »		
Fouchal.	5 »		
Foucher et ses sœurs.	20 »		
Foulbœuf.	5 »	1 couverture, 6 chemises, charpie.	3 février.
Fouquet.	5 »		
Fourmy (veuve).	5 »	Linge.	3 mars.
Fournier (Mme).	»	Charpie.	—
Fournier.	»	1 couverture laine, 1 de coton, 12 chaussettes laine, 12 mouchoirs.	3 février.
Fraget.	5 »		
Friess.	120 »	Linge.	3 mars.
Fuselier.	5 »		
Gagnié (Mlle).	5 »		
Galais.	15 »		
Galet.	»	5 couvertures, linge.	3 février.
Garnier (Mlle).	5 »		
Garnier.	10 »		
Gatine.	10 »		
Geoffroy (Mme veuve).	5 »	Charpie, bandes.	27 juin.
Geoffroy (Mme veuve).	5 »		

NOMS, PRÉNOMS et professions DES DONATEURS.	DONS EN ARGENT.		DONS EN NATURE.	DATE DE LA REMISE DES DONS à l'Intendance militaire.
	fr.	c.		
Geoffroy-Saint-Hilaire.	»		Linge.	27 juin 1855.
Georges (Mme).	»		Charpie.	—
Georges (Mme).	»		Linge.	—
Georget.	10	»		
Gervais.	10	»	1 drap, charpie.	3 mars.
Gervais (Mme).	»		Linge.	—
Gilbert.	»		*Id.*	—
Gilet.	2	»		
Gilet.	20	»		
Girardet.	5	»		
Giraud.	30	»		
Giraud (Mme).	»		Linge.	3 mars.
Giret (M. et Mme).	10	»	*Id.*	—
Glataud (Mme veuve).	»		2 paires de draps.	—
Gobert.	20	»		
Gobert.	5	»		
Godeby.	10	»		
Golzard.	10	»		
Goumain-Cornille.	10	»		
Grimoupré.	10	»		
Gronon.	6	»		
Guéraud-Lepère.	13	»		
Guerroult.	»		Charpie, bandes.	3 mars.
Guyon.	10	»		
Hallay.	10	»		
Hallays-Dabot.	20	»		
Hamel.	5	»	Linge et charpie.	27 juin.
Hardy.	20	»		
Hébert.	»		Chaussettes en laine, vieux linge.	3 février.
Hébrard.	60	»	3 couvertures, 5 caleçons, 1 drap.	27 juin.
(M. Hébrard, ancien militaire de l'empire, a versé la somme de 60 fr. en six termes de 10 fr. Il annonce l'intention de continuer ses versements jusqu'à la fin de la guerre.).				
Hérisez.	10	»		
Henry.	»		Linge, 3 gilets de flanelle.	3 mars.
Hervey (Mme).	»		Linge.	—
Houdou.	5	»		
Huguenin (Mlle).	»		Charpie.	3 mars.
Huprel (Mme).	»		Bandes et charpie.	27 juin.
Hureau.	2	»		
Institution des Sourds-Muets.	»		Charpie, linge.	3 mars.
Jacoulet.	3	»		
James.	20	»		
Janti.	10	»		
Jay.	10	»		
Jobé.	2	»	2 paires chaussettes de laine.	3 mars.
Jolly.	1	50		
Joré (Dlle).	»		Linge et charpie.	3 mars.
Jouffroy.	10	»		
Juglar.	5	»		
Jumel.	»		24 chemises.	3 mars.
Kervenoël (Mme).	»		Charpie.	27 juin.
Kiener (théâtre St-Marcel).	235	50		
Kuss (Mme).	»		Bandes et charpie.	27 juin.
Labrousse (directeur de Ste-Barbe), profess. et élèves.	2,000	»	100 draps de toile.	3 mars.

NOMS, PRÉNOMS et professions DES DONATEURS.	DONS			DATE DE LA REMISE DES DONS à l'Intendance militaire.
	EN ARGENT.		EN NATURE.	
	fr.	c.		
Labaye.	»		2 paires chaussettes de laine.	3 mars 1855.
Lalonde.	»		5 vareuses.	3 février.
Lamoureux.	10	»		
Lauel (Mme).	10	»		
Langlois.	5	»		
Lapaume.	10	»		
Lasabati.	2	»		
Lebel.	100	»		
Leblanc (Mme).	5	»	Linge et charpie.	3 mars.
Leblin.	»		Charpie.	—
Leblond.	10	»		
Lebon.	»		Linge et charpie.	3 mars.
Leclerc (l'abbé).	5	»		
Lecossois.	10	»		
Leger.	5	»		
Legrand.	10	»		
Legrandais.	»		4 draps.	3 mars.
Lelièvre.	1	50		
Lemaître (Mme).	8	»	1 drap.	3 mars.
Lemaître.	»		1 pelisse en fourrure.	3 février.
Lemarinier.	»		Charpie.	3 mars.
Lemonon.	15	»		
Lepère.	10	»	20 paires de chaussettes de laine.	3 mars.
Leprevost.	»		Linge et charpie.	—
Le Prevost (Mme).	3	»		
Lerat.	5	»		
Lerouge.	1	»		
Leroux (Mlle).	»		Charpie.	3 mars.
Leroux (Mlle).	40	»		
Leroy.	5	»		
Leroy.	35	»		
Leroy.	»		Linge.	27 juin.
Leroy.	»		*Id.*	3 mars.
Leroy (Charles).	100	»		
Lesaulnier (Dlle).	10	»		
Lesaulnier (Dme), au nom des enfants de l'asile du faubourg Saint-Jacques.	5	»		
Leschevin.	5	»		
Les ouvriers de M. Friess.	131	50		
Lésur.	5	»		
Levasseur (Mme veuve).	1	»	Linge et bandes.	27 juin.
Lion (Mme).	»		Charpie et linge.	—
Lopin.	5	»		
Loriol.	150	»	Linge.	3 mars.
Lorrion.	»		Linge et charpie.	27 juin.
Lycée Louis-le-Grand.	800	»	100 draps, 200 chemises, 200 serviettes.	—
Lycée Napoléon.	»		50 draps, 120 serviettes, 50 chemises, 50 mouchoirs.	—
Magne.	5	»		
Maillard.	3	»		
Mailliet (Mme).	»		1 drap, 2 nappes, 1 camisole de laine.	3 février.
Maillot fils.	»		3 couvertures de laine.	27 juin.
Maison d'accouchement.	»		Bandes préparées.	3 mars.
Mancier (Mme).	»		Linge.	27 juin.
Manié.	10	»		
Marchand.	3	»		
Marie.	10	»		
Marquis.	10	»		

NOMS, PRÉNOMS et professions DES DONATEURS.	DONS		DATE DE LA REMISE DES DONS à l'Intendance militaire.
	EN ARGENT.	EN NATURE.	
	fr. c.		
Martin.	5 »		
Martin.	»	Couvertures de laine et de coton.	3 février 1855.
Martineau.	10 »		
Martinoff.	100 »		
Masse (Mme).	»	1 gilet flanelle, 1 couverture laine.	3 mars.
Massé (Mme).	»	Charpie.	27 juin.
Massemin.	10 »		
Massiquot.	5 »		
Martzen.	10 »		
Maurel.	40 »		
Mazois (Mme).	»	Charpie.	27 juin.
Meda.	12 »		
Méheux (Mme).	»	Charpie.	27 juin.
Melchior (Mme).	»	Linge.	3 mars.
Melotte.	5 50	2 draps.	—
Menard.	10 »		
Mérault.	»	10 paires de chaussettes.	3 février.
Métivier.	5 »	Linge et charpie.	27 juin.
Michaud.	20 »		
Michau (Alfred).	20 »		
Milot (Mme veuve)	»	Linge et charpie.	3 mars.
Mitivié.	100 »		
Momembeim.	20 »		
Monier.	5 »		
Moreau.	»	1 couverture laine, linge.	27 juin.
Morel.	»	Linge.	15 février 1856.
Morénaud.	5 »		
Morouval.	20 »		
Mourcaux.	20 »		
Mousceler.	5 »		
Mugueret.	3 »		
Muneret.	»	12 nappes.	3 mars 1855.
Murville.	10 »		
Naudin (Mlle).	»	Linge et charpie.	3 mars.
Norès.	»	12 chemises, charpie, bandes.	27 juin.
Normand.	»	Linge.	—
Oudot (Mme).	»	Vieux linge, charpie.	—
Pantoustier.	3 »		
Papet.	2 »		
Patissier.	10 »		
Pellerin.	»	Linge.	3 mars.
Perdreau.	10 »		
Perdreau.	»	500 grammes chocolat, 2 paires chaussettes, charpie.	27 juin.
Perducet, adj. au 12e arrond.	»	12 chemises, 12 gilets flanelle, 24 pipes, 3 kilogr. tabac à fumer, charpie, bandes, compresses.	3 mars.
Perducet (Hippolyte).	3 »		
Perrot.	5 »		
Perrot (Mme).	2 »		
Pestel.	»	4 gilets flanelle, linge.	3 février.
Petit (Mme).	»	Linge, charpie, bandes.	3 mars.
Petit.	»	Linge.	27 juin.
Petit.	5 »		
Petron-Chevallier.	40 »		
Pichon.	10 »		
Piette (Mme veuve).	100 »		
Pille.	»	Charpie, bandes, vieux linge.	27 juin.
Pinel (Mlle).	»	Charpie.	—

NOMS, PRÉNOMS et professions DES DONATEURS.	DONS EN ARGENT.		DONS EN NATURE.	DATE DE LA REMISE DES DONS à l'Intendance militaire.
	fr.	c.		
Pinel.	20	»		
Place.	5	»		
Platraud.	5	»		
Ponsard (Armand).	10	»		
Ponsard et Milot.	»		3 couvertures laine, linge.	3 mars 1855.
Poterni-Dumotel.	»		Linge.	—
Pradel.	5	»		
Praud.	10	»		
Prevost.	5	»		
Prevost.	»		4 draps.	3 mars.
Prévot.	50	»		
Pruvost (Mme).	»		Charpie, bandes, compresses.	3 mars.
Pupil.	10	»		
Quintabury.	2	»		
Reboul.	100	»	Vieux linge.	3 mars.
Rebuffet.	»		Linge.	—
Regnier.	100	»		
Reillaux (Mme).	»		Linge.	3 mars.
Religieuses de Notre-Dame-de-Miséricorde.	»		Charpie.	27 juin.
Remillieux aîné.	5	»		
Remillieux jeune.	4	»		
Remond.	5	»		
Renault.	2	»	Vieux linge.	3 mars.
Reulos.	10	»		
Richard (Joseph).	30	»		
Richebé.	25	»	Charpie.	27 juin.
Rimbol.	25	»	Linge.	3 mars.
Rivière.	20	»		
Robin.	3	»		
Roblin (Mme).	3	»		
Roché (M. et Mme).	5	»	Linge.	27 juin.
Roinville.	5	»	Vieux linge.	3 mars.
Roland.	10	»		
Rosalie, supérieure de la maison de Secours.	»		Charpie.	27 juin.
Rougon.	»		Charpie, bandes.	3 mars.
Roussel.	5	»		
Rottier.	10	»		
Routier.	10	»		
Ruhière (Mme).	»		1 couverture laine, vieux linge.	3 février.
Sajou.	»		Charpie.	27 juin.
Sargueil.	8	»		
Saron.	5	»		
Sauvage.	»		Linge, charpie.	3 mars.
Sauvier.	10	»	*Id. id.*	—
Savouré (Mme).	»		Charpie, bandes.	27 juin.
Schmitt.	5	»		
Schneider.	10	»		
Secrétaire de la Faculté des sciences (au nom de la Faculté).	960	»		
Senez.	4	»	Linge.	3 mars.
Seruzier (M. et Mme).	10	»	Charpie, bandes.	27 juin.
Signol.	20	»	Linge.	3 mars.
Spiral.	10	»	*Id.*	—
Supérieure des Dames Saint-Michel.	»		Charpie.	—
Supérieur des P. Jésuites.	»		Linge.	—
Supérieure des Sœurs du St-Sacrement.	»		Charpie.	—

NOMS, PRÉNOMS et professions DES DONATEURS.	DONS EN ARGENT.		DONS EN NATURE.	DATE DE LA REMISE DES DONS à l'Intendance militaire.
	fr.	c.		
Terrasse.	20	»		
Tessier.	5	»		
Thiballe (Mme).	»		Linge.	3 mars 1855.
Thiellement.	60	»	Charpie, linge	27 juin.
Thierry-Mieg.	15	»		
Tholonnier.	5	»		
Thorin.	25	»	Linge.	3 mars.
Tillier.	5	»	*Id.*	—
Tornier père et fils.	45	»		
Toupart.	»		Charpie.	27 juin.
Toutay.	»		*Id.*	—
Trappe.	20	»	Linge et charpie.	—
Turpin (Mme veuve).	»		Charpie.	—
Ulliac-Tremadeur (Mme).	20	»		
Valeur.	1	»		
Vallon (Mme).	»		Charpie.	27 juin.
Varin.	6	»		
Varin (Adolphe).	»		2 couvertures, 1 caleçon, 2 camisolles flanelle, linge et rubans gris.	3 mars.
Varin (Baptiste).	100	»	Linge et charpie.	—
Vaudet.	10	»		
Vaudran.	»		Linge et charpie.	3 mars.
Vergne.	5	»		
Victor (Dme).	»		Charpie, linge.	27 juin.
Vigné (Mlle).	»		Charpie.	—
Vincent.	10	»		
Virey (Mme veuve).	10	»		
Vivant.	5	»		
Voisin.	6	»		
Vuillemin.	3	»		
Weddel.	20	»		
Willy.	»		Charpie et bandes.	3 mars.
Wilson.	40	»		
Wolgmuth.	10	»		
X.	50	»		
X.	»		1 drap.	3 mars.
X.	»		Vieux linge.	3 mars.
X. (Mme).	5	»		
X***.	5	»		
TOTAL...	10,771	50	versés à la caisse du ministère de la guerre le 20 avril 1855 et le 18 février 1856.	

RÉCAPITULATION DES DONS EN ARGENT.

1er arrondissement.	3,722	50		
2e —	12,114	35		
3e —	10,889	40		
4e —	3,195	50		
5e —	4,457	09		
6e —	6,707	80		
7e —	13,072	15		
8e —	9,512	25		
9e —	2,951	15		
10e —	3,836	75		
11e —	3,429	»		
12e —	10,771	50		
TOTAL....	84,659	44		

Certifié conforme aux minutes et originaux.

Paris, le 18 février 1856.

Le Secrétaire général de la préfecture,
Signé C. MERRUAU.

Paris, Paul Dupont, 4[illegible], rue Grenelle-St-Honoré

PRÉFECTURE DE LA SEINE.

(Extrait du *Recueil des Actes administratifs de la Préfecture de la Seine*, nº 10 de 1856.)

ÉTAT

DES

DONS OFFERTS A L'ARMÉE D'ORIENT

Soit en argent, soit en nature,

DANS L'ARRONDISSEMENT DE SAINT-DENIS.

LISTE PAR ORDRE ALPHABÉTIQUE.

NOMS, PRÉNOMS et professions DES DONATEURS.	DONS EN ARGENT.		DONS EN NATURE.	DATE DE LA REMISE DES DONS à l'Intendance militaire.
			ARRONDISSEMENT DE SAINT-DENIS.	
			Asnières.	
	fr.	c.		
Alope.	»		2 paires de chaussettes de laine.	NOTA. — Les dons en nature de la banlieue ont été remis à l'Intendance militaire les 25 avril et 20 juillet 1855. — Les dons en argent ont été versés à la caisse du Ministère de la guerre.
Chabouillé.	»		Vieux linge.	
Chaspoul.	»		*Id.*	
Coville.	»		Linge et charpie.	
Defossez.	»		Vieux linge.	
Delachaume.	»		*Id.*	
Dérigny.	»		*Id.*	
Desnoyelles.	»		*Id.*	
Desnoyers.	»		*Id.*, 2 couvertures.	
Devertus.	5	»		
Donné.	»		Vieux linge.	
Duchesne.	»		*Id.*, 2 draps, 4 chemises.	
Durand, maire, et sa maison	»		*Id.*, 20 couvertures.	
Duval.	»		*Id.*, 5 paires de chaussettes.	
Maho.	1	»		

NOMS, PRÉNOMS et professions DES DONATEURS.	DONS EN ARGENT.		DONS EN NATURE.	DATE DE LA REMISE DES DONS à l'Intendance militaire.
	fr.	c.		
Marchais.	5	»		NOTA. — Les dons en nature de la banlieue ont été remis à l'Intendance militaire les 25 avril et 20 juillet 1855. — Les dons en argent ont été versés à la caisse du Ministère de la guerre.
Matton, curé.	5	»		
Maugis.	5	»	Vieux linge.	
Mignon.	»		Linge.	
Montessu.	3	»		
Moreau.	»		Linge, charpie, 2 couvertures	
Rousselet.	»		Vieux linge.	
Seigneur.	»		*Id.*	
TOTAL.	24	»		

Aubervilliers.

Il a été recueilli, dans cette commune, une somme de 866 fr. qui a été versée à l'état-major de la garde nationale.

Auteuil.

Barot.	20	»		
Chardon)Mme).	»		Charpie.	
Corcellet (Mme).	»		Bandes.	
Cuissard.	20	»		
Delamotte (Cte).	5	»		
Descoins.	20	»		
Dodel (Mme).	»		Charpie.	
Duchesne (Mme).	»		*Id.*	
Dulud.	10	»	*Id.*, bandes, compresses.	
Employés de l'octroi.	17	»		
Fenardent.	»		Charpie, linge.	
Garnier.	10	»		
Giver-Berthier.	10	»		
Gosset (Mme).	»		Charpie, bandes.	
Heynies (Mme).	»		Charpie, vieux linge.	
Jebenot (Mme).	»		Charpie.	
Lapeyrère.	»		Bandes.	
Laplane (veuve).	»		Charpie, linge.	
Lebassudel (Mme).	»		*Id.*, *id.*	
Lecomte.	»		*Id.*	
Legué (veuve).	5	»		
Lelarge (Mme).	»		Charpie, bandes.	
Id.	»		*Id.*, *id.*	
Montard.	»		Charpie, vieux linge.	
Musard (Mme).	»		Toiles.	
Poignant.	10	»		
Poyard.	5	»		
Reculé.	1	»	Charpie, vieux linge.	
Ricard.	3	»		
Seveste (Mme).	»		Charpie, linge.	
TOTAL.....	136	»		

Bagnolet.

Adet.	2	»		
Beaufils.	5	»		
Berton.	»	25		
Bidault.	2	»		
Bidault.	5	»		

NOMS, PRÉNOMS et professions DES DONATEURS.	DONS			DATE DE LA REMISE DES DONS à l'Intendance militaire.
	EN ARGENT.		EN NATURE.	
	fr.	c.		
Bidault mère (veuve).	1	»		NOTA. — Les dons en nature de la banlieue ont été remis à l'Intendance militaire les 25 avril et 20 juillet 1855. — Les dons en argent ont été versés à la caisse du Ministère de la guerre.
Bidault (veuve).	»	50		
Bidault (veuve Louis).	5	»		
Blagé.	1	»		
Boitel.	5	»		
Bonneuil (veuve).	1	»		
Boucher.	»	50		
Boucher.	1	»		
Boucher (Mlle).	1	»		
Boucher (veuve).	1	»		
Boucher (veuve Charlotte).	2	»		
Boucot.	2	»		
Boucot.	3	»		
Boucot (Toussaint).	2	»		
Boucot (veuve).	»	20		
Boucot (veuve).	2	»		
Boudin (Gabriel).	2	»		
Boudin (Eugène).	»	50		
Boudin (Virgile).	5	»		
Boudin (veuve).	1	»		
Bouzioux.	»	50		
Braconnier.	1	»		
Bridot.	»	25		
Brière (Eugène).	2	»		
Brière (Pierre-Louis).	»	50		
Brou.	5	»		
Buisson.	2	»		
Calliat.	5	»		
Cazard.	1	»		
Chateau.	1	»		
Chevalier.	2	»		
Chevalier (Alexandre).	2	»		
Chevalier (Claude-Augustin)	2	»		
Chevalier (Nicolas).	5	»		
Chevalier (veuve).	1	»		
Chevallier (Pascal).	2	»		
Chevallot.	2	»		
Chevreau.	2	»		
Chevreau.	2	»		
Chevreau (veuve).	2	»		
Cochet (veuve).	1	»		
Collas.	1	50		
Couteux (veuve).	1	»		
Curé (M. le).	5	»		
Delaviez.	1	»		
Denis.	1	»		
Derray.	1	»		
Dory père.	1	»		
Dubut.	2	»		
Dupont.	1	»		
Eve.	5	»		
Faucheur (Alexandre).	»	50		
Faucheur (Antoine).	1	»		
Faucheur (Antoine-Charles).	1	»		
Faucheur (Denis-Victor).	5	»		
Faucheur (Didier).	5	»		
Faucheur (Jacques-Louis).	»	50		
Faucheur (Jean-Louis).	5	»		
Faucheur (veuve Alexandre).	1	»		
Faucheur (veuve Léon).	2	»		
Faucheur (Marcel).	2	»		
Faucheur (Marcel).	2	»		
Faucheur (veuve).	1	»		

NOMS, PRÉNOMS et professions DES DONATEURS.	DONS			DATE DE LA REMISE DES DONS à l'Intendance militaire.
	EN ARGENT.		EN NATURE.	
	fr.	c.		
Faucheur (veuve Jean-L[s]).	»	25		NOTA. — Les dons en nature de la banlieue ont été remis à l'Intendance militaire les 25 avril et 20 juillet 1855. — Les dons en argent ont été versés à la caisse du Ministère de la guerre.
Faucheux.	1	»		
Faucheux.	2	»		
Faucheux (Jean-Michel).	1	»		
Faucheux (Louis).	1	»		
Faucheux (veuve).	1	»		
Fèvre.	1	»		
Fèvre (Antoine).	1	»		
Forest.	1	»		
Fortier.	»	15		
Fortin.	1	»		
Fromentin (veuve).	3	»		
Giroux.	2	»		
Gondaud.	2	»		
Gorius.	»	30		
Gosse.	1	»		
Gosse fils.	»	50		
Goyard.	1	50		
Graindorge.	2	»		
Graindorge.	5	»		
Graindorge (Pierre).	2	»		
Graindorge (veuve).	5	»		
Gressier.	2	»		
Grosprêtre.	1	»		
Guénot.	»	30		
Guérard.	2	»		
Hamelin.	1	»		
Hatez.	»	50		
Hébert.	2	»		
Hébert.	2	»		
Hébert (Bernard).	2	»		
Hébert (Charles).	1	»		
Hornet.	2	»		
Judas père.	1	»		
Ladame.	2	»		
Lardin.	5	»		
Lassert.	1	»		
Laurent.	1	»		
Laurent.	1	»		
Lebœuf.	1	»		
Leboucher (veuve).	2	»		
Lecouteux (Edme).	2	»		
Lecouteux (Jean-Baptiste).	1	»		
Lecouteux (Pierre-Marie).	1	»		
Légat.	1	»		
Lepère.	1	»		
Letellier.	2	»		
Levasseur.	1	»		
Levasseur.	2	»		
Léveillé (veuve).	»	50		
Levistre.	»	50		
Ligner père.	2	»		
Louvt.	2	»		
Lucas.	5	»		
Mairez.	»	50		
Malessart.	1	»		
Marendot.	1	»		
Margnay (Françoise).	»	25		
Marie (Hyacinthe).	1	»		
Marie (Louis-Victor).	»	50		
Marinier (veuve).	2	»		
Maurice.	5	»		
Maurice.	3	»		

NOMS, PRÉNOMS et professions DES DONATEURS.	DONS EN ARGENT.	DONS EN NATURE.	DATE DE LA REMISE DES DONS à l'Intendance militaire.
	fr. c.		
Maurice (Hyacinthe).	5 »		NOTA. — Les dons en nature de la banlieue ont été remis à l'Intendance militaire les 25 avril et 20 juillet 1855. — Les dons en argent ont été versés à la caisse du Ministère de la guerre.
Maurice (Jean-Charles).	2 »		
Maurice (Jean-Jacques).	5 »		
Maurice (Simon).	2 »		
Maurice (veuve).	5 »		
Maurice (veuve).	2 »		
Ménétrier.	2 »		
Meulot, journalier.	1 »		
Mignot, rentier.	1 »		
Morancy père.	2 »		
Morand (veuve).	1 »		
Moreau.	1 »		
Morin.	5 »		
Mornac.	» 50		
Musiciens (Offrande des).	6 50		
Niau (Mlle)	1 »		
Niau fils.	» 50		
Niau père.	2 »		
Oppeneau.	2 »		
Papier père.	» 50		
Paris.	» 50		
Payeur.	1 »		
Pélicier.	3 »		
Pélicier père.	2 »		
Perrin.	1 »		
Pigny.	5 »		
Plé.	1 »		
Potonier.	1 »		
Poussot.	2 »		
Prévost.	2 »		
Prévost.	1 »		
Richardot.	1 »		
Richardot (veuve).	1 »		
Robineau.	1 »		
Robineau.	1 »		
Rouhier.	1 »		
Sapeurs-pompiers.	11 »		
Savart.	» 50		
Soret.	1 »		
Souchet.	2 »		
Souchet.	5 »		
Souchet, adjoint.	5 »		
Souchet (Achille).	5 »		
Souchet (Antoine-César).	1 »		
Souchet (César-Auguste).	2 »		
Souchet (Denis-Augustin).	1 »		
Souchet (Denis-Claude).	2 »		
Souchet (Germain).	1 »		
Souchet (Henri).	5 »		
Souchet (Jacques).	2 »		
Souchet (Louis-Charles).	5 »		
Souchet (Marcel).	1 »		
Souchet (Samuel).	5 »		
Souchet (veuve Antoine).	2 »		
Souchet (veuve Simon).	1 »		
Souchet (veuve).	1 »		
Souchet (veuve).	1 »		
Souchet (veuve).	5 »		
Spire fils.	» 50		
Thomas.	» 50		
Ungeschistk.	» 75		
Vandenlsken.	5 »		
Vasson.	1 »		

NOMS, PRÉNOMS et professions DES DONATEURS.	DONS		DATE DE LA REMISE DES DONS à l'Intendance militaire.
	EN ARGENT.	EN NATURE.	
	fr. c.		
Vautrai.	1 »		NOTA. — Les dons en nature de la banlieue ont été remis à l'Intendance militaire les 25 avril et 20 juillet 1855. — Les dons en argent ont été versés à la caisse du Ministère de la guerre.
Vergnes.	» 50		
Véron.	» 50		
Vetter.	2 »		
Vienot.	5 »		
Vienot.	5 »		
Vienot.	5 »		
Villain.	2 »		
Vitry.	5 »		
Vitry (Etienne).	5 »		
TOTAL....	394 70		

Batignolles (Les).

Anonymes.	38 75		
Anonyme.	»	Manteau et jambières en toile imperméable.	
Id.	»	Bandes.	
Avenel.	»	Charpie.	
Bachelet.	»	Linge.	
Bailly (Mme).	»	Linge, charpie.	
Barbier.	»	Linge.	
Barbier (Mlle).	»	Charpie.	
Barré.	»	Linge.	
Benouville (Mme).	»	Charpie.	
Billet (Mme).	»	Linge.	
Bonnier (Mme).	»	*Id.*	
Bottefroy (veuve).	»	*Id.*	
Boulay (Mme).	»	Charpie.	
Buvelot.	»	Linge, 3 kil. tabac à fumer.	
Chaigneau de Bezy (Mme).	»	Linge, charpie.	
Charlois.	»	1 couvert. de laine, 2 draps.	
Collot (veuve).	»	Linge.	
De Martinecourt (Mlle).	»	Charpie.	
Donon (Mme).	»	Linge.	
Dorigny.	»	*Id.*	
Duval.	»	1 couverture de laine.	
Fortier (Mme).	»	Linge.	
François.	»	*Id.*	
Frelicot.	»	*Id.*, 1 couvert. de laine.	
Germain.	»	*Id.*	
Gillet (veuve).	»	*Id.*	
Gruet.	»	*Id.*	
Grange (Estevin).	»	*Id.*	
Guérin (Mme).	»	Charpie.	
Guérin (Mme).	»	Linge.	
Guillaumin.	»	4 draps en toile.	
Harang (Mme).	»	Linge, 1 couverture de laine.	
Henriet.	»	Charpie.	
Hongnat (Mme).	»	Linge, charpie.	
Huot (Mme).	»	Charpie.	
Jammé.	»	Linge.	
Jardin.	»	*Id.*	
Jardin (veuve).	»	Charpie.	
Lathuille (Gauthier).	»	Linge.	
Latour (Mlle).	»	*Id.*	
Lebouteux (veuve).	»	*Id.*	
Lecomte (Mme).	»	*Id.*	
Lefebure.	»	*Id.*, charpie.	

NOMS, PRÉNOMS et professions DES DONATEURS.	DONS		DATE DE LA REMISE DES DONS à l'Intendance militaire.
	EN ARGENT.	EN NATURE.	
	fr. c.		
Lejeune.	»	Charpie.	NOTA. — Les dons en nature de la banlieue ont été remis à l'Intendance militaire les 25 avril et 20 juillet 1855. — Les dons en argent ont été versés à la caisse du Ministère de la guerre.
Lemay (Mme).	»	Linge.	
Lenormand.	»	*Id.*	
Lesieur.	»	*Id.*	
Mariotte.	»	*Id.*	
Martin.	»	1 couverture de laine.	
Mathon (veuve).	»	1 couverture de laine, 1 drap, 2 chemises.	
Mégard.	»	Linge, charpie.	
Morlot.	»	*Id.*	
Navet (Mme).	»	*Id.*	
Nerrière (Mme).	»	*Id.*, charpie.	
Perdriau (Mme).	»	*Id.*	
Rochais.	»	*Id.*	
Rousselle.	»	*Id.*	
Royer.	»	*Id.*	
Sœurs de charité.	»	Charpie.	
Sylvain (veuve).	»	*Id.*, bandes.	
Théobald.	»	Linge.	
Verel.	»	1 couverture de laine.	
Vinot.	»	Linge.	
Voyard.	»	1/2 kilog. tabac à fumer.	
TOTAL.......	38 75		

Belleville.

Adam, épicier.	3 »		
Adam, propriétaire.	5 »		
Alabeatrix, boulanger.	1 50		
Amiel, marchand de vins.	1 50		
Ancien militaire.	2 »		
Anonyme.	5 »		
Anroux, propriétaire.	»	1 couverture de laine.	
Archambaut, rentier.	1 »		
Argentier, médecin.	5 »		
Armois (Mme), couturière.	»	1 paquet de linge, couvre-pieds et effets.	
Auvert, propriétaire.	5 »		
Auvray, rentier.	5 »		
Bailly, épicier.	1 »		
Baisnée, propriétaire.	»	2 draps de lit.	
Bal, tailleur de pierres.	2 »		
Barbette, fabricant de clous dorés.	30 »		
Barbier, rentier.	» 50		
Barles, receveur d'enregistrement et des domaines.	5 »		
Barloux, md de meubles.	1 »		
Barré, affineur d'or.	50 »		
Barré, marchand de vins.	2 »		
Baudelicque, propriétaire.	10 »		
Bauve, propriétaire.	3 »		
Bayeux, entrepreneur de maçonnerie.	2 »		
Becot, faïencier.	2 »		
Bellemant, propriétaire.	5 »		
Bellement, concierge.	» 30		
Bénard (veuve), propriétaire.	5 »		
Bennezon (veuve), liquoriste	2 »		

NOMS, PRÉNOMS et professions DES DONATEURS.	DONS EN ARGENT.		DONS EN NATURE.	DATE DE LA REMISE DES DONS à l'Intendance militaire.
	fr.	c.		
Benoît.	1	»		NOTA. — Les dons en nature de la banlieue ont été remis à l'Intendance militaire les 25 avril et 20 juillet 1855. — Les dons en argent ont été versés à la caisse du Ministère de la guerre.
Bertini, fumiste.	3	»		
Besniard, marchand de vins.	2	»		
Besse, vicaire à la paroisse Saint-Jean-Baptiste.	5	»		
Bidault (veuve), propriétaire.	2	»		
Blanchard, propriétaire.	5	»	1 paquet de linge.	
Blancheteau, épicier.	5	»		
Blandin, commis greffier du juge de paix.	3	»		
Blondel.	1	»		
Blondel, employé.	5	»		
Boher.	2	»		
Bonnet.	2	»		
Bouille, pâtissier.	2	»		
Boulabert, percepteur.	10	»		
Bouteille.	2	»		
Bouvier, propriétaire.	5	»		
Bremont, *id.*	»		Linge.	
Bretin, employé.	2	»		
Briffard (veuve), propriétaire.	2	»		
Brossard, propriétaire.	5	»		
Bunel, restaurateur.	3	»		
Bureau, instituteur communal.	2	»		
Cabin fils, employé.	»		1 paquet de charpie.	
Caffin (veuve), propriétaire.	5	»		
Cailleux, rentier.	2	»		
Camier.	10	»		
Cannois, propriétaire.	20	»		
Caron, employé.	2	»		
Carpot, bandagiste.	10	»		
Caruel, propriétaire.	20	»		
Cassignol, adjudant sous-officier retraité.	3	»		
Catonnet (Mlle), rentière.	6	»		
Cescan (Mme), débitante de poudre.	»		Linge et charpie.	
Chabouillé, employé.	10	»		
Chabrol, propriétaire.	15	»		
Chalbot.	10	»		
Chambon.	5	»		
Champreux, employé.	5	»		
Champreux (Edouard), écolier.	»	50		
Chardin.	2	»		
Charrois, propriétaire	1	»		
Chartier, liquoriste.	1	»		
Chataing et Delafilolie, maîtres de pension.	5	»		
Chéradame, receveur municipal.	5	»		
Chéron (Mlle), domestique.	1	»		
Chevallier, cafetier.	5	»		
Cléry, propriétaire.	5	»		
Cochois (veuve), propriétaire.	5	»		
Comet, propriétaire.	20	»		
Commis de M. Pasquin (les), épicier.	5	»		
Compiègne (veuve), rentière.	5	»	1 paquet de linge.	
Corbin, md d'huiles.	5	»		
Coré, employé.	10	»		
Corvisard.	1	»		

NOMS, PRÉNOMS et professions DES DONATEURS.	DONS EN ARGENT.		DONS EN NATURE.	DATE DE LA REMISE DES DONS à l'Intendance militaire.
	fr.	c.		
Cottave, limonadier.	»	50		NOTA. — Les dons en nature de la banlieue ont été remis à l'Intendance militaire les 25 avril et 20 juillet 1855. — Les dons en argent ont été versés à la caisse du Ministère de la guerre.
Coup, rentier.	5	»		
Cousin, propriétaire.	10	»		
Crispoul, md de vins.	2	»		
Dagnet, md épicier.	2	»		
Dame (une).	»		Bandes, compresses et charpie.	
Dargent, propriétaire.	10	»		
David (Mlle), rentière.	»		Bandes et charpie.	
De Berthon, rentier.	5	»		
De Châteaubriand, employé.	1	»		
Déclion, propriétaire.	5	»		
Déjardin, md de bois.	3	»		
Dejob, propriétaire.	3	»		
Delaplace, md de vins.	5	»		
Delaye, pâtissier.	4	»		
Delière, propriétaire.	5	»		
Delouvain, propriétaire.	10	»		
Demeaux, rentier.	2	»		
Denoyez, propriétaire.	5	»		
Denoyez, propriétaire.	20	»		
Depille, curé de N.-D. de la Croix.	5	»		
Deray (Mlle), directrice d'asile.	5	»		
Dérondel, rentier.	3	»		
Desavisse.	2	»		
Descroix.	2	»		
Desnoyers, propriétaire.	10	»		
Deville, propriétaire.	5	»		
Domingo, fabricant de soudures de cuivre.	5	»		
Donet.	1	»		
Doré, propriétaire.	10	»		
Dory (veuve), rentière.	»		Charpie et bandes.	
Doudieux, appareilleur.	1	»		
Drulé (veuve), propriétaire.	2	»		
Dubreuil, propriétaire.	5	»		
Duchesne.	2	»		
Dugarin.	5	»		
Duhamel, rentier.	5	»		
Dupont, rentier.	1	»		
Dupont, propriétaire.	10	»		
Durand, employé.	1	»		
Durand, employé retraité.	5	»		
Durlot (Mlle), couturière.	»	50		
Duval, employé.	2	»		
Duval, rentier.	5	»		
Duval, propriétaire.	5	»		
Eliot, rentier.	1	»		
Employés communaux de Belleville (les).	61	50		
Etienne, propriétaire.	5	»		
Faucheur, cultivateur.	2	»		
Faucheur.	2	»		
Feuillet, restaurateur.	3	»		
Fleurimont, carrier.	5	»		
Fleury, tripier.	1	»		
Fontaine, propriétaire.	2	»		
Foucon, huissier.	10	»		
Français (Emile), employé.	2	»		
Frenot, boulanger.	1	»		
Fresne, directeur du théâtre.	50	»		

NOMS, PRÉNOMS et professions DES DONATEURS.	DONS			DATE DE LA REMISE des DONS à l'Intendance militaire.
	EN ARGENT.		EN NATURE.	
	fr.	c.		
Fuselier, m^{d} de vins.	2	»		NOTA. — Les dons en nature de la banlieue ont été remis à l'Intendance militaire les 25 avril et 20 juillet 1855. — Les dons en argent ont été versés à la caisse du Ministère de la guerre.
Gagny (Mme), institutrice communale.	2	»		
Galley (veuve), couturière.	1	»		
Gallon.	5	»		
Garnier, propriétaire.	2	»		
Gaultier, employé retraité.	4	»		
Gautier, m^{d} de vins.	2	»		
Gendarmes (les).	»		1 paquet de linge.	
Gérardin, propriétaire.	1	»		
Gillet (Mme), propriétaire.	2	»		
Gillet de Courville, employé.	3	»		
Gillon, propriétaire.	2	»		
Gimbrère, propriétaire.	5	»		
Godard, propriétaire.	2	»		
Godey, propriétaire.	»		1 paquet de linge.	
Gossé, marchand de vins.	»		*Id.*	
Gosselin, rentier.	»		*Id.*, et 1 de charpie.	
Gradel, propriétaire.	5	»		
Grandjean, propriétaire.	5	»		
Grandjean, propriétaire.	5	»		
Guernier, marchand boucher.	5	»		
Gueton, rentier.	5	»		
Guillaume, rentier.	5	»		
Guillaumot, employé.	5	»		
Guillemin, m^{d} charcutier.	5	»		
Guillet, propriétaire.	10	»		
Hemont, limonadier.	3	»		
Herbemont, rentier.	»	45		
Heret, agent voyer communal.	5	»		
Herouard, propriétaire.	5	»		
Houdard, mercier.	»		Charpie.	
Houdart, mercier.	»		Bandes, compresses et charpie.	
Houdart, propriétaire.	5	»	1 paquet de linge.	
Houdart fils, nég^{t} en vins.	5	»		
Hugueney, boulanger.	5	»		
Huguenin.	1	»		
Huret, rentier.	1	»		
Jamet, boulanger.	5	»		
Jandelle, propriétaire.	5	»		
Jandelle (Mme), rentière.	»		Linge et charpie.	
Jarry (veuve).	1	»		
Jayat.	5	»		
Joncheret (veuve), rentière.	5	»		
Jouvente, propriétaire.	5	»		
Juliani, propriétaire.	10	»		
Julien, limonadier.	1	»		
Julliard (Mlle), domestique.	1	»		
Krauzé (veuve), rentière.	»		Couverture et linge.	
Lacaille, tonnelier.	1	»		
Lallement.	1	»		
Lambert, employé.	5	»		
Lambry (Mlle).	»		Linge et charpie.	
Lan, fabricant d'appareils à gaz.	3	»		
Laporte.	1	»		
Larcher, propriétaire.	5	»		
Lasseron, garçon de bureau.	»		1 drap de lit.	
Laurent, propriétaire.	5	»		
Laurent, marchand bottier.	5	»		
Laurent (veuve), couturière.	»		Linges pour bandes.	

NOMS, PRÉNOMS et professions DES DONATEURS.	DONS			DATE DE LA REMISE DES DONS à l'Intendance générale.
	EN ARGENT.		EN NATURE.	
	fr.	c.		
Lavergée, propriétaire.	»		1 couverture et 6 caleçons.	NOTA. — Les dons en nature de la banlieue ont été remis à l'Intendance militaire les 25 avril et 20 juillet 1855. — Les dons en argent ont été versés à la caisse du Ministère de la guerre.
Lebailly, Dubois, Lamy et Bataille (Mmes), rentières.	10	»	5 paq. de linge, bandes, etc.	
Le Boucher, propriétaire.	3	»		
Lecointre, maître de pension.	5	»		
Leconte, boucher.	5	»		
Lecurel d'Escoreaux, officier supérieur en retraite.	10	»		
Lefèvre, épicier.	1	»		
Lefort, établt de lavoir.	»	50		
Lehommet, propriétaire.	1	»		
Lemoine, horloger.	2	»		
Lemoine (veuve).	3	»		
Lemon (veuve), rentière.	5	»		
Lemonnier, propriétaire.	10	»		
Lenoir, charcutier.	2	»		
Lente (veuve).	2	»	1 paquet de linge.	
Lepetit, capitaine en retraite.	5	»		
Leprieur, propriétaire.	5	»		
Lequay, propriétaire.	5	»		
Leroy, épicier.	3	»		
Lesage, épicier.	2	»		
Lesouef.	10	»		
Letu, propriétaire.	2	»		
Lévêque (veuve).	»		Bandes et charpie.	
Levray, employé.	1	»		
Liénard, marchd cordonnier.	»	50		
Lièvre, rentier.	5	»		
Livrayes, boucher.	1	»		
Loisel, marchand boucher.	5	»	1 paquet de linge.	
Longbois, curé de la paroisse Saint-Jean-Baptiste.	10	»		
Lotthol, propriétaire.	»		Linge et couverture.	
Lucas, propriétaire.	5	»		
Machuré, propriétaire.	5	»		
Machuré fils, négt en vins.	5	»		
Maillot (Mme).	»		Charpie.	
Majou, boulanger.	5	»		
Mallessard, restaurateur.	5	»		
Mallet et Cie, fabt de produits chimiques.	5	»		
Malpertuis, épicier.	3	»		
Mansion, propriétaire.	3	»		
Manteau, pâtissier-restaurateur.	5	»		
Margarita (Mme), institutrice communale.	2	»		
Marlet (Mme), bouchère.	1	»		
Marrel, propriétaire.	5	»		
Martin, propriétaire.	5	»		
Martin, rentier.	1	»		
Martin des Basaces.	2	»		
Massé, propriétaire.	10	»		
Mavré, boulanger.	2	»		
Mayel, boulanger.	1	»		
Mayeux, rentier.	5	»		
Médard.	»		Charpie et linge.	
Mercier, propriétaire.	5	»		
Meunier, propriétaire.	5	»		
Michel, châlier.	10	»		
Micol, propriétaire.	25	»		
Mignard, manufacturier.	5	»		
Milan, propriétaire.	2	»		

NOMS, PRÉNOMS et professions DES DONATEURS.	DONS EN ARGENT.	DONS EN NATURE.	DATE DE LA REMISE DES DONS à l'Intendance militaire.
	fr. c.		
Millot, marchand de tabac.	1 »		NOTA. — Les dons en nature de la banlieue ont été remis à l'Intendance militaire les 25 avril et 20 juillet 1855. — Les dons en argent ont été versés à la caisse du Ministère de la guerre.
Minoret, entrepreneur de l'enlèvement des boues.	10 »		
Miot, propriétaire.	»	4 draps de lit.	
Mollard, marchand de vins.	1 »		
Mollière Laboullée, proprre.	10 »		
Mouny, entrepreneur de maçonnerie.	5 »		
Montagny, graveur.	5 »		
Montéage (Léon), carrière d'Amérique.	5 »		
Morda, propriétaire.	5 »		
Moreau, boulanger.	» 50		
Morel, employé.	» 50		
Morin, propriétaire.	2 »		
Mouillard, propriétaire.	5 »		
Naille, employé retraité.	2 »		
Napoléon, carrier.	2 »		
Noël, marchd de couleurs.	2 »		
Nothel.	2 »		
Novion, rentier.	2 »		
Odam, boucher.	5 »		
Oursel (veuve), mde de vins.	2 »		
Paquin, marchand épicier.	10 »		
Pasquier, propriétaire.	5 »		
Pasquier, marchand de vins.	1 »		
Paulin, boulanger.	2 »		
Pecqueux, rentier.	2 »		
Peghaire, rentier.	5 »		
Peinte.	1 50		
Pepin, marchand de vins.	2 »		
Perrier, doreur sur bois.	»	Bandes, compresses et charpie.	
Petit, plombier.	5 »		
Petitjean, propriétaire.	2 »		
Piète, instituteur communal.	3 »		
Plé, marchand boucher.	100 »		
Poirat, boulanger.	2 »		
Poirier, marchand boucher.	3 »		
Poisson, épicier.	2 »		
Ponget, propriétaire.	20 »		
Porcher, employé.	1 »		
Poupillier, propriétaire.	10 »		
Preuvost, tailleur.	5 »		
Prevot (Mme).	2 »		
Prévoté, rentier.	5 »	3 draps.	
Provost, régisseur (Hospices des Vieillards).	1 »		
Prud'homme, propriétaire.	10 »		
Raffy, marchand épicier.	5 »		
Recullez, cafetier.	1 »		
Redot, officier supérieur retraité.	20 »		
Regniard (veuve), rentière.	5 »		
Remière (Mlle), maîtresse de pension.	1 »		
Richer, rentier.	2 »		
Romulus.	3 »		
Ronchas, caissier.	10 »		
Rousseau, propriétaire.	2 »		
Rousseau (Mme), rentière.	10 »		
Roussel, rentier.	1 »		
Rouve, propriétaire.	5 »		

NOMS, PRÉNOMS et professions DES DONATEURS.	DONS EN ARGENT.		DONS EN NATURE.	DATE DE LA REMISE DES DONS à l'Intendance militaire.
	fr.	c.		
Rouveau, propriétaire.	10	»		NOTA. — Les dons en nature de la banlieue ont été remis à l'Intendance militaire les 25 avril et 20 juillet 1855. — Les dons en argent ont été versés à la caisse du Ministère de la guerre.
Rouveau, propriétaire.	10	»		
Roux, entrepreneur de bains.	1	50		
Rouyer, propriétaire.	4	»		
Rué, propriétaire.	20	»		
Ruttin (Mlle), rentière.	5	»		
Séjournant, boulanger.	»	50		
Seran, propriétaire.	5	»		
Société Payn et Cie, usine à gaz.	200	»		
Société de Saint-Vincent, vignerons.	100	»		
Souchet, employé retraité.	2	»		
Soullié, marchand de vins.	5	»		
Soutenet, propriétaire.	2	»		
Sulot, pharmacien.	3	»		
Sureau.	»		Linge, compresses, bandes et charpie.	
Thibault, propriétaire.	5	»	1 paquet de linge.	
Tison (veuve), propriétaire.	5	»		
Tourtebatte, charcutier.	5	»		
Tranchant (veuve), propriétaire.	3	»		
Trépétin, propriétaire.	5	»		
Tricas, rentier.	5	»		
Ursot, boulanger.	3	»		
Vacherot (Mme), propriétaire.	5	»		
Valembras (veuve), propriétaire.	2	»		
Varenne, propriétaire.	10	»		
Vaudin, propriétaire.	2	»		
Vellever.	1	»		
Vernon, propriétaire.	5	»		
Vigneron, boucher.	2	»		
Vigneron, serrurier.	5	»		
Vilin, propriétaire.	3	»		
Villard (Mme).	1	»	Drap et charpie.	
Villemar, employé.	1	»		
Vincent, propriétaire.	20	»		
Vivenot, épicier.	1	»		
Vollier, cordonnier.	1	»		
Vonoven fils, parfumeur.	1	»		
TOTAL.....	1,973	75		

Bobigny.

Audoir (D.), cultivateur.	1	»		
Audoir (J.-D.), journalier.	1	»		
Augé, cultivateur.	1	»		
Bance (Mme), propriétaire.	1	50		
Bernard, journalier.	1	50		
Berthe (A.), journalier.	»	50		
Berthe (J.), journalier.	»	50		
Carpentier, maréchal.	1	»		
Clément aîné, cultivateur.	2	»		
Clément jeune, cultivateur.	5	»		
Clément (Mme veuve), propriétaire.	10	»		
Colbert, journalier.	1	»		

NOMS, PRÉNOMS et professions DES DONATEURS.	DONS		DATE DE LA REMISE DES DONS à l'Intendance militaire.
	EN ARGENT.	EN NATURE.	
	fr. c.		
Dejardin, cultivateur.	1 50		NOTA. — Les dons en nature de la banlieue ont été remis à l'Intendance militaire les 25 avril et 20 juillet 1855. — Les dons en argent ont été versés à la caisse du Ministère de la guerre.
Doré, marchand de vins.	1 »		
Dorville, journalier.	» 50		
Dorville aîné, cultivateur.	1 50		
Dufour, cultivateur.	1 »		
Duregret, journalier.	» 50		
Durin, journalier.	» 50		
Dussanton, jardinier.	2 »		
Dufreuil, cultivateur.	2 »		
Ether, berger.	1 »		
Evin, cultivateur.	1 »		
Fauche (Adeline), blanchisseur.	1 »		
Foiny, journalier.	» 25		
Fontaine (L.), journalier.	» 50		
Fontaine (Théodore), journalier.	2 »		
Fourrier aîné, cultivateur.	2 »		
Fremin (Mme), laitière.	1 »		
Gérard (Mme), laitière.	2 »		
Glesse (A.), journalier.	1 »		
Glesse (E.), journalier.	1 »		
Gueret, charron.	» 50		
Guibert, curé.	5 »		
Hoyer, menuisier.	1 »		
Jollin, marchand de vins.	3 »		
Jollin (Mme veuve), propriétaire.	2 »		
Jollin fils, marchand de vins.	2 »		
Leclair, journalier.	1 »		
Lemaitre (Aug.), nourrisseur.	3 50		
Lemaitre (Ch.), cultivateur.	1 »		
Lemaitre (Ferd.), cultivateur.	2 »		
Lemaitre (F.), cultivateur.	1 »		
Lemaitre (J.), cultivateur.	1 »		
Lemaitre (J.-B.-Ph.), nourrisseur.	3 »		
Lemaitre (Parfait), cultivateur.	2 »		
Levasseur, menuisier.	1 »		
Libord, propriétaire.	5 »		
Libord fils, cultivateur.	2 »		
Liebert (maraîcher).	» 50		
Lucot (Mme veuve), journalière.	» 25		
Martinet, secrétaire.	2 »		
Megras, pontonnier.	2 »		
Mongrolle aîné, propriétaire.	5 »		
Mongrolle, adjoint.	10 »		
Nicolas fils, marchd de vins.	2 »		
Nollet, journalier.	» 50		
Perrot, journalier.	» 50		
Poiré, journalier.	1 »		
Provin père, journalier.	» 50		
Provin père, journalier.	» 50		
Provin (Michel), journalier.	2 »		
Relier, journalier.	» 50		
Remy, journalier.	» 50		
Respilheux, journalier.	1 »		
Richard, vannier.	1 »		
Richebois (Gérard), nourrisseur.	3 »		
Richebois père, cultivateur.	1 »		

NOMS, PRÉNOMS et professions DES DONATEURS.	DONS EN ARGENT.		DONS EN NATURE.	DATE DE LA REMISE DES DONS à l'Intendance militaire.
	fr.	c.		
Richou, cantonnier.	1	»		Nota. — Les dons en nature de la banlieue ont été remis à l'Intendance militaire les 25 avril et 20 juillet 1855. — Les dons en argent ont été versés à la caisse du Ministère de la guerre.
Senèque père, cultivateur.	1	»		
Senèque fils, cultivateur.	1	»		
Simon, marchand de vins.	2	»		
Tourby, maire.	10	»		
Vernes, cultivateur.	»	50		
Villette, journalier.	1	»		
Villoz père, cultivateur.	2	»		
Vinsou, propriétaire.	2	»		
TOTAL.....	141	»		

Bondy.

Agneret, propriétaire.	5	»		
Anfray, propriétaire.	5	»		
Balin, maçon.	1	»		
Barthelemy, ancien maître de poste.	1	»		
Bertrand, boulanger.	1	»		
Bilhaut, propriétaire.	2	»		
Bouy, brigadier de gendarmerie.	2	»		
Brosin, propriétaire.	1	50		
Charles, propriétaire.	5	»		
Commandoux, ancien gendarme.	5	»		
Couvreur (veuve), propriétaire.	1	50		
Dallenne, maître de pension.	5	»		
Dalleux, propriétaire.	1	»		
Dargent, cultivateur.	1	»		
Delépine, propriétaire.	1	»		
Derigon, propriétaire.	10	»		
Desfossés, directeur de la voirie.	1	50		
Dubus (veuve), propriétaire.	5	»		
Durand, maréchal.	1	»		
Eda, marchand de vins.	»	50		
Evo (Frédéric), cultivateur.	1	»		
Eve (Fréd.-F.-J.), cultivateur.	1	»		
Eve (J.-B.), cultivateur.	»	50		
Feste, médecin.	2	»		
Fongu, maçon.	1	»		
Frenois (Protégé), propriétaire.	2	»		
Frenet, maçon.	1	»		
Froiduré (J.-B.), laitier.	»	50		
Gatine, maire de Bondy.	40	»		
Gobert, berger.	1	»		
Hy, charpentier.	»	50		
Lareissière, boucher.	1	»		
Laurier, marchand de vins.	1	»		
Lecoq, sculpteur.	1	»		
Ledé, adjoint au maire.	3	»		
Lefranc de Bray, directeur de la poste aux lettres.	5	»		
Legendre, propriétaire.	1	»		
Lenoir (veuve Ernest), propriétaire.	5	»		

NOMS, PRÉNOMS et professions DES DONATEURS.	DONS EN ARGENT.	DONS EN NATURE.	DATE DE LA REMISE DES DONS à l'Intendance militaire.
	fr. c.		
Lerebours, cultivateur.	» 50		NOTA. — Les dons en nature de la banlieue ont été remis à l'Intendance militaire les 25 avril et 20 juillet 1855. — Les dons en argent ont été versés à la caisse du Ministère de la guerre.
Lévêque, négociant.	2 »		
Manicier, marchand de vins.	» 50		
Marquet, cultivateur.	1 »		
Marquet, épicier.	1 50		
Martin, propriétaire.	2 »		
Martin, garde de vente.	» 50		
Noyon, peintre en bâtiments.	1 »		
Penaut (Mme), maîtresse de pension.	2 »		
Petit (Charles), coquetier.	1 »		
Petit (Eugène), aubergiste.	1 »		
Poulain, propriétaire.	2 »		
Poupet (veuve), propriétaire.	2 »		
Prevel, épicier.	» 50		
Ronsin, serrurier.	1 »		
Sejé, propriétaire.	5 »		
Ster (Antoine), propriétaire.	» 50		
Varenne, propriétaire.	35 »		
Verelst, propriétaire.	1 »		
Verzeaux, charpentier.	» 50		
TOTAL....	184 »		

Boulogne.

Anonyme.	»	Bandes, charpie	
Auberger père.	»	Vieux linge.	
Bachelin.	»	2 draps, 4 serviettes.	
Bidard.	»	2 draps, 1 chemise, 2 paires de chaussettes, 1 gilet.	
Briand.	»	3 vieilles paires de draps.	
Brichard (Mme).	»	10 chemises.	
Calbert (Mme).	»	Vieux linge.	
Chassaignot (Joseph).	»	Charpie.	
Collet (Mlle).	»	*Id.* vieux linge.	
Dames de Saint-Joseph.	»	*Id.* bandes.	
Davoine.	»	4 chemises, linge.	
Defert (veuve).	»	1 couverture de laine.	
Delaveau fils.	»	Charpie.	
Delaveau père.	»	*Id.* serviettes.	
Denard (Mme).	»	8 chemises, linge.	
Descoins.	»	Charpie, linge.	
Dorlé.	»	*Id.* bandes, compresses.	
Dorange.	»	3 draps, 3 nappes, 12 serviettes.	
Douailly (Mme).	»	2 chemises, 6 serviettes, bandes, charpie.	
Fissier (veuve).	»	Charpie, linge, serviettes, bandes.	
Franche (André).	»	2 couvertures, 2 draps, linge.	
Guerin (veuve).	»	Charpie.	
Guerinot (Mme).	»	*Id.*	
Hébert aîné.	»	1 drap, 4 serviettes.	
Henry (Charles).	»	6 chemises, serviettes.	
Joly (Mme).	»	*Id.* linge.	
Lafosse.	»	Charpie, linge.	
Laurant.	»	*Id.* 2 draps.	
Lepointre (Mme).	»	*Id.* bandes.	
Liot (Mlle).	»	*Id.* linge.	

NOMS, PRÉNOMS et professions DES DONATEURS.	DONS		DATE DE LA REMISE DES DONS à l'Intendance militaire.
	EN ARGENT.	EN NATURE.	
	fr. c.		
Lumière aîné	»	2 serviettes, linge, bandes.	NOTA. — Les dons en nature de la banlieue ont été remis à l'Intendance militaire les 25 avril et 20 juillet 1855. — Les dons en argent ont été versés à la caisse du Ministère de la guerre.
Mamoury (Mme).	»	Charpie.	
Maury.	»	3 paires de chaussets, bandes.	
Morel (veuve).	»	1 drap, 38 serviettes.	
Patry (Pierre).	»	21 serviettes, bandes.	
Patry (Solon).	»	4 serviettes, 1 drap, linge, 1 blouse.	
Petit (Mme).	»	Charpie.	
Petit (Victor).	»	12 serviettes, linge, bandes.	
Potel.	»	12 chemises, bandes.	
Roger (Etienne).	»	Vieux linge.	
Surivet.	»	2 draps, vieux linge.	
Taffanel (Mme).	»	Charpie.	
Thiercelin.	»	2 draps, 5 chemises, 24 serviettes.	
Vinois.	»	Charpie.	

Bourget (Le).

Barrat.	» 50		
Bertucat (veuve).	20 »		
Blesson.	» 50		
Bourgeois.	» 50		
Bourniche.	» 50		
Canape (Ferdinaud).	» 50		
Canape aîné.	2 »		
Cavillon père.	1 »		
Chevalier.	2 »		
Cléray.	10 »		
Cordebar.	3 »		
Dardelle (veuve).	1 »		
Devouge.	» 50		
Dubus.	5 »		
Frappart.	» 50		
Genevois.	» 50		
Geoffroy (Emile).	20 »		
Girard.	2 »		
Hédelin.	2 »		
Hubert.	» 25		
Jacob.	3 »		
Laforest.	10 »		
Lambert.	1 50		
Lecocq, curé.	3 »		
Lecrosnier.	»	4 petits manteaux en toile cirée.	
L'Epine.	1 »		
L'Evêque.	3 »		
Loursayre.	» 50		
Lugot.	» 50		
Maillard.	2 »		
Malvaux.	» 50		
Mirgon.	» 20		
Parant.	2 »		
Perrin.	2 »		
Poiret (veuve).	1 »		
Rihouey.	» 50		
Rochard (Edme).	1 »		
Rochard.	1 »		
Rochard aîné.	1 »		
Sourdet (veuve).	»	Linge.	

NOMS, PRÉNOMS et professions DES DONATEURS.	DONS EN ARGENT.		DONS EN NATURE.	DATE DE LA REMISE DES DONS à l'Intendance militaire.
	fr.	c.		
Viete (veuve).	1	»		NOTA. — Les dons en nature de la banlieue ont été remis à l'Intendance militaire les 25 avril et 20 juillet 1855. — Les dons en argent ont été versés à la caisse du Ministère de la guerre.
Vital (Benaïs).	»		6 couvertures de couleur.	
TOTAL.....	107	95		

Chapelle (La).

NOMS	fr.	c.	EN NATURE	DATE
Albineau.	15	»		
Alinot.	1	»		
Almelet (Mme).	10	»		
Anisant.	2	»		
Anonyme.	2	50		
Id.	1	»		
Id.	»	50		
Id.	5	»		
Id.	1	»		
Id.	»	50		
Id.	»	20		
Arasté.	1	»		
Arbaret.	1	»		
Aubusson.	5	»		
Ayleau.	5	»		
Banazinki.	2	»		
Bahus.	»	50		
Barbeau.	5	»		
Barbès.	5	»		
Barriol.	5	»		
Bauby.	4	»		
Baudichon.	»		Vieux linge.	
Baudichon (Mme).	»		1 drap, 1 couverture.	
Bègue.	5	»		
Bénard.	3	»		
Benoît.	5	»		
Benoît.	5	»		
Berger (veuve).	3	»		
Bernard.	5	»		
Bertrand.	»		Charpie, bandes.	
Bisson.	»	50		
Blin.	2	»		
Boittyer.	2	»		
Bonnard.	»	50		
Bonjour.	1	»		
Boucher.	3	»		
Boucheron.	»	50		
Boudin.	5	»		
Bouffard.	1	»		
Bougault.	2	»		
Boulet.	»	50		
Boulnois.	3	»		
Bourdelle.	10	»		
Bourrelier.	1	»		
Bourret.	2	»		
Boursaud.	2	»		
Boutron.	»		1 manteau.	
Boutron (Guérin).	20	»		
Breley.	1	»		
Brisson.	2	»		
Brouay.	5	»		
Brunier.	2	»		
Calba.	3	»		

NOMS, PRÉNOMS et professions DES DONATEURS.	DONS			DATE DE LA REMISE DES DONS à l'Intendance militaire.
	EN ARGENT.		EN NATURE.	
	fr.	c.		
Calla.	25	»		NOTA. — Les dons en nature de la banlieue ont été remis à l'Intendance militaire les 25 avril et 20 juillet 1855. — Les dons en argent ont été versés à la caisse du Ministère de la guerre.
Calla (Louis).	1	»		
Canon.	»	50		
Caplat (veuve).	10	»		
Carel-Maubrey.	»		5 gilets de tricot.	
Carré.	5	»		
Carret.	3	»		
Cassonnet.	20	»		
Cauchois.	2	»		
Caudillier.	2	»		
Cauville père.	2	»		
Chalopin.	20	»		
Chalot.	5	»		
Charpentier.	5	»		
Chatenoud.	5	»		
Chatin.	5	»		
Chatineau.	1	»		
Chausse.	2	»		
Chauvet.	1	»		
Choix (Mme).	»		1 drap.	
Chopis.	2	»		
Chouard (Mlle).	5	»		
Choubrac.	1	»		
Chouillier.	5	»		
Chrétien.	5	»		
Christophe, curé.	15	»		
Claudrier.	2	»		
Cochery.	5	»		
Cochin père et fils.	5	»		
Colard.	»	50		
Collier.	5	»		
Collignon.	3	»		
Collin.	1	»		
Commissaire de police.	5	»		
Constant.	2	»		
Coquin.	1	»		
Cordier.	1	»		
Cordier.	»		Charpie.	
Cordier, rentier.	»	55		
Corvé.	5	»		
Cortial.	2	»		
Coste.	1	»		
Costé.	1	»		
Cottin, propriétaire.	100	»		
Cottin.	5	»		
Cottin (Edme).	10	»		
Cottin (Louis).	30	»		
Couet (Mme).	»		1 drap, 1 couverture.	
Courtin (Jean-Marie).	5	»		
Coussidière.	»	50		
Dailly.	2	»		
Dalonneau.	6	»		
Damont.	1	»		
Daveau.	»		Vieux linge.	
David, maçon.	5	»		
Debeauvais.	5	»		
Degauchy (veuve).	1	»		
Dehic.	2	»		
Delaire.	2	»		
Delanclos.	»		1 couverture.	
Deplanque.	5	»		
Delas.	10	»		
Delpêche.	5	»		

NOMS, PRÉNOMS et professions DES DONATEURS.	DONS			DATE DE LA REMISE DES DONS à l'Intendance militaire.
	EN ARGENT.		EN NATURE.	
	fr.	c.		
Delpierre.	2	»		NOTA. — Les dons en nature de la banlieue ont été remis à l'Intendance militaire les 25 avril et 20 juillet 1855. — Les dons en argent ont été versés à la caisse du Ministère de la guerre.
Denevers.	5	»		
Derondel.	3	»		
Descouvemont.	5	»		
Desgages.	1	»		
Desmichels.	10	»		
Dessaux.	10	»		
Detry.	1	»		
D'Hallu.	2	»		
D'Heilly.	10	»		
Dobigny.	2	»		
Douillet.	5	»		
Droguet.	2	50		
Drot.	1	»		
Dubert et fils.	10	»		
Dubois, propriétaire.	5	»		
Dubois.	5	»		
Duchesne.	5	»		
Duflot (Mme).	5	»		
Dulong.	2	»		
Dunckau.	2	»		
Dupety.	10	»		
Duprez.	2	»		
Dupuis, charron.	8	»		
Dupuis, limonadier.	30	»		
Durand.	»		Linge.	
Duval.	1	»		
Duvivier.	3	»		
Esblin.	2	»		
Escovena, propriétaire.	2	»		
Etcheverry.	»		Vieux linge, charpie.	
Evrard.	2	»		
Farge.	»	50		
Faureau.	5	»		
Favorites (Administron des).	30	»		
Faynot frères.	25	»		
Fège, propriétaire.	12	»		
Divers (par Mme Fège).	3	»		
Fernique.	1	»		
Fige.	2	»		
Fillion.	2	»		
Finet.	»	50		
Finot.	5	»		
Flam.	3	»		
Fléchelle.	5	»		
Fleury jeune, propriétaire.	10	»		
Fleury aîné, propriétaire,	10	»		
Forts du marché.	7	50		
Fournier, notaire.	25	»		
Fradin.	1	»		
Fusy.	1	»		
Gadrac, coutelier.	2	»		
Gagneau.	5	»		
Gallet.	»	50		
Gaubert (veuve).	5	»		
Gautheron.	5	»		
Gauthier.	1	»		
Gendarmerie (la brigade de).	6	50	Charpie.	
Gendron.	10	»		
Germain.	»		Vieux linge.	
Gervais.	1	»		
Gilles, employé.	8	»		
Gobert.	1	»		

NOMS, PRÉNOMS et professions DES DONATEURS.	DONS EN ARGENT.		DONS EN NATURE.	DATE DE LA REMISE DES DONS à l'Intendance militaire.
	fr.	c.		
Godin (Ernest).	10	»		NOTA. — Les dons en nature de la banlieue ont été remis à l'Intendance militaire les 25 avril et 20 juillet 1855. — Les dons en argent ont été versés à la caisse du Ministère de la guerre.
Goulet, propriétaire.	10	»		
Goupil, propriétaire.	20	»		
Gourlaud.	10	»		
Grand'homme.	2	»		
Griveau.	20	»		
Grout.	1	»		
Guay.	5	»	Charpie.	
Guéguet.	1	»		
Guevilie (Mme).	»		Vieux linge charpie.	
Guirodios.	2	»		
Gustave (Jean) et Kellerman et Ouvriers.	15	»		
Guyard.	1	»		
Hafley (Frédéric).	5	»		
Hardy.	1	»		
Harley.	10	»		
Hautemulle.	8	»		
Hébert.	5	»		
Hébert.	5	»		
Hémar, propriétaire.	5	»		
Hémard jeune.	5	»		
Hémard aîné.	5	»		
Herts (Simon).	1	»		
Houdart.	2	»		
Houlier.	3	»		
Hubert.	1	50		
Huprel, épicier.	»	50		
Hurant.	»	50		
Jacques.	3	»		
Jacquin.	3	»		
Jalpert.	»	50		
Jardin.	3	»		
Jeandé, limonadier.	»		Linge.	
Jeandet (veuve).	5	»		
Jehannot.	5	»		
Joignot, propriétaire.	5	»		
Jouvenot.	5	»		
Jugé, propriétaire.	10	»		
Lacroix.	5	»		
Laroche.	1	50		
Larolandi.	1	»		
Latruffe.	3	»		
Laval.	1	»		
Leblanc.	3	»		
Lebrasseur.	2	»		
Leconte.	10	»		
Lecerf.	10	»		
Lecertisseur.	»		Vieux linge.	
Lecointe.	2	»		
Lecomte (veuve).	5	»		
Leconte (veuve).	»		Bandes, charpie.	
Lecuir.	3	»		
Ledoux.	1	»		
Ledru.	1	»		
Lefèvre.	2	»		
Lefèvre (veuve).	10	»		
Legoupy, épicier.	2	»		
Leguesmes.	1	»		
Lejas, propriétaire.	1	»		
Lejeune.	1	»		
Leloup.	»	»	Charpie.	
Lemaire, charpentier.	5	»		

NOMS, PRÉNOMS et professions DES DONATEURS.	DONS EN ARGENT.		DONS EN NATURE.	DATE DE LA REMISE DES DONS à l'Intendance militaire.
	fr.	c.		
Lemonnier, propriétaire.	10	»		NOTA. — Les dons en nature de la banlieue ont été remis à l'Intendance militaire les 25 avril et 20 juillet 1855. — Les dons en argent ont été versés à la caisse du Ministère de la guerre.
Lepâtre.	2	»		
Lepetit.	1	»		
Leroy.	2	»		
Leroy.	2	»		
Lesage.	2	»		
Lesieur.	2	»		
Letellier.	10	»		
Levasseur.	»	50		
Levreux.	1	»		
Lhérault.	5	»		
Lhermite.	5	»		
Lhoste.	3	»		
Lievois (Henri).	5	»		
Linget, propriétaire.	5	»		
Loquin.	3	50		
Lormier.	1	»		
Luce.	2	»		
Magne.	»	50		
Maillard.	2	»		
Maissen.	10	»		
Maldant.	10	»		
Maligne.	2	»		
Mallet, propriétaire.	»		Vieux linge.	
Mallet fils, propriétaire.	5	»		
Manière.	»	50		
Manière.	»	50		
Marcelot, prêtre.	3	»		
Marchand.	2	»		
Marquis.	5	»		
Martin (Michel), propriétaire.	5	»		
Martin, propriétaire.	3	»		
Martin (veuve).	4	»		
Martin (Landelle).	30	»		
Massé.	2	»		
Maurice.	2	»		
Maurin.	3	»		
Mayeux.	»	50		
Médeville.	»	50		
Ménager, propriétaire.	10	»		
Mennengen.	»	50		
Ménétrier.	20	»		
Menetrier, restaurateur.	5	»		
Mercier.	3	»		
Mercusot.	5	»		
Merlin (veuve).	5	»		
Merlin (Leclerc).	10	»		
Meunier.	»		Charpie.	
Meunier.	3	»		
Meunier, nourrisseur.	5	»		
Michelet.	3	»		
Michiels.	3	»		
Midi (Mme).	5	»	Linge.	
Mignot.	3	»		
Millet.	2	»		
Minouflet.	1	»		
Mirault.	5	»		
Moine.	1	»		
Moumousseau.	3	»	Vieux linge.	
Moran (veuve).	2	»		
Moreau, pharmacien.	»		Bandes, charpie.	
Moreau et Chaslon, et leurs Ouvriers.	149	65		

NOMS, PRÉNOMS et professions DES DONATEURS.	DONS			DATE DE LA REMISE DES DONS à l'Intendance militaire.
	EN ARGENT.		EN NATURE.	
	fr.	c.		
Motteau.	»		Vieux linge.	NOTA. — Les dons en nature de la banlieue ont été remis à l'Intendance militaire les 25 avril et 20 juillet 1855. — Les dons en argent ont été versés à la caisse du Ministère de la guerre.
Motter.	»	50		
Moyne aîné, propriétaire.	5	»		
Niderberfer.	2	»		
Nobécourt.	»		2 caleçons, 1 paire de chaussettes.	
Noblet, propriétaire.	5	»		
Noël (Mme).	5	»		
Olivier.	2	»		
Ory.	»		Linge, charpie.	
Ouvriers de MM. Faynot frès.	64	65		
Patry.	5	»		
Pattoux, négociant.	5	»		
Payen.	3	»		
Pecard.	5	»		
Pellerin.	3	»		
Pelletier.	»	50		
Péron.	»	50		
Pérot (Louis).	5	»		
Perrot (François).	5	»		
Philippe (veuve).	1	»		
Picard (Jean-Marie), propriétaire.	10	»		
Pigneux.	6	»		
Plattet, nourrisseur.	5	»		
Poignet.	»	50		
Polinat.	5	»		
Pommeret, loueur.	10	»		
Porchet.	2	»		
Potron.	2	»		
Pourriez (Mme), propriétaire.	5	»		
Poutrieux.	2	»		
Pradel, loueur.	1	»		
Priou (veuve).	2	»		
Prudhomme (Prosper).	10	»		
Prudhomme (Victor).	5	»		
Py, maréchal.	5	»		
Quettier, propriétaire.	10	»		
Quignon.	»		Charpie.	
Quillem.	1	»		
Quintaine jeune.	5	»		
Quintaine aîné.	5	»		
Radigue.	5	»		
Raphael, rentier.	»		Charpie, bandes.	
Redoux.	2	»		
Regnault.	3	»		
Remond.	3	»		
Renard.	1	»		
Reusse.	3	»		
Richard.	20	»		
Riduet, employé.	5	»		
Rivière (Mme).	5	»		
Robert, rentier.	8	»		
Robillot.	»		Charpie.	
Rondeau.	1	»		
Rouget.	1	»		
Roussel.	»	50		
Royer.	5	»		
Rudiger.	4	»		
Sablin.	2	»		
Sailly.	1	»		
Saint-Bellie, tripier.	2	»		
Saintin.	1	»		

NOMS, PRÉNOMS et professions DES DONATEURS.	DONS			DATE DE LA REMISE DES DONS à l'Intendance militaire.
	EN ARGENT.		EN NATURE.	
	fr.	c.		
Sarasin, propriétaire.	5	»		NOTA. — Les dons en nature de la banlieue ont été remis à l'Intendance militaire les 25 avril et 20 juillet 1855. — Les dons en argent ont été versés à la caisse du Ministère de la guerre.
Savarin.	4	»		
Savary.	1	»		
Savineau.	2	»		
Sauvage, carrossier.	10	»		
Scheffer.	3	»		
Schor.	3	»		
Sellier (Mme).	1	»		
Serbit.	2	»		
Seun.	1	»		
Silbert.	5	»		
Sisolle.	2	»		
Soquet.	3	»		
Soudé, propriétaire.	20	»		
Stécher.	3	»		
Taillard.	»		2 chemises, 1 couverture.	
Talbordeau.	»	50		
Thévenin.	2	»		
Thirouin.	5	»		
Thomas, sellier.	3	»		
Tocquet.	»	50		
Tourbe.	10	»		
Toussaint.	»		Linge.	
Toutain, distillateur.	25	»		
Traxel.	1	»		
Tremolet.	1	»		
Trique.	»	50		
Trouillet (M. et Mme).	5	»		
Tuigot, propriétaire.	5	»		
Vaillant.	1	»		
Valette.	1	»		
Van Costenobel.	1	»		
Vendanges de Bourgogne (collecte).	35	»		
Varenne.	5	»		
Verret, jardinier.	2	»		
Vidaling.	»	25		
Vigreux.	2	50		
Villemin, rentier.	10	»	6 chemises.	
Villette nourrisseur,	3	»		
Vincent.	10	»		
Wéherle.	1	»		
TOTAL	2,028	80		

Charonne.

Adenis.	1	»		
Ancelet (Pierre).	»		Vieux linge.	
Baillif	1	»		
Barrot.	1	»		
Baudouin.	50	»		
Beaufils (Georges).	»		Vieux linge.	
Benard.	1	»		
Benoit.	»	50		
Bertrand.	5	»		
Bertrand-Leblevec.	5	»		
Bertaud.	3	»		
Bertaut.	2	»		
Bidault.	5	»	Linge.	

NOMS, PRÉNOMS et professions DES DONATEURS.	DONS		DATE DE LA REMISE DES DONS à l'Intendance militaire.
	EN ARGENT.	EN NATURE.	
	fr. c.		
Bidault (Nicolas-Michel).	»	Vieux linge.	NOTA. — Les dons en nature de la banlieue ont été remis à l'Intendance militaire les 25 avril et 20 juillet 1855. — Les dons en argent ont été versés à la caisse du Ministère de la guerre.
Billon,	» 50		
Bitner.	» 30		
Blanche.	1 »		
Blanchet.	5 »		
Blondiaux (veuve).	5 »		
Bodson.	» 50		
Bonnaire.	1 »		
Bonmère fils.	» 50		
Bouche.	1 »		
Bougand,	» 50		
Bournel.	1 »		
Boutevillain-Grandpré.	1 »		
Briot.	1 »		
Bruant (veuve).	1 »		
Brunot père.	3 »		
Buisson.	1 »		
Bureau.	2 »		
Capron.	5 »		
Casier.	1 »		
Cathala.	5 »		
Cauterel.	2 »		
Chalaire.	1 »		
Chauvet.	5 »		
Cladière.	» 50		
Cluny (veuve)).	» 50		
Cochois.	» 50		
Cochu.	1 »		
Collerun (veuve).	5 »		
Colin (veuve).	2 »		
Collas père.	1 »		
Collet aîné.	5 »		
Collet (Joseph).	5 »		
Collin.	»	Linge.	
Collin (veuve)	»	Vieux linge.	
Compte.	3 »		
Comte.	» 50		
Corey (veuve).	2 »		
Cossé.	1 »		
Cossoul.	1 »		
Crière.	»	Linge.	
Dalibert.	1 »		
Dallart (veuve).	2 »		
Darenne (veuve).	2 »		
David (Mlle).	3 »		
Daydon.	» 50		
Dayet.	1 »		
Debaise.	1 »		
Debille.	10 »		
Deblois.	2 »		
Dechaume.	5 »		
Delacroix.	2 »		
Delion.	2 »		
Demouchy.	2 »		
Deschars.	2 »		
Desprez, maire.	»	Linge, charpie, couverture.	
Desquiens.	1 »		
Deutch,	1 »		
Dhierre.	5 »		
Dies.	» 50		
Donaux.	» 50		
Doubert.	2 »		
Douet (veuve).	5 »		
Dubos.	2 »		

NOMS, PRÉNOMS et professions DES DONATEURS.	DONS EN ARGENT.		DONS EN NATURE.	DATE DE LA REMISE DES DONS à l'Intendance militaire.
	fr.	c.		
Dufaurt.	2	»		Nota. — Les dons en nature de la banlieue ont été remis à l'Intendance militaire les 25 avril et 20 juillet 1855. — Les dons en argent ont été versés à la caisse du Ministère de la guerre.
Dulion.	1	50		
Dupé.	»	50		
Duraud.	1	»		
Durie.	»	50		
Faucheur père.	3	»		
Fauchey.	1	»		
Favrais.	5	»		
Fayet.	1	»		
Fleury.	1	»		
Fournier.	1	50		
Franck.	1	»		
Fremont.	»	50		
G.	1	»		
Gallie.	2	»		
Gary.	1	»		
Gaspard.	»	50		
Gausin,	»	50		
Gebin.	1	»		
Genet.	1	»		
Gentil.	3	»		
Geoffroy.	»		Vieux linge.	
Gewer,	»		*Id.*	
Gobin.	»	50		
Goin.	1	»		
Goudechaux.	1	»		
Grange.	5	»		
Gravollet.	»	50		
Guenot.	3	»		
Guereau père et fils.	5	»		
Guillemot.	1	50		
Guillot.	10	»		
Gutaux.	1	»		
Guyot.	1	»		
Guyot.	2	»		
Hardouin.	5	»		
Hardy.	20	»		
Havet.	1	»		
Hebert.	»	50		
Herbeaumont.	1	»		
Herouart.	4	»		
Heutgen.	2	»		
Honoré (veuve).	1	»		
Huré.	10	»		
Iscra.	»	50		
Jung,	3	»		
Jacob.	3	»		
Jacques.	»	50		
Jacquot (Mlles).	2	»		
Janson (Louis-Joseph).	2	»		
Jeret.	»	50		
Joudrier.	1	»		
Koll.	»		Vieux linge.	
Lacour.	5	»		
Lainé.	5	»		
Lamaille.	»	50		
Lamy.	»	50		
Landré.	5	»		
Lange.	1	»		
Langlois.	1	»		
Lardin (veuve).	1	»		
Lardin.	5	»		
Lauzanne.	»	50		
Leblanc.	1	»		

NOMS, PRÉNOMS et professions DES DONATEURS.	DONS EN ARGENT.		DONS EN NATURE.	DATE DE LA REMISE DES DONS à l'Intendance militaire.
	fr.	c.		
Lecaillon.	»	50		NOTA. — Les dons en nature de la banlieue ont été remis à l'Intendance militaire les 25 avril et 20 juillet 1855. — Les dons en argent ont été versés à la caisse du Ministère de la guerre.
Leclaire.	3	»		
Lefèvre.	2	»		
Leger.	»	50		
Legrand.	10	»	Vieux linge.	
Legrand.	2	»		
Legris.	1	»		
Lemaître.	2	»		
Lemaître père.	»		Vieux linge.	
Lenormand.	5	»		
Leonor (Mlle),	1	»		
Letellier.	2	»		
Levéville.	3	»		
Ligner.	»		Vieux linge.	
Lorrain.	5	»		
Luquet.	5	»		
Magérus.	5	»		
Maigrot.	»		Linge.	
Maigrot fils.	2	»		
Manoury.	2	»		
Margotin.	»	50		
Marigny.	2	»		
Marquis.	2	»		
Martin.	2	»		
Martin (Mme).	1	»	Vieux linge.	
Masier.	5	»		
Masse.	»		Vieux linge.	
Maux (Simon).	»		*Id.*	
Maux (Simon-Guillaume).	»		*Id.*	
Maville.	»	50		
Max.	»		Linge.	
Menochet.	5	»		
Merigot.	1	»		
Merlin.	1	50		
Michel.	1	»		
Michel.	5	»		
Missier.	5	»		
Mongeot.	1	»		
Monnot.	2	»		
Moreau.	»	50		
Moret.	»	50		
Morguet.	1	»		
Morin.	3	»		
Moruzzi.	2	»		
Moustier.	5	»		
Mouton.	1	»		
Nepple.	2	»		
Noguet.	1	»		
Ouvriers de M. Lorain.	2	»		
Papier, adjoint.	5	»		
Paul (Pierre-Antoine).	»		Vieux linge.	
Pelassy des Fayolles.	4	»		
Pelletier.	2	»		
Pépin.	1	»		
Petit.	1	»		
Petit, receveur municipal.	30	»		
Piblinger.	»		Linge.	
Picard.	1	»		
Pichereau.	1	»		
Pignot, adjoint.	50	»		
Plée.	2	»		
Poizeaux et ses Employés.	5	»		
Pommier.	5	»		

NOMS, PRÉNOMS et professions DES DONATEURS.	DONS			DATE DE LA REMISE DES DONS à l'Intendance militaire.
	EN ARGENT.		EN NATURE.	
	fr.	c.		
Porchevre.	1	»		NOTA. — Les dons en nature de la banlieue ont été remis à l'Intendance militaire les 25 avril et 20 juillet 1855. — Les dons en argent ont été versés à la caisse du Ministère de la guerre.
Pothier.	1	»		
Pouverel.	2	»		
Preau.	1	»		
Prevel.	5	»		
Prix-Livernois.	50	»		
Prot.	1	»		
Quentin.	3	»		
Quetu.	5	»		
Quinet.	1	»	Linge.	
Quirié (veuve).	5	»		
Rebour.	5	»		
Regnier.	1	»		
Reynaud.	»	50		
Roberjot.	1	»		
Robert (veuve).	»		Vieux linge.	
Robin.	5	»		
Royant.	»	25		
Salzet (veuve).	1	»		
Savart.	»	50		
Sebir.	1	»		
Sellier.	2	»		
Sœur Thérèse.	10	»		
Straculi.	»	50		
Tassart.	1	»		
Tetard.	2	»		
Thebaut.	2	»		
Thibaut.	1	»		
Thibaut (veuve).	1	»		
Thienet.	5	»		
Thioust.	3	»		
Thomas.	2	»		
Thory.	1	»		
Thory.	5	»		
Tournaire.	5	»		
Torchin.	3	»		
Trousseau (Mlle).	1	»		
Truphemus.	»	50		
Vallée.	5	»		
Vannier.	1	»		
Vassou.	1	»		
Vaudron.	3	»		
Vauvrecy.	5	»		
Vezer.	1	»		
Vidier.	2	»		
Villain (Mme) mère.	2	»		
Vitry.	2	»		
Vitry.	2	»		
X.	»	50		
TOTAL.....	707	90		

Clichy.

Adam, maire.	10	»		
Auxire.	5	»		
Bassompierre (veuve), propr.	1	»		
Beauregard.	»		Vieux linge.	
Bonamy, propriétaire	2	»		
Bournizien.	»		8 chemises, linge.	

NOMS, PRÉNOMS et professions DES DONATEURS.	DONS EN ARGENT.		DONS EN NATURE.	DATE DE LA REMISE DES DONS à l'Intendance militaire.
	fr.	c.		
Braqsène, propriétaire.	1	»		NOTA. — Les dons en nature de la banlieue ont été remis à l'Intendance militaire les 25 avril et 20 juillet 1855 — Les dons en argent ont été versés à la caisse du Ministère de la guerre.
Brun.	2	»		
Burat.	3	»		
Caltot, propriétaire.	1	»		
Cave.	»		Linge, charpie.	
Chaillout.	5	»		
Chantrier.	5	»		
Chenot.	22	50		
Cottin.	5	»		
Coureuil.	5	»	2 draps, linge.	
Deligny (Pierre).	5	»		
Deschard, propriétaire.	1	»		
Ducatte, commissre de police.	10	»		
Ducoudray.	10	»		
Dufournay.	»		Linge, charpie, bandes.	
Duval père.	2	»		
Gasselin, peintre.	»		Linge.	
Geiler.	10	»		
Granchant et Guénin.	»		Charpie, bandes.	
Henry père, propriétaire.	2	»		
Klein (Mlle).	5	»		
Laslier.	1	»		
Leclerc.	20	»		
Lecomte.	1	»		
Lefèvre.	2	»		
Lesaulnier, propriétaire.	1	»		
Levêque, propriétaire.	»		Charpie.	
Lobjois, propriétaire.	5	»		
Marais (Isidore).	»		Linge, 9 serviettes, 2 mouchoirs, 4 chemises, 1 drap.	
Marais (Jules).	»		Linge, 3 serviettes, 1 drap.	
Marie (veuve), propriétaire.	»		3 draps.	
Marie, propriétaire.	10	»		
Masselin.	5	»		
Masselin (veuve), propriét.	2	»		
Masselin (veuve).	5	»		
Mouchain.	5	»	Linge.	
Migault.	2	»		
Morel père, propriétaire.	5	»		
Mothe, épicier.	»		Linge.	
Nepveu et Cie.	10	»		
Nicoup.	1	»		
Notte	1	50		
Paillié.	1	»		
Parisot (veuve), propriétaire.	5	»	1 drap, 4 serviettes, linge.	
Perreau.	»		1 drap, 1 chemise.	
Pey, propriétaire.	3	»		
Pichard, propriétaire.	1	»		
Pigeon, adjoint.	5	»		
Piger.	1	»	Linge.	
Piret.	5	»		
Piret père, marchand de bois.	5	»		
Porcabœuf, mouleur.	»		Charpie.	
Rafin, propriétaire.	»		Charpie, linge, bandes.	
Rebardeau (veuve), propriét.	5	»		
Reflut (veuve), propriétaire.	5	»		
Roguet (le général).	25	»		
Rousseau (Mme).	»		Charpie.	
Saintard.	5	»		
Salmon, vicaire.	1	»		
Sebret.	5	»	1 chemise, linge.	
Soret père.	»		2 draps, linge, compresses.	
Soret (veuve), propriétaire.	»		Linge, 3 draps.	

NOMS, PRÉNOMS et professions DES DONATEURS.	DONS			DATE DE LA REMISE DES DONS à l'Intendance militaire
	EN ARGENT.		EN NATURE.	
	fr.	c.		
Speck, bottier.	2	»		NOTA. — Les dons en nature de la banlieue ont été remis à l'Intendance militaire les 25 avril et 20 juillet 1855. — Les dons en argent ont été versés à la caisse du Ministère de la guerre.
Tournier, employé.	»		Linge, bandes, charpie.	
TOTAL...	263	»		
Colombes.				
Anonymes.	195	75		
David (Mme), rentière.	»		Charpie, vieux linge.	
Delacroix (veuve), rentière.	»		Charpie, 6 draps, 1 nappe.	
Duval (veuve), propriétaire.	»		Vieux linge.	
Giraud (veuve), propriétaire.	»		4 draps, 2 caleçons, bandes, linge, charpie.	
Henné.	»		Charpie, compresses.	
Joly (Mme), mercière.	»		1 couverture, charpie, linge.	
Lebrun, manufacturier.	»		20,000 rations de conserves végétales.	
Menelotte, maire.	»		Serviettes, vieux linge.	
Sœurs de la Providence (les).	»		Charpie.	
TOTAL...	195	75		
Courbevoie.				
Colombier (Mme).	»		Linge.	
Dejeaune, sergent de ville.	»		*Id.*	
Connaut, brocanteur	5	»	*Id.*	
Godon.	2	»		
Guth, tailleur.	10	»	*Id.*	
Rousselet.	»		*Id.*	
Sœurs des écoles.	»		Linge, charpie.	
Sœurs du pensionnat.	»		*Id.*, *id.*	
Vallet, concierge.	»		Linge.	
TOTAL...	17	»		
Courneuve (La).				
Arbelin, secrétre de la mairie.	1	»	Vieux linge.	
Bonneau.	»		*Id.*	
Bonneau, garde champêtre.	»		*Id.*	
Bordier, blanchisseur.	»		*Id.*	
Bordier.	»		*Id.*	
Cousin.	»		*Id.*	
Delagarde.	1	»	*Id.*	
Dour.	»		*Id.*	
Furier (veuve), bouchère.	»		*Id.*	
Hébrard.	2	»		
Lambert, instituteur.	»		*Id.*	
Mazier, adjoint.	5	»		
Poisson, propriétaire.	10	»	*Id.*	
Robequin, journalier.	»		*Id.*	
TOTAL...	19	»		

NOMS, PRÉNOMS et professions DES DONATEURS.	DONS EN ARGENT.		DONS EN NATURE.	DATE DE LA REMISE DES DONS à l'Intendance militaire.
			Drancy.	NOTA. — Les dons en nature de la banlieue ont été remis à l'Intendance militaire les 25 avril et 20 juillet 1855. — Les dons en argent ont été versés à la caisse du Ministère de la guerre.
Néant.				
			Dugny.	
	fr.	c.		
Amelin.	»		Bandes, compresses, charpie.	
Amelin (Louis), propriétaire.	»		Linge.	
Anaise (Mlle).	»		*Id.*	
Anonymes.	8	»		
Arnoult (Joseph).	»		*Id.*	
Audois (Michel).	»		*Id.*	
Audois.	»		*Id.*	
Bédu (Louis).	»		*Id.*	
Bellenot, propriétaire.	»		*Id.*	
Blesson (veuve).	»		Bandes, compresses.	
Boitel (veuve).	»		Linge.	
Boulot (Louis).	»		*Id.*	
Bourgeois (Emile).	»		*Id.*, charpie.	
Bourselet (Eugène).	»		*Id.*	
Bourselet (Ls), garde-champre	»		*Id.*	
Chalot, adjoint.	»		Bandes, compresses.	
Chatelain.	»		Linge.	
Chenu, menuisier.	»		Linge, charpie.	
Cretté de Palluel, propriétre.	»		2 couvertures de laine.	
Dardelle (Antoine), propriét.	»		Charpie.	
Delahaye (veuve).	»		Linge.	
Delamarre.	»		Charpie, bandes.	
Delaplace.	»		Linge.	
Delaplace, matelassier.	»		*Id.*	
Devaux.	»		*Id.*	
Devaux, instituteur.	»		Bandes, compresses, charpie.	
Devaux (André).	»		Linge.	
Devaux (Alexandre).	»		Linge, charpie.	
Devaux (Pierre).	»		Linge.	
Dubois, épicier.	»		Compresses.	
Foullou (veuve).	»		Linge.	
Foulon.	»		*Id.*	
Frascaty (veuve).	»		*Id.*	
Gautier.	»		*Id.*, charpie.	
Gilles (Louis).	»		1 drap, chemise.	
Labsolu (veuve).	»		Charpie.	
Labsolu (Virginie).	»		Serviettes, compresses.	
Lamay (Pierre).	»		Charpie, linge.	
Landry, marchand de suif.	»		Linge.	
Landry (Henri).	»		*Id.*	
Lassaut (Louis).	»		Bandes.	
Leblanc (Pierre).	»		Linge.	
Lerain.	»		Bandes, compresses.	
Liégeois, journalier.	»		Linge.	
Lorgnet, journalier.	»		*Id.*	
Maigret, journalier.	»		*Id.*	
Manuel, charron.	»		*Id.*, charpie.	
Michalon, épicier.	»		*Id.*	
Néhout (veuve).	»		*Id.*	
Neurdin.	»		*Id.*	
Neurdin père.	»		*Id.*	
Panlout.	»		*Id.*	
Passefort.	»		*Id.*	
Pècardat (Joseph).	»		Bandes, compresses.	
Pierre.	»		Linge.	

NOMS, PRÉNOMS et professions DES DONATEURS.	DONS EN ARGENT.		DONS EN NATURE.	DATE DE LA REMISE DES DONS à l'Intendance militaire.
	fr.	c.		
Racineux.	»		Linge.	NOTA. — Les dons en nature de la banlieue ont été remis à l'Intendance militaire les 25 avril et 20 juillet 1855. — Les dons en argent ont été versés à la caisse du Ministère de la guerre.
Redz, nourrisseur.	»		Charpie.	
Serrurier, brossier.	»		Compresses.	
Thiéquot, maire.	»		Linge, bandes, compresses, charpie.	
Trémery.	»		Linge.	
Trossu, cultivateur.	»		*Id.*	
Valantin, meunier.	»		Linge, charpie.	
Valentin.	»		Bandes, compresses.	
Vial (Claude).	»		Linge.	
TOTAL...	8	»		

Epinay.

Adam.	»		Linge.
Archambault, architecte.	5	»	
Aubert (veuve), propriétaire.	»		Linge et charpie.
Aubry (Evel.), cultivateur.	1	»	Linge.
Aubry (Henry), cultivateur.	»		*Id.*
Aubry (Jean), cultivateur.	50	»	Charpie.
Aubry (J.-J.-Phil.), cultivat.	2	»	Linge.
Aubry (Joseph), cultivateur.	»		*Id.*
Aubry (Louis), cultivateur.	1	»	*Id.*
Aumette, marchand de vins.	1	50	
Barbe (Vincent), cultivateur.	»		*Id.*
Barbier.	2	»	
Barrière, rentier.	»	50	
Baudot, cantonnier.	»		Charpie.
Baudouin, épicier.	2	»	Linge.
Bazile, cultivateur.	2	»	
Biffi, propriétaire.	1	»	
Bocquet fils, marchand de vins	1	50	
Boirbas, cultivateur.	»		Charpie.
Bonichon, boulanger.	2	»	Linge et charpie.
Boucher (veuve), cultivateur.	»		*Id.*
Boucher (veuve), cultivateur.	»		Linge.
Buisson, cultivateur.	50	»	*Id.*
Carlier, maire, propriétaire.	40	»	20 kil. 200 gr. de linge, charpie.
sa famille et ses locataires.	»		Bandes et compresses.
Chatelain, fruitier.	»	50	
Chevallier fils, cultivateur.	»	.	Linge.
Chey, perruquier.	»	50	*Id.*
Cheron, cultivateur.	1	»	
Choquel, fabricant.	10	»	
Choquenet, tailleur.	»	50	
Cirjean père et fils, rentier.	50	»	*Id.*
Coty, cultivateur.	1	»	Linge et charpie.
Coupery, propriétaire.	»		Charpie.
Cousin.	»	50	
Delion (Louis), cultivateur.	1	»	
Delion (J.-B.), peintre.	»		*Id.*
Delion, couvreur.	1	»	Linge.
Deneux (Jacques), cultivateur.	»		*Id.*
Deneux, gendre Lepage, cultiv.	»		Linge et charpie.
Deschamps (Alex.), cultivat.	»	50	*Id.*
Deschamps (Ant.), cultivat.	»		Linge et charpie.
Deschamps (Henri), cultivat.	»		Charpie.
Deschamps-Lemad frères, m[ds] de vins.	1	50	

NOMS, PRÉNOMS et professions DES DONATEURS.	DONS		DATE DE LA REMISE DES DONS à l'Intendance militaire.
	EN ARGENT.	EN NATURE.	
	fr. c.		
Deschamps (Maxim.), cultiv.	1 »	Linge et charpie.	NOTA. — Les dons en nature de la banlieue ont été remis à l'Intendance militaire les 25 avril et 20 juillet 1855. — Les dons en argent ont été versés à la caisse du Ministère de la guerre.
Deslouis, maçon.	1 »		
Desouches (G.), cultivateur.	»	Charpie.	
Doby fils.	1 »	Linge.	
Donon, cultivateur.	»	*Id.*	
Donon (Mlle), cultivateur.	1 »	*Id.*	
Drault.	» 50		
Drouin et Brossier, fabric.	10 »		
Dubois, marchand de vins.	2 »	Linge et charpie.	
Dubois (L.-H.), cultivateur.	1 »	Linge.	
Duchêne, cultivateur.	»	Linge et charpie.	
Duquesne, charpentier.	1 »	Linge.	
Falaise, épicier.	2 »	Charpie.	
Faron, marchand de vins.	1 »		
Feret, propriétaire.	»	Charpie.	
Feriet, maréchal.	» 50		
Fleury, cultivateur.	» 50		
Florentin, cultivateur.	1 »		
Fluvot, cultivateur.	»	Linge.	
Fontaine, charron.	1 »	*Id.*	
Fouet, employé.	» 50	Linge et charpie.	
Fournier (Louis), cultivat.	1 »		
Fournier père, cultivateur.	2 »		
Fournier (Toussaint), cultiv.	1 »	Linge.	
Fournier (veuve), cultivateur.	1 »	Linge et charpie.	
Frien, instituteur.	1 »	*Id.*	
Gaucher (Mme), rentière.	»	Charpie.	
Gaumond, menuisier.	2 »	Linge.	
Gorion (Léonce), cultivateur.	»	Linge et charpie.	
Goriot, cultivateur.	1 »		
Gosset, jardinier.	»	Charpie et bandes.	
Grandsart.	1 »		
Greblin.	»	Linge.	
Grimbard, cultivateur.	»	Charpie.	
Grasnier, cultivateur.	1 »		
Gayard, cultivateur.	1 »	Linge et charpie.	
Hamelin (Ch.-Louis), cultiv.	5 »	*Id.*	
Hamelin (Prosper), cultivat.	10 »		
Hennayer, fabricant.	10 »		
Hervy, meunier.	1 »	Charpie.	
Huart, cultivateur.	1 »		
Lacépède (comte) et sa famille, propriétaire.	15 »	Linge et charpie.	
Lachasse, marchand de vins.	1 »		
Landry, aubergiste.	» 50		
Laperlier (Auguste), cultivat.	»	Charpie et bandes.	
Laperlier (Louis), cultivateur.	»	Linge.	
Lapersonne, jardinier.	»	*Id.*	
Leclerc, buraliste.	1 »		
Lefèvre, fermier.	1 »		
Lefèvre (Adèle), propriétaire.	»	Charpie.	
Lefèvre (Alexandre), cultivat.	»	*Id.*	
Lefèvre (André), cultivateur.	»	*Id.*	
Defèvre fils, rentier.	3 »	*Id.*	
Lefèvre (J.-Ch.), cultivateur.	5 »	Linge et charpie.	
Lefèvre (Jacques), propriét.	1 »	Linge.	
Lefèvre (Jules), cultivateur.	»	*Id.*	
Lefèvre (Mélanie), cultivat.	1 »	1 drap.	
Lefèvre père, rentier.	3 »	Charpie.	
Lefèvre (veuve), propriétaire.	»	Linge.	
Lefèvre (Xavier), propriétaire	1 »	Charpie.	
Legros (Auguste), cultivateur.	»	Linge e tcharpie.	
Legros (Christophe), cultivat.	» 50		

NOMS, PRÉNOMS et professions DES DONATEURS.	DONS		DATE DE LA REMISE DES DONS à l'Intendance militaire.
	EN ARGENT.	EN NATURE.	
	fr. c.		
Legros (Elisa), cultivateur.	»	Linge et charpie.	NOTA. — Les dons en nature de la banlieue ont été remis à l'Intendance militaire les 25 avril et 20 juillet 1855. — Les dons en argent ont été versés à la caisse du Ministère de la guerre.
Legros (Isidore), cultivateur.	»	Linge.	
Legros (Julien), cultivateur.	»	*Id.*	
Legros (Lucien), cultivateur.	»	Charpie.	
Legros (Lucien), cultivateur.	» 50		
Legros (Maximil.), cultivat.	1 »		
Legros (J.-B.) père, cultivat.	1 »	Linge.	
Legros (veuve Bapt.), rentière	»	Charpie.	
Leguillon, rentier.	3 »	Linge.	
Lepage (Jean), cultivateur.	»	*Id.*	
Leroux, blanchisseur.	»	Charpie.	
Lhérault, propriétaire.	2 »		
Ligié, tonnelier.	» 50		
Louet, cultivateur.	»	Linge.	
Malet.	1 »	*Id.*	
Manceau (veuve), propriét.	»	*Id.*	
Maregnier, jardinier.	1 »		
Marin, cultivateur.	2 »		
Massé.	1 »		
Mathieu, teinturier.	»	Charpie.	
Maurice, marchand de vins.	» 40		
Megros, cultivateur.	» 50		
Merot, propriétaire.	»	Linge et charpie.	
Mille, aubergiste.	2 »	Charpie.	
Mille (Isidore), cultivateur.	» 50		
Mille (Louis), cultivateur.	» 50		
Morel, épicier.	1 »		
Mortier.	»	Linge et charpie.	
Mulot, propriétaire.	»	Bandes et charpie.	
Noul (Désiré), cultivateur.	1 »		
Nourisson, blanchisseur.	»	Linge.	
Nourisson, blanchisseur.	1 »		
Paradis, rentier.	1 »	Linge.	
Parein, boucher.	10 »	*Id.*	
Pareint, jardinier.	1 »	Linge et charpie.	
Passard, rentier.	5 »		
Pastey, marchand de vins.	2 »		
Pastey (Adolp.), propriétaire.	3 »	Linge et charpie.	
Paychaud, cultivateur.	» 50		
Penot et Moulin.	»	Linge et charpie.	
Perrot, jardinier.	1 »		
Philibert (Etienne), perruq.	»	Charpie.	
Poirié, propriétaire.	5 »	Linge.	
Pontas aîné, propriétaire.	»	Charpie.	
Quetigny, maréchal.	1 50	*Id.*	
Quinzy, propriétaire.	»	*Id.*	
Renault, mercier.	» 40	*Id.*	
Rousseau (veuve), propriét.	»	*Id.*	
Segretin, cultivateur.	»	*Id.*	
Sez, teinturier.	»	Linge et charpie.	
Signol, menuisier.	» 50	*Id.*	
Soissons, tonnelier.	» 50		
Taboureur, propriétaire.	1 »		
Ternaux, garde-champêtre.	2 »	Charpie.	
Thiboud (Alex.), cultivateur.	3 »		
Thiboud (Jacques), cultivat.	1 »		
Thibout (Denis), cultivateur.	1 »		
Thibout (Henry), cultivateur.	1 »	Charpie.	
Thibout (Joseph), cultivateur.	1 »	*Id.*	
Thibout (Louis), cultivateur.	»	Linge et charpie.	
Thibout (M.), cultivateur.	1 »	Linge.	
Thibout (Tervie), cultivateur.	»	Charpie.	
Thibout (Xavier), cultivateur.	1 »		

NOMS, PRÉNOMS et professions DES DONATEURS.	DONS EN ARGENT.		DONS EN NATURE.	DATE DE LA REMISE DES DONS à l'Intendance militaire.
	fr.	c.		
Tillet, épicier.	1	»	Linge et charpie.	NOTA. — Les dons en nature de la banlieue ont été remis à l'Intendance militaire les 25 avril et 20 juillet 1855. — Les dons en argent ont été versés à la caisse du Ministère de la guerre.
Tillet (Martial), rentier.	3	»	Charpie.	
Thomas (Clément), cultivat.	1	»	Linge.	
Thomas (Xavier), cultivateur.	1	»	Charpie.	
Trolard, bourrelier.	1	»	*Id.*	
Trouillet, blanchisseur.	1	50		
Trouillet, cultivateur.	1	»		
Trouillet (Adolp.), cultivat.	»	50	Linge.	
Trouillet (Alexandre), cultiv.	»		Linge et charpie.	
Trouillet (Alphonse), cultiv.	»		Linge.	
Trouillet (Antoine), cultivat.	»	50	*Id.*	
Trouillet cadet, cultivateur.	5	»		
Trouillet-Lafrance, cultivat.	2	»	Linge.	
Trouillet (Louise), rentière.	»		Charpie.	
Trouillet (Médard), cultivat.	10	»	Linge et charpie.	
Tuleu, cultivateur.	»	50		
Valentin.	1	»		
Vignod (veuve).	»		Linge et charpie.	
Vignot, cultivateur.	»		Linge.	
Vondet, curé.	10	»		
TOTAL...	280	80		

Gennevillers.

Abée fils.	2	»		
Alexandrine (Mme).	1	»		
Allary, curé.	10	»		
Bellotte.	2	»		
Boissy (veuve).	1	»		
Bornât (Claude).	1	»		
Bourgeois.	2	»		
Bouvier.	1	»		
Bouville.	5	»		
Briffault (François).	»	50		
Briffault (Protais) père.	»	50		
Briffault (Honoré), cultivat.	»	50		
Briffault (Laurent-Eugène).	2	»		
Briffault (Pierre).	1	50		
Briffault (veuve Pierre).	1	»		
Carré, propriétaire.	10	»		
Cartier, propriétaire.	1	»		
Chabert, propriétaire.	10	»		
Christy (André).	1	»		
Christy-Epenard.	2	»		
Christy (Jean-Jacques).	1	»		
Clément.	1	»		
Compoint (Dieudonné).	»	50		
Compoint (Eugène), propriét.	»	50		
Compoint (Jean) père.	1	50		
Crépin (Fr.-Eug.).	5	»		
Crepin (Henry).	2	»		
Daniel (Henry).	5	»		
Daniel (Joseph).	1	»		
Darbonnens.	5	»		
Dassier, propriétaire.	100	»		
Decaux.	1	»		
Decaux (veuve).	»	50		
Debarme.	1	»		
Dequevauvilliers (Mme).	20	»		

NOMS, PRÉNOMS et professions DES DONATEURS.	DONS EN ARGENT.		DONS EN NATURE.	DATE DE LA REMISE DES DONS à l'Intendance militaire.
	fr.	c.		
Deslandes, propriétaire.	10	»		NOTA. — Les dons en nature de la banlieue ont été remis à l'Intendance militaire les 25 avril et 20 juillet 1855. — Les dons en argent ont été versés à la caisse du Ministère de la guerre.
Dezert (Denis).	2	»		
Dezert (Jean-Félix).	2	»		
Dezert (Jean-Jacques).	2	»		
Dezert (Jean-Jacques-Pierre).	1	»		
Dezert (Marie).	1	»		
Dezert (Marie-Joseph).	»	50		
Dezert (Paul).	2	»		
Diry, rentier.	1	»		
Doré.	»	50		
Dubaut, propriétaire.	1	»		
Durandet, maréchal.	»	50		
Fabre (Gabriel).	3	»		
Fontsauvage.	5	»		
Fricot.	1	»		
Frouard (Honoré).	»	50		
Frouard père.	1	»		
Garnier.	»	50		
Gaussier (Bernard).	1	»		
Gettras.	3	»		
Gillet (Adrien).	»	25		
Gillet (François).	1	»		
Gillet (Victor).	»	50		
Glorieux, rentier.	1	»		
Gracineau, boucher.	1	50		
Guiot.	1	»		
Guiot (Antoine).	»	50		
Guiot (René) fils.	»	50		
Guiot (René) père.	»	50		
Guiot (Réné-Victor).	»	50		
Hallard, boucher.	1	»		
Heurtier.	3	»		
Joly (Baptiste).	»	50		
Joly (Barthélemi).	1	»		
Joly (Barthélemi) fils.	»	50		
Joly (Charles).	»	50		
Joly (Joseph).	»	50		
Joret.	1	»		
Labaye (François).	»	20		
Labayie (Denis).	1	»		
Lacroix (Jacques).	1	»		
Lambert.	1	»		
Leclerc.	1	»		
Leduc (Jean-Louis).	»	50		
Lecouvreur, maire.	20	»		
Lefort (veuve), épicière.	1	»		
Lindenberger.	»	50		
Longuemard (veuve).	»	50		
Luley.	»	30		
Marin (François).	»	50		
Ménage (Elisa), blanchisseuse	»	50		
Ménage (François).	1	»		
Micoult (Joseph).	1	»		
Morsalève.	1	»		
Noblet (Félix).	»	50		
Noyete (veuve), rentière.	»	50		
Pain.	»	50		
Picard père.	5	»		
Poisson (Jasmin).	1	»		
Poisson (Jean-Pierre).	2	»		
Poisson (Louis).	5	»		
Poisson (Nicolas).	»	50		
Poisson (Vincent).	»	50		

NOMS, PRÉNOMS et professions DES DONATEURS.	DONS EN ARGENT		DONS EN NATURE.	DATE DE LA REMISE DES DONS à l'Intendence militaire.
	fr.	c.		
Poisson (veuve).	»	50		Nota. — Les dons en nature de la banlieue ont été remis à l'Intendance militaire les 25 avril et 20 juillet 1855. — Les dons en argent ont été versés à la caisse du Ministère de la guerre.
Poulet, blanchisseur.	1	50		
Retrou (Claude-Nicolas).	»	75		
Retrou (Claude-René).	2	»		
Retrou (Côme), cultivateur.	1	»		
Retrou (Jacques-Eloi).	»	30		
Retrou (Jacques-Laurent).	»	50		
Retrou (Vincent-François).	1	»		
Royer (Denis).	»	35		
Royer (veuve François).	»	25		
Royer (Mme Franç.-Georges).	2	»		
Royer (Hippolyte).	1	»		
Royer (Jacques-Denis).	1	»		
Royer (Jacques-Julien).	3	»		
Royer (Jean Jacques).	1	»		
Royer (Jean-Pierre).	1	50		
Royer (Jean-Pierre).	1	»		
Royer (Joseph).	2	»		
Royer (Pascal).	1	»		
Royer (Philippe-Pascal).	1	»		
Royer (Pierre-Victor).	»	50		
Thomas, charron.	»	50		
Tollu, propriétaire.	10	»		
Toupet, propriétaire.	5	»		
Trémier, propriétaire.	»	50		
Vanteclaye (Charles).	»	50		
Vanteclaye (Félix).	»	50		
Vanteclaye (Jean).	1	50		
TOTAL...	343	10		

Ile-Saint-Denis.

Abraham.	»	50		
Anonymes.	8	50		
Baloche journalier.	»	50		
Beunaiche.	1	»		
Bichard.	»	50		
Boulon.	1	»		
Bourgeois, marchand de vins	»	25		
Carré, marchand de vins.	»	20		
Chevalier (Aimable).	»	25		
Chevalier (Jean-Louis).	»	20		
Chevreton, journalier.	»	50		
Clément, meunier.	5	»		
Comte (Léon).	20	»		
Darme (Paul).	2	»		
David, marchand de vins.	1	»		
Descoings, adjoint.	15	»		
Descoins (Jean-Bapt.), pêch.	»	20		
Descoins (L.), march. de vins.	»	40		
Descoins (L.-Sim.), pêcheur.	»	10		
Devauchelle.	2	»		
Dubois (Adolphe).	»	10		
Dubois, jardinier.	1	»		
Emelie (Mlle), fleuriste.	»	30		
Foucart (Alexandre).	»	50		
Gilbert (Charles-Joseph).	»	50		
Gilbert (Guillaume).	»	10		
Gilbert (Jean-Baptiste).	»	50		

NOMS, PRÉNOMS et professions DES DONATEURS.	DONS			DATE DE LA REMISE DES DONS à l'Intendance militaire.
	EN ARGENT.		EN NATURE.	
	fr.	c.		
Havé, jardinier.	1	»		NOTA. — Les dons en nature de la banlieue ont été remis à l'Intendance militaire les 25 avril et 20 juillet 1855. — Les dons en argent ont été versés à la caisse du Ministère de la guerre.
Houssemaine (Julien).	»	30		
Jardin, marchand de vins.	»	15		
Jauzac, journalier.	»	30		
Jolly (Charles).	»	50		
Joly (Edme).	1	»		
Laurel, rentier.	2	»		
Lorin, garde-champêtre.	1	»		
Marcelin.	»	50		
Marson, maçon.	1	»		
Michel (Guillaume).	»	50		
Moulinot (Jean).	»	50		
Noblet (veuve).	»	50		
Pagel, maire.	20	»		
Péan (Vincent).	»	20		
Périn (veuve), march. de vins	1	»		
Renaudin, journalier.	1	»		
Roger (Joseph).	»	20		
Texier, menuisier.	»	50		
Tournier (Achille).	»	50		
Vallée aîné.	»	50		
Vallée (Auguste).	»	50		
Vanteclaye (Gabriel).	»	25		
Vanteclaye (Michel).	»	25		
Vanteclaye (Olivier).	»	50		
Warimer, propriétaire.	10	»		
TOTAL...	106	50		

Montmartre.

NOMS	fr.	c.	EN NATURE	DATE
Billet et autres.	10	»		
Blin, marbrier.	2	»		
Bronzès père, march. de vins.	2	»		
Corlieu.	2	»	4 paires de chaussett. de laine.	
Daubanton, propriétaire.	5	»		
Daurces père.	3	»		
Edouard.	2	»		
Girard, marbrier.	5	»		
Gouault, marbrier.	5	»		
Legrand, boucher.	3	»	Charpie.	
Legrand (Mme).	2	»	Linge.	
Legrand fils.	5	»	*Id.*	
Noël, marbrier.	1	»		
Porcheron, fruitier.	3	»		
Porcheron fils.	2	»		
Quetand, boulanger.	2	»		
Reither.	3	»	1 couverture de laine.	
Sauvage.	5	»		
Sergent, marchand de vins.	3	»		
Sillard (Mme).	3	»		
Supplice, boucher.	5	»		
Supplice (A.), boucher.	1	»	1 couverture de coton.	
Supplice (F.), boucher.	1	»	1 gilet de laine.	
TOTAL...	75	»		

NOMS, PRÉNOMS et professions DES DONATEURS.	DONS		DATE DE LA REMISE DES DONS à l'Intendance militaire.
	EN ARGENT.	EN NATURE.	
	Nanterre.		
	fr. c.		
Achille, maître maçon.	» 50		NOTA. — Les dons en nature de la banlieue ont été remis à l'Intendance militaire les 25 avril et 20 juillet 1855. — Les dons en argent ont été versés à la caisse du Ministère de la guerre.
Agneau (veuve).	1 »		
Amable.	2 »		
Anonyme.	» 10		
Aumont (Nicolas-Pierre).	» 50		
Aumont (veuve).	1 »		
Baillou, propriétaire.	2 »		
Ballard (Mme), marchande de volailles.	1 »		
Barbier (veuve), propriét.	5 »		
Barot (François).	1 »		
Barot (Hippolyte).	1 »		
Barrey.	1 »		
Barrot.	5 »		
Beaud.	20 »		
Beauvais (dame).	»	1 drap, vieux linge.	
Beauvais (Sylvain).	3 »		
Bellot (Jean-Louis).	2 »		
Bellot (Louis).	1 »		
Bellot père.	10 »		
Berne (André).	» 30		
Bernier (Pierre-Douré).	10 »		
Bernier (Pierre).	» 50		
Bernier (Henri).	1 »		
Bertrand.	»	Vieux linge.	
Billois (Mme).	» 50		
Blein.	2 »		
Boucher (Joseph).	2 »		
Boucher fils.	1 »		
Boucher père.	» 50		
Bourgoin, serrurier.	1 »		
Brard, maréchal-ferrant.	» 50		
Breau (veuve).	2 »		
Bricou, journalier.	1 »		
Bricout (Mme).	».	1 drap, une toile de matelas, vieux linge.	
Briou (G.-Harmand).	2 »		
Brulé.	» 50		
Bruyère fils.	2 »		
Bruyère père.	1 »		
Cardinaux.	1 »		
Carthery, cultivateur.	» 50		
Carthery (François).	2 »		
Carthery (Henry).	» 50		
Carthery (veuve).	3 »		
Catherine (demoiselle).	1 »		
Cellier (Pierre).	» 50		
Cellier (Pierre).	» 50		
Chabouret (Alfred).	» 50		
Chapelain (Dubois).	1 »		
Charpentier.	1 »		
Christy.	2 »		
Charreau.	» 50		
Clerdouet (Joseph).	5 »		
Conain (Alp.-Germain).	» 50		
Courcou, épicier.	3 »		
Court (François), curé.	5 »		
Courserand, propriétaire.	2 »		
Cuvillier (veuve).	1 50		
Daniel.	2 »		

NOMS, PRÉNOMS et professions DES DONATEURS.	DONS			DATE DE LA REMISE DES DONS à l'Intendance militaire.
	EN ARGENT.		EN NATURE.	
	fr.	c.		
Dardenne, propriétaire.	5	»	8 serviettes.	NOTA. — Les dons en nature de la banlieue ont été remis à l'Intendance militaire les 25 avril et 20 juillet 1855. — Les dons en argent ont été versés à la caisse du Ministère de la guerre.
Darly (François).	2	»		
David, nourrisseur.	1	»		
Davrancourt, rentier.	2	»		
Delahaye (Henri).	1	»		
Delahaye (Jacques).	1	»	1 couverture de laine, vieux linge.	
Delahaye (Jean-Félix).	2	»		
Delahaye (Jean-Louis).	1	»		
Delahaye (Jean-Pierre).	2	»		
Delahaye (veuve).	»		Vieux linge.	
Delahaye (Mme).	»	45		
Delarue.	»		*Id.*	
Denis (veuve).	»	90		
Dommergue, maréchal-ferr.	»	50		
Dumont.	1	»		
Dupiers.	1	»		
Dupont.	1	»		
Dusseaux (Claude).	2	»		
Duval.	»		Vieux linge.	
Duval (François).	1	»		
Duval (Jean).	2	»		
Faucher (Louis-Philippe.)	»	50		
Franceski (Jean).	1	»		
Frazier.	1	»		
Gaillet.	»		1 couverture de laine.	
Gambon (veuve).	2	»		
Gambon (Jean-Thomas).	2	»		
Gambon (Maurice).	1	»		
Gambon (Pierre).	1	»		
Garreau (Jean-Baptiste).	2	»		
Garreau (Nicolas).	2	»		
Gauthier (Maximilien-Pierre)	5	»		
Geoffroi (François).	»	25		
Germain.	3	»		
Gervais, rentier.	1	»		
Gillard (François).	1	»		
Girard (Félicien).	1	»		
Giroust aîné.	2	»		
Giroust (Jean-Louis).	1	»		
Giroust (Maurice).	1	»		
Giroust (Polène).	2	»		
Giroust (Polène aîné).	5	»		
Guillet.	2	»		
Icard, employé.	1	»		
Jacoté (veuve).	1	»		
Jacquemin.	5	»		
Jarié (François).	1	»		
Jauffret.	1	»		
Jullien (Mme)	2	»		
Laborie, propriétaire.	1	»		
Lafite.	2	»		
Lainé.	»	50		
Lapersonne (Mme).	»	50		
Laurent, toiseur.	1	»		
Lebon (veuve).	»	50		
Leclerc (Louis-François).	2	»		
Leclerc (Mme).	»		Linge.	
Lelong, propriétaire.	2	»		
Lemaître père.	1	»		
Lemaître (Félix).	3	»		
Lemaître (Jules).	5	»		
Lemaître (Thomas-Marin).	5	»		

NOMS, PRÉNOMS et professions DES DONATEURS.	DONS			DATE DE LA REMISE DES DONS à l'Intendance militaire.
	EN ARGENT.		EN NATURE.	
	fr.	c.		
Lenoble (veuve).	»	50		NOTA. — Les dons en nature de la banlieue ont été remis à l'Intendance militaire les 25 avril et 20 juillet 1855. — Les dons en argent ont été versés à la caisse du Ministère de la guerre.
Lointier (J.-B.-Félix).	1	»		
Louvier (Baptiste).	»	50		
Louvier (Jean-Louis).	2	»		
Mallet (Louis-Alexis).	1	»		
Mare (Mme), rentière.	»	50		
Marin (veuve).	1	»		
Maugin (Mme).	1	»		
Mévrel, propriétaire.	2	»		
Mollard (Eug.-Nicolas)	1	»		
Moncourant, propriétaire.	5	»		
Monier (Mme).	1	»		
Montaille.	»		Linge.	
Montaille père et fils.	10	»		
Moulin fils.	1	»		
Moussard (Jean).	1	»		
Muller (Jean).	1	»		
Nezot aîné.	1	50		
Nezot (François).	5	»		
Nezot (Louis-Laurent).	»	85		
Nezot (veuve).	10	»		
Nogaret (Mme).	15	»		
Nyon (Etienne).	5	»		
Odot (Jean-Baptiste).	»	50		
Paillot (André).	2	»		
Paillot (Pierre).	»	30		
Painvin, propriétaire.	10	»		
Petit.	2	»		
Picard (Thomas).	2	»		
Pierre (Louis).	»	50		
Plainchamp (J.-Jacques).	10	»		
Plainchamp (J.-Pierre).	1	»		
Plainchamp (Simon).	2	»		
Poignant, épicier.	2	»		
Ponté, propriétaire.	2	»		
Potel (Mme).	1	»		
Poupinet, épicier.	2	»		
Quindry père.	1	»		
Regnier (Jean-Nicolas).	»	50		
Richard (Antoine).	»	50		
Rigault (Jean).	1	»		
Rigault (Mme).	5	»		
Rotty (Bernard).	1	»		
Rotty (François).	3	»		
Rotty (Jean-Louis).	»	50		
Roulleau, charron.	3	»		
Rousseau, propriétaire.	5	»		
Sichard (Jean-Pierre).	1	»		
Simon (François).	2	»		
Simon (Jean-Louis).	1	»		
Simon (Louis).	1	»		
Surville.	5	»		
Taillefer.	2	»		
Thaunier (Mme).	1	»		
Thierry (veuve).	»	50		
Thomas père, propriétaire.	15	»		
Thomas (veuve), propriét.	10	»		
Timon (Jean-Louis-Fr.).	5	»		
Tramblé (Nicolas-Denis).	»	50		
Vanier (Aubin).	1	»		
Vanier (Jean-Baptiste).	1	»		
Vanier (Maurice).	1	»		
Vanier (Nicolas).	1	»		

NOMS, PRÉNOMS et professions DES DONATEURS.	DONS		DATE DE LA REMISE DES DONS à l'Intendance militaire.
	EN ARGENT.	EN NATURE.	
	fr. c.		
Vanier (Pierre).	» 50		NOTA. — Les dons en nature de la banlieue ont été remis à l'Intendance militaire les 25 avril et 20 juillet 1855. — Les dons en argent ont été versés à la caisse du Ministère de la guerre.
Vanier (Robert).	2 »		
Vavasseur (Jacques-Fr.)	5 »		
Vinet, propriétaire.	2 »		
Voitel père.	» 50		
Voltaire, rentier.	» 25		
Yvon, horloger.	»	3 paires de chaussettes, 1 gilet, 1 caleçon, compresses, bandes, linge.	
Yvon.	2 »		
TOTAL.......	404 90		

Neuilly.

A. B. (Mme).	»	Linge.	
Adèle (Mlle).	»	*Id.*	
Alexandre.	5 »		
Ancelle, maire.	30 »		
Andiau.	15 »		
Anonyme.	2 »	Linge.	
Id.	»	8 paires de chaussettes, 8 paires de chaussons.	
Id.	»	Charpie, bandes.	
Id.	»	Linge, charpie.	
Id.	»	*Id.*	
Id.	»	*Id.*	
Id.	»	Bandes, charpie.	
Id.	»	Charpie.	
Id.	»	Linge.	
Armingaud.	»	Bandes, compresses, charp.	
Arnoux.	»	Bandes, charpie.	
Aurilly (Mme).	»	Linge.	
Baliat.	20 »		
Barbaroux.	25 »		
Baucher (Produit d'une collecte).	33 »		
Belligg.	2 »		
Bellot (Mme).	5 »		
Berthier.	2 50		
Betoul (veuve).	» 50		
Bizon.	2 »		
Blaiseau.	»	Linge.	
Blanché, notaire.	»	2 gilets tricot de coton.	
Bodeau.	10 »		
Boivin.	1 »	Linge.	
Boniface.	»	Bandes, charpie.	
Bonnes de Mme Tilloy (les).	2 »		
Bonnet.	»	Linge.	
Born.	20 »		
Born (Albert).	1 »		
Bruny (Mme).	»	Linge.	
Cahague, commis.	1 »		
Camus.	»	*Id.*	
Carabasse.	1 »		
Castaing.	20 »		
Castillon.	»	Bandes, compresses, charpie.	
Ceincé (Mme).	»	Linge.	
Chaise (Mme).	»	Bandes, charpie, compress.	
Champeaux.	2 »		

NOMS, PRÉNOMS et professions DES DONATEURS.	DONS EN ARGENT.		DONS EN NATURE.	DATE DE LA REMISE DES DONS à l'Intendance militaire.
	fr.	c.		
Champigny.	»		Linge.	NOTA. — Les dons en nature de la banlieue ont été remis à l'Intendance militaire les 25 avril et 20 juillet 1855. — Les dons en argent ont été versés à la caisse du Ministère de la guerre.
Charpentier.	2	»		
Chassein.	»		Linge, 2 caleçons.	
Chatelet.	»		1 couverture, 1 cravate, linge.	
Chauveau.	»		Linge.	
Chauveau.	»		*Id.*, bandes.	
Chupein (Mme).	»		Compresses, bandes.	
Claudin, secrétaire de la mairie.	5	»		
Constant (Mme).	2	»		
Constant (Mme Manduit).	»		3 paires de chaussettes, 1 gilet, linge.	
Copel.	5	»		
Corion.	5	»		
Corion (Mme).	»		Linge.	
Coste (Mme).	»		Bandes, charpie.	
Couctin (Mme).	»		Vieux linge.	
Couré.	2	»		
Courtefoy (Mme).	5	»	Bandes, compresses.	
Courtot.	»		Linge.	
Dangée (Mme).	»		*Id.*	
Daraque.	20	»		
Debeau.	10	»		
De Bourge (Mme).	»		1 Drap.	
De Gouet.	10	»		
Deguel.	5	»		
Dehanne (Mme).	»		Linge.	
Delabarre.	5	»		
Delacroix (Mme).	»		Bandes, compresses.	
Delafontaine.	5	»		
Delamarre.	»		1 couverture, bandes, charp.	
Delaruelle.	10	»		
Deminière (Mme).	»		Linge, charpie.	
Denis.	1	»		
Deviercey.	1	»		
Dourlans, propriétaire.	10	»	Charpie.	
Dubois.	»		Linge.	
Dulud.	20	»		
Dumas, propriétaire.	10	»	2 draps, 6 serviettes, 25 bouteilles de Bordeaux, charpie, 2 caleçons tricot de cot.	
Dumas (Mlle), rentière.	3	»		
Dupressoir.	2	»	Linge.	
Duruflé (Mme).	»		*Id.*	
Ebener, commis.	»	50		
Employés de la maison du docteur Pinel.	38	»		
Fellonneau.	2	»		
Fernet, commis.	2	»		
Foubert, rentier.	10	»		
Foulard (Mlle).	1	»		
Fouquet.	»		Linge.	
François.	»		5 chemises.	
Frioux.	2	»		
Froment.	10	»		
Galmel.	5	»		
Gausser.	5	»		
George.	3	»		
Gérard (Mme).	»		Charpie.	
Germain mère, rentière.	3	»		
Godin.	25	»	2 draps.	
Godin (Jules).	2	»		
Gournot.	20	»		

NOMS, PRENOMS et professions DES DONATEURS.	DONS EN ARGENT.		DONS EN NATURE.	DATE DE LA REMISE DES DONS à l'Intendance militaire.
	fr.	c.		
Gouverne.	10	»		NOTA. — Les dons en nature de la banlieue ont été remis à l'Intendance militaire les 25 avril et 20 juillet 1855. — Les dons en argent ont été versés à la caisse du Ministère de la guerre.
Grisel, commis.	1	»		
Guerin (Mme).	»		Draps, couverture, bandes, serviettes,	
Guinan.	»		Charpie, bandes.	
Henry.	5	»		
Houillier.	10	»		
Hoursel fils.	5	»		
Hoursel père.	5	»		
Hue (Mme).	»		Linge, bandes.	
Jacquemont.	»		Bandes, charpie.	
Jourdain, pharmacien.	5	»		
Jourdain.	»		Linge.	
Julie (Mlle).	»		*Id.*	
Kellerhovens.	5	»		
Ladré (Mme).	»		Charpie.	
Laissus (Mme).	»		Linge.	
Lang (Mme).	»		*Id.*	
Lapostol.	2	50		
Larcher.	»		Linge, charpie.	
Lascour.	»		*Id.*	
Lebel (Mme).	»		Linge, bandes, 1 serviette.	
Leboucher.	»		4 paires de chaussettes, 4 draps.	
Lebruman.	»	50		
Lefèvre.	»		Charpie.	
Legrain.	2	»	Linge.	
Legrand.	»		*Id.*	
Lemarchand.	1	»		
Lepage.	5	»		
Lepage.	10	»		
Leroux.	2	»		
Levert.	5	»		
Lezaud.	»		Draps, couvertures.	
Liétard.	»		Charpie.	
Louet.	»		51 Serviettes.	
Louveau.	20	»		
Loyet, propriétaire.	10	»		
Lucas.	»		Linge.	
Magnien.	5	»	Charpie.	
Mailly. propriétaire.	5	»		
Margerie, rentier.	100	»		
Marie.	5	»		
Marin, propriétaire.	10	»		
Masse.	»		1 couverture, compresses, bandes.	
Mathias.	»		2 draps.	
Mathieu (Mme).	»		Linge.	
Mauduit.	2	»		
Mayeux (Mme).	»		Charpie.	
Mehoc (Mme).	»		Linge, 125 cigares.	
Menant, boucher.	30	»		
Michel.	»		Linge.	
Michel (Mme).	»		*Id.*	
Monpeur.	10	»		
Morel.	10	»		
Moreno.	5	»		
Moriès (Mme).	»		Linge.	
Nardin.	»		Charpie.	
Neuhans.	»		Linge, 1 couverture de coton.	
Ottle.	2	»		
Passelaigue.	3	»		
Penon.	1	»		

NOMS, PRÉNOMS et professions DES DONATEURS.	DONS EN ARGENT.		DONS EN NATURE.	DATE DE LA REMISE DES DONS à l'Intendance militaire.
	fr.	c.		
Perrière.	10	»	Bandes, compresses.	NOTA. — Les dons en nature de la banlieue ont été remis à l'Intendance militaire les 25 avril et 20 juillet 1855. — Les dons en argent ont été versés à la caisse du Ministère de la guerre.
Perrière (Mme).	»		*Id.*, *id.*	
Perrote.	5	»		
Petit (Mlle).	2	»		
Pierron.	10	»		
Pigeard.	10	»		
Pinel neveu.	10	»	6 couvertures, bandes, compresses, charpie.	
Plet.	10	»		
Poisson.	10	»		
Potereau.	2	»		
Poulain père.	20	»		
Rabouille.	3	»	Compresses, charpie.	
Rainouard, propriétaire.	10	»		
Roblot.	5	»		
Roland, propriétaire,	10	»		
Ronami.	»		Linge.	
Rouzé.	10	»		
Samson.	»		*Id.*	
Savré (Mme).	1	»		
Schalamultz.	5	»		
Schmitz (Mme).	»		Bandes.	
Semelaigne,	10	»		
Simonet et Martin (MMes).	»		Linge, couverture, bandes, charpie.	
Soyer, adjoint.	10	»		
Tezard, propriétaire.	2	»	1 couverture de laine.	
Thomain.	»		Linge.	
Thorés (Mme).	»		Linge, charpie, bandes.	
Tiessé.	»		Linge.	
Tilloy (Mme)	5	»		
Tirard.	»		30 bouteilles de vin.	
Verrier (Mlle).	3	»		
Veyrat, propriétaire.	10	»		
Villiers (Mme).	»		2 draps.	
Ytasse, adjoint.	10	»		
Ytasse fils.	10	»		
TOTAL....	951	50		

Noisy-le-Sec.

NOMS	fr.	c.		
Anonyme.	2	»		
Baltazard, propriétaire.	1	»		
Barry, marchand de vins.	3	»		
Bellanger, cantonnier.	»	25		
Bizet (Marguerite), cultivat.	1	»		
Blancheteau (A.-L.), cultivat.	2	»		
Blancheteau (Aug.), cultivat.	»	30		
Blancheteau *dit* Boivin, cultiv.	1	»		
Blancheteau (Casimir), cultiv.	»	50		
Blancheteau (vve cte d'Artois), cultivateur.	1	»		
Blancheteau (Donat), cultiv.	»	50		
Blancheteau (Et.-J.), cultivat.	1	50		
Blancheteau (Etiennette), cult.	»	50		
Blancheteau (Etienne), cultiv.	»	50		
Blancheteau (Et.-Lab.), cultiv.	2	»		
Blancheteau (Ferrant), cultiv.	»	50		
Blancheteau (Franç.), cultiv.	1	»		

NOMS, PRÉNOMS et professions DES DONATEURS.	DONS EN ARGENT.		DONS EN NATURE.	DATE DE LA REMISE DES DONS à l'Intendance militaire.
	fr.	c.		
Blancheteau (Franç.), cultiv.	1	»		NOTA. — Les dons en nature de la banlieue ont été remis à l'Intendance militaire les 25 avril et 20 juillet 1855. — Les dons en argent ont été versés à la caisse du Ministère de la guerre.
Blancheteau (Gust.), maçon.	»	25		
Blancheteau (J.-A.), cultivat.	1	50		
Blancheteau (J.-D.), cultivat.	»	80		
Blancheteau (J. P.), cultivat.	»	50		
Blancheteau (J.-Profils-Ch.), cultivateur.	2	»		
Blancheteau (Joseph), plâtrier.	»	50		
Blancheteau (L.-A.), cultivat.	1	»		
Blancheteau (L.-Ant.), rentier.	5	»		
Blancheteau (Louis), *dit* Brette cultivateur.	2	»		
Blancheteau (Luc.), cordonn.	»	50		
Blancheteau (veuve Magloire).	2	»		
Blancheteau (Médard), cultiv.	2	»		
Blancheteau (Parlem.), cultiv.	1	»		
Blancheteau (Paul), maçon.	»	50		
Blancheteau (P.-G.), cultiv.	2	»		
Blancheteau (P.-Ph.), cultiv.	1	50		
Blancheteau (P.-L.), cultivat.	»	50		
Blancheteau (v^ve Ros.), cult.	»	50		
Blancheteau, cultivateur.	»	30		
Bonnevalle (Jérôme), cultiv.	2	»		
Bonnevalle (Pierre), cultiv.	1	50		
Bonnevalle (veuve).	»	50		
Bonnevalle (Jean), rentier.	»	50		
Brocheton, cordonnier.	»	50		
Budor (Blaise), cultivateur).	»	50		
Budor (Denis), cultivateur.	1	»		
Budor (Etienne), cultivateur.	2	»		
Budor (J.-P.), ancien cultivat.	2	»		
Budor (J.-P.), propriétaire.	5	»		
Budor jeune, cultivateur.	1	»		
Boizot, garçon boulanger.	»	50		
Bureau (Etienne), cultivat.	1	»		
Bureau (Jean-Pierre), cultiv.	»	50		
Cagny, messager.	»	50		
Caillard (Jean), cultivateur.	»	30		
Caillard père, cultivateur.	»	50		
Cassagnade, buraliste.	»	50		
Casselin, facteur.	»	50		
Charton (Eugène), cultivat.	2	»		
Chauvel (v^ve Blaise), cultiv.	1	»		
Chauvel (Etienne), cultivat.	1	»		
Chauvel (Frédéric), cultivat.	1	»		
Cochu (Baptiste), cultivateur.	»	50		
Cochu (Denis), cultivateur.	1	»		
Cochu (Fr.-Nic.), nourrisseur.	2	»		
Cochu père (Gr.-Bl.), cultiv.	»	50		
Cochu fils (J.-Cl.), maçon.	1	»		
Cochu (Jean-Franç.), cultiv.	3	»		
Cochu (Jean-Jacq.), cultivat.	1	»		
Cochu (v^ve J.-L.), cultivat.	2	»		
Cochu (J.-P.-Titus), cultiv.	1	»		
Cochu (P.) père, cultivateur.	»	40		
Cochu (Pierre-Louis), cultiv.	5	»		
Colin (Antoine), rentier.	»		3 kilog. 300 gr. de vieux linge.	
Colson, fruitier.	»	50		
Cornu (veuve), journalière.	1	»		
Cottereau (Jean-Nic.), cultiv.	2	»		
Cottereau (L.-Jos.), cultiv.	2	»		
Damoiselet (Barthél.), cultiv.	1	»		
Damoiselet (Benj.), cultivat.	1	»		

NOMS, PRÉNOMS et professions DES DONATEURS.	DONS EN ARGENT.		DONS EN NATURE.	DATE DE LA REMISE DES DONS à l'Intendance militaire.
	fr.	c.		
Damoiselet (Charles), cultiv.	»	30		NOTA. — Les dons en nature de la banlieue ont été remis à l'Intendance militaire les 25 avril et 20 juillet 1855. — Les dons en argent ont été versés à la caisse du Ministère de la guerre.
Damoiselet (Constant), cultiv.	»	20		
Damoiselet (Jérôme), cultiv.	1	»		
Damoiselet (Louis), cultivat.	»	20		
Daniel (Germain), rentier.	»	50		
Dauquechin (J.-P.), cultivat.	1	»		
Davier, cultivateur.	1	»		
Delreville, perruquier.	»	50		
Délépine, maçon.	»	50		
Delinotte (veuve), aubergiste.	1	»		
Desfolies, meunier.	1	»		
Dhierre père, cultivateur.	»	40		
Dinault père, cultivateur.	»	50		
Dorval, cultivateur.	2	»		
Dorval (Placide), cultivateur.	2	»		
Dory (Gabriel), cultivateur.	»	50		
Dory (Germain), cultivateur.	»	50		
Doyen (Eugène), cantonnier.	»	50		
Durieu, marchand de pommes de terre.	»	50		
Durin, cultivateur.	1	»		
Durin, cultivateur.	1	»		
Durin (Auguste), cordonnier.	1	»		
Durin (v^{ve} Baptiste), propriét.	5	»		
Durin (Elisabeth), propriét.	»	50		
Durin (Daniel) fils, cultivat.	1	»		
Durin (Jean-Louis), cultivat.	1	»		
Durin (Jean-Marie), cultivat.	»	35		
Durin (Jean-Pierre), propriét.	1	»		
Durin (v^{ve} J.-P.), cultivateur.	2	»		
Durin (J.-L.-M.), propriétaire	3	»		
Durin (Olivier), cultivateur.	1	»		
Durin (veuve), rentière.	1	»		
Durin (v^{ve} Thomas), cultivat.	»	50		
Dubaut, rentier.	1	»		
Dubois, rentier.	1	»		
Duby, curé.	5	»		
Dumesnil père, march. de bois	2	»		
Duquesne (v^{ve}), march. de vins	1	»		
Espaullard (Alexis), cultivat.	»	50		
Espaullard (Blaise), cultivat.	»	50		
Espaullard (Charles), cultiv.	1	50		
Espaullard (Et.), cultivateur.	2	»		
Espaullard (Et.-Nic.), cultiv.	2	»		
Espaullard (J.-B.), cultivat.	»	50		
Espaullard (Jean), cultivat.	1	»		
Espaullard (Joseph), cultiv.	»	50		
Espaullard (Louis), cultiv.	1	»		
Espaullard (Louis), cultivat.	2	»		
Espaullard (Médéric), cultiv.	»	50		
Espaullard (Nicolas), cultiv.	2	»		
Espaullard (P.-P.), cultivat.	2	»		
Espaullard (veuve), cultivat.	1	»		
Ferret, marchand de vins.	»	50		
Fleury, journalier.	1	»		
François, garçon boulanger.	»	50		
Gambon, jardinier.	1	»		
Garin (P.) fils, journalier.	»	50		
Garioux, cultivateur.	»	50		
Godin (Louis), nourrisseur.	»	50		
Gouillard (Benoni), cultivat.	1	»		
Gouillard (Jean), cultivateur.	1	»		
Gregy (Ch.-M.-Th.), cultivat.	»	20		

NOMS, PRÉNOMS et professions DES DONATEURS.	DONS EN ARGENT.	DONS EN NATURE.	DATE DE LA REMISE DES DONS à l'Intendance militaire.
	fr. c.		
Gregy fils, cultivateur.	» 50		NOTA. — Les dons en nature de la banlieue ont été remis à l'Intendance militaire les 25 avril et 20 juillet 1855. — Les dons en argent ont été versés à la caisse du Ministère de la guerre.
Gregy (Jean-Louis), cultiv.	3 »		
Gregy (Jean-Louis), cultiv.	2 »		
Gregy (Louis) fils, cultivat.	1 »		
Gruzon (Joseph), cultivateur.	» 25		
Guillu, march. de faïence.	» 50		
Guiot, nourrisseur.	» 40		
Guyot (Denis), cultivateur.	» 50		
Guyot (Paul), et son gendre, cultivateurs.	» 50		
Hanotelle (Et.-J.-M.), cultiv.	1 »		
Hanotelle (veuve), cultivat.	» 50		
Hanotelle (veuve), cultivat.	» 50		
Hanotelle (Victor), tailleur.	1 »		
Hanotelle (Valentin), cultiv.	1 »		
Henry (Félix), cultivateur.	» 50		
Laureaux (veuve), cultivat.	1 »		
Lechoppier, cultivateur.	» 50		
Lechoppier (Paul), cultivat.	1 »		
Léchoppier (veuve).	» 50		
Lechoppier (veuve), cultivat.	1 »		
Lecomte (J.-P.), cultivateur.	» 50		
Lecomte (L.-Et.), cultivat.	1 50	1 kilog. 700 gr. de vieux linge.	
Lecomte (veuve), cultivateur.	» 40		
Lecomte (veuve), cultivateur.	1 »		
Ledoyen (Julien), maçon.	» 40		
Lejeune, cultivateur.	» 50		
Lepesteur, propriétaire.	2 »		
Lerebours (Michel), cultivat.	» 30		
Lime (Etienne), cultivateur.	5 15		
Lisière, march. de chevaux.	» 25		
Maheut (veuve Aug.), propr.	5 »		
Maheut (Couronné), cultivat.	1 »		
Maheut (Denis), cultivateur.	2 »		
Maheut (J.-M.), cultivateur.	1 »		
Malessart, cultivateur.	» 25		
Martin, cultivateur.	» 50		
Masson (Elie), cordonnier.	» 50		
Masson père, fruitier.	1 »		
Maumy, cultivateur.	1 »		
Mézière, couvreur.	» 50		
Mirbelle, menuisier.	1 »		
Moreau, porteur de sacs.	» 50		
Morin, journalier.	» 25		
Mornieux, propriétaire.	1 50		
Morvan, cantonnier.	» 20		
Mouquet père, march. de vins	1 »		
Nicolas (Amable), cultivat.	» 50		
Nicolas (Aug.), cultivateur.	2 »		
Nicolas (Denis), cultivateur.	2 »		
Nicolas (Denis-Marie), cultiv.	1 »		
Nicolas (Etienne), cultivat.	1 50		
Nicolas (Et.-Vinc.), propriét.	5 »		
Nicolas (François), cultivat.	» 50		
Nicolas (Germ.-Magl., cultiv.	1 »		
Nicolas (Hyp.), cordonnier.	» 50		
Nicolas (Jean-Louis), cultiv.	1 »		
Nicolas (Jean-Louis), cultiv.	» 40		
Nicolas (Jean-Louis), employé	» 50		
Nicolas (Jean-Pierre), cultiv.	2 »		
Nicolas (vve Lorrain), cultiv.	» 50		
Nicolas (Louis-Simon), cultiv.	1 »		
Nicolas (L.), *dit* Tan, cultiv.	1 »		

NOMS, PRÉNOMS et professions DES DONATEURS.	DONS EN ARGENT.		DONS EN NATURE.	DATE DE LA REMISE DES DONS à l'Intendance militaire.
	fr.	c.		
Nicolas (Pierroute), maçon.	»	50		NOTA. — Les dons en nature de la banlieue ont été remis à l'Intendance militaire les 25 avril et 20 juillet 1855. — Les dons en argent ont été versés à la caisse du Ministère de la guerre.
Nicolas (Toussaint), cultivat.	»	50		
Nicolas (vve Germ.), journal.	»	50		
Nicolas (veuve P.-M.), cultiv.	»	50		
Nicolas (Vincent), cultivat.	3	»		
Noyon, marchand de vins.	»	50		
Pascal, marchand de vins.	1	»		
Peigné père, cultivateur.	1	»		
Péronnet (veuve), cultivat.	1	»		
Poulet, tailleur.	1	»		
Poupart (veuve), rentière.	2	»		
Pourriel (veuve), épicière.	»	50		
Poutriel (Et.-Vinc.), cultiv.	1	»		
Quiant (Pierre), maçon.	2	»		
Renard, maçon.	»	25		
Rivage père, cultivateur.	»	50		
Rivage, cultivateur.	1	»		
Rivage, cultivateur.	»	50		
Rousseau (Henri), cultivateur.	2	»		
Roussel, cultivateur.	»	30		
Roussel, propriétaire.	1	»		
Simon (Emile), ex-boucher.	»	50		
Spire, maçon.	»	30		
Sus, officier de santé.	1	»		
Tassart, propriétaire.	10	»		
Thibaut, instituteur.	»	50		
Thory père, ancien boulang.	5	»		
Thory (Bernard), cultivateur.	1	»		
Touron (veuve), bouchère.	»	50		
Truelle (Mlle), dir. de poste.	1	»		
Vignot (Alexandre), cultivat.	»	50		
Vignot (Michel), cultivateur.	»	20		
Vignot père, cultivateur.	1	»		
Vignot (Pierre), maçon.	1	»		
Vincent (Jean-Denis), maréch.	»	50		
Voisin (Médard), cultivateur.	»	50		
TOTAL...	272	55		

Pantin.

NOMS, PRÉNOMS et professions DES DONATEURS.	DONS EN ARGENT.		DONS EN NATURE.	DATE
Alexandre, curé.	5	»		
Auger, maire.		»		
Augereaux, propriétaire.		»		
Benard.		»		
Bernard.		»		
Bonhomme (veuve).	5	»		
Boucher (veuve).	5	»		
Callé.	»		Bandes, charpie.	
Carré.	1			
Chaudé.	1	»		
Chauvière, propriétaire.	10	»		
Damouville.	2	»		
Damour, propriétaire.	3	»		
Dargent, propriétaire.	5	»		
Demarquey, comm. de police.	5	»		
Demars (Louis).	1	»		
Denoyal.	1	50		
Desbuttes, propriétaire.	2	»		
Desmarest, propriétaire.	2	»		

NOMS, PRÉNOMS et professions DES DONATEURS.	DONS			DATE DE LA REMISE DES DONS à l'Intendance militaire.
	EN ARGENT.		EN NATURE.	
	fr.	c.		
Devers.	2	»		NOTA. — Les dons en nature de la banlieue ont été remis à l'Intendance militaire les 25 avril et 20 juillet 1855. — Les dons en argent ont été versés à la caisse du Ministère de la guerre.
Dewailly, propriétaire.	»		4 paires de chaussettes, bandes, charpie, compresses.	
Domard aîné, propriétaire.	3	»		
Domard fils.	1	»		
Durand, propriétaire.	3	»		
Epaulard (veuve).	1	50		
Etienne, bottier.	2	»		
Falempin, employé.	2	»		
Faquet, adjoint.	5	10		
Fillet, propriétaire.	»		Bandes, charpie, 1 gilet, 1 caleçon.	
Fromage.	3	»		
Gaye (Simon).	3	»		
Hamel (Jean).	4	»		
Hamel (Roger).	2	»		
Hellwig (Henry).	3	»		
Janin.	»	40		
Kromm.	1	50		
Langlois (Louis).	2	»		
Langlois (Toussaint).	»	50		
Lecolley.	1	50		
Lecouteux (veuve), rentière.	1	»		
Legras, propriétaire.	5	»		
Levallois.	2	»		
Leveau.	2	»		
Longchamps (vve), propriét.	3	»		
Lureau (Gabriel).	1	»		
Maignan.	3	»		
Mauger, employé.	2	»		
Médal, boulanger.	»		Bandes, charpie, compresses.	
Monnier.	3	»		
Moulignier.	2	»		
Mourlot, propriétaire.	»		Bandes, charpie.	
Ourselle, adjoint.	5	»	Bandes, charpie, compresses.	
Pamart.	1	»		
Renault.	1	»		
Renoult.	5	»		
Rochet.	25	»		
Rose (Pierre).	2	»		
Rouveau, cultivateur.	1	»		
Rouveau (Jacques).	1	50		
Simon, employé.	»	50		
Teste (Mme).	»		1 couverture de laine.	
Thubeuf, propriétaire.	5	»		
Veuve (une).	»		Bandes, charpie.	
Viard, propriétaire.	3	»		
Voirin, propriétaire.	3	»		
Wetter.	1	50		
TOTAL...	182	50		

Passy.

Abonnés du café de la Terrasse	47	75		
Alibert.	10	»		
Amavet.	5	»		
Amiet.	»		1 drap.	
Anonyme.	12	»		
Id.	»		Linge, charpie.	

NOMS, PRÉNOMS et professions DES DONATEURS.	DONS EN ARGENT.		DONS EN NATURE.	DATE DE LA REMISE DES DONS à l'Intendance militaire.
	fr.	c.		
Anonyme.	»		Linge, 1 manteau imperméable.	NOTA. — Les dons en nature de la banlieue ont été remis à l'Intendance militaire les 25 avril et 20 juillet 1855. — Les dons en argent ont été versés à la caisse du Ministère de la guerre.
Id.	»		2 couvertures.	
Id.	»		2 paires de chaussettes.	
Id.	»		Linge, charpie.	
Autesserre.	20	»		
Bauvais.	»		Linge, 3 couvertures.	
Beljame.	»		1 couverture de laine.	
Benoit du Rey.	20	»		
Binay.	10	»		
Blosseau.	»		Linge.	
Bouchot.	5	»		
Boudier père.	2	»		
Boudin (veuve).	»		Charpie.	
Boudsocq.	5	»		
Calando.	»		Linge et effets.	
Camus, coiffeur.	3	»		
Caron (Mme).	20	»		
Carmouche (Mme).	10	»		
Casserat (Mme).	»		1 couverture.	
Celina (Mlle).	1	50		
Constantin (Mme).	10	»		
De Birague.	»		Linge, charpie.	
Dècle.	5	»		
Defer.	»		1 couverture, 2 caleçons.	
De Giresse (baron).	100	»	Charpie.	
Desjardins.	»		1 couverture.	
Domis (veuve).	5	»		
Dorn.	»		Linge et charpie.	
Doyer (Mme).	5	»	*Id.*	
Dumaine (Mme).	»		Linge.	
Dumouchel.	10	»		
Dupuis-Gauthier.	10	»		
Feau-Béchard père.	10	»		
Fraix (Mme).	40	»		
Genoud, propriétaire.	»		Linge.	
Godefroy (Mme).	»		Charpie.	
Grosjean.	1	50		
Guignard (Simon-Sylvain).	10	»		
Guy.	20	»		
Jacquet.	10	»		
Labbé.	»		Linge, bandes, charpie.	
Lambert (Mme).	2	»		
Lartigue.	20	»		
Lebeau.	5	»		
Leleu.	10	»		
Leriche.	10	»		
Lhuilier.	10	»		
Marcou.	5	»		
Marcy père.	»		Linge.	
Menier (veuve).	100	»		
Merlin.	»		1 couverture de laine.	
Michaux (Mme).	»		Linge.	
Moisan.	»		*Id.*	
Pagnon.	10	»		
Poncet.	1	»		
Posoz, maire.	20	»		
Potrelle.	10	»		
Pradel.	5	»		
Raffaeli (Mme).	»		Linge.	
Rethel (Mme).	5	»		
Ronot.	10	»		
Roy.	40	»		

NOMS, PRÉNOMS et professions DES DONATEURS.	DONS EN ARGENT.		DONS EN NATURE.	DATE DE LA REMISE DES DONS à l'Intendance militaire.
	fr.	c.		
Sieulle.	5	»		NOTA. — Les dons en nature de la banlieue ont été remis à l'Intendance militaire les 25 avril et 20 juillet 1855. — Les dons en argent ont été versés à la caisse du Ministère de la guerre.
Souchier.	20	»		
Tapin.	»		Linge, charpie, 1 paire de chaussettes.	
Thiriet.	5	»		
Thomas (Mme).	2	»		
Thuillier (Mlle).	»		Linge, 1 couvre-pieds.	
Vaillant.	»		Linge, 1 couverture.	
Vincent, receveur.	5	»		
Vital, propriétaire.	10	»		
TOTAL...	717	75		

Pierrefitte.

NOMS	fr.	c.	EN NATURE	DATE
Anonymes.	20	30		
Basset.	5	»		
Beaugrand (Hilaire).	5	»		
Beaugrand (L.-J.-J.-B.).	5	»		
Beaugrand (Prosper).	1	»		
Beaugrand, serrurier.	1	»		
Bénard.	1	»		
Berthe (Augustin).	1	»		
Bressy.	10	»		
Bucher.	1	»		
Buffault.	3	»		
Chardine.	2	»		
Chatenay (Gervais).	1	»		
Chatenay (Joachim).	1	»		
Chatenay (Louis-Joseph).	5	»		
Chatenay (veuve).	1	»		
Chevalier.	5	»		
Conan.	5	»		
Cousin (Louis-Etienne).	1	»		
Danguy.	5	»		
Delacour.	2	»		
Delamare (J.-P.-V.).	1	»		
Deligne.	5	»		
Deperroi.	2	»		
Deschamps.	1	»		
Deulin aîné.	3	»		
Deulin fils.	1	»		
Ducerf (Jean-Pierre).	1	»		
Ducerf (Louis).	2	»		
Ducerf (Maxime).	4	»		
Duru.	1	50		
Dutrou.	5	»		
Emmanuel.	1	»		
Flamant.	2	»		
Flamant (Félix).	1	»		
Fleuret.	1	»		
Fontaine (veuve).	1	»		
Fromain (Baptiste).	1	»		
Garnier.	1	»		
Garreau.	3	»		
Gautier.	1	»		
Gillet.	1	50		
Gillet (Joseph).	1	»		
Gillet (Louis-Théodore).	1	»		
Grivelé (Rose).	1	»		

NOMS, PRÉNOMS et professions DES DONATEURS.	DONS			DATE DE LA REMISE DES DONS à l'Intendance militaire.
	EN ARGENT.		EN NATURE.	
	fr.	c.		
Gueret (veuve).	1	»		NOTA. — Les dons en nature de la banlieue ont été remis à l'Intendance militaire les 25 avril et 20 juillet 1855. — Les dons en argent ont été versés à la caisse du Ministère de la guerre.
Jourdain (Joseph).	1	»		
Lagneau (Honoré).	1	»		
Lavoie (veuve).	3	»		
Lechopier (Eloi).	2	»		
Ledoux.	5	»		
Leguillier aîné.	2	»		
Leguillier (Louis).	1	»		
Lejeune.	12	»		
Lemire (Alexandre).	1	»		
Lemire (Pierre-Nicolas).	1	»		
Mancelle (veuve).	1	»		
Mercery.	2	»		
Metas.	1	»		
Morin.	3	»		
Perrier (André).	1	»		
Perrier (Jean-Noël).	1	»		
Perrier (veuve).	1	»		
Pingre.	1	»		
Prevost père.	2	»		
Rickets.	20	»		
Rovillain (veuve).	2	»		
Stevens.	50	»		
Tissier.	5	»		
Tuleu (veuve).	1	»		
Vacquerie (veuve).	2	»		
Véron.	1	»		
Voinier.	1	»		
TOTAL...	259	30		

Pré-Saint-Gervais (Le).

Adam.	1	»		
Andrin.	»	50		
Appert.	»	50		
Arlot.	5	»		
Audiquet.	5	»		
Badeigts de Laborde (Mme).	2	»		
Bellot.	2	»		
Bigot.	5	»		
Boquillon (veuve).	1	»		
Boucot, propriétaire.	5	»		
Bouge, curé.	2	»		
Bourgeot.	»	50		
Bouton.	5	»		
Brillault.	2	»		
Bureau.	5	»		
Chalot.	»	50		
Champagne.	1	»		
Charpenay.	5	»		
Charpentier.	»	50		
Cheutin.	5	»		
Claude.	2	»		
Collement (Mme).	1	»		
Combe.	»	50		
Coquart.	»	50		
Cottin.	2	»		
Curie.	5	»		
Damour.	5	»		

NOMS, PRÉNOMS et professions DES DONATEURS.	DONS EN ARGENT. fr.	c.	DONS EN NATURE.	DATE DE LA REMISE DES DONS à l'Intendance militaire.
Defloreuville.	2	»		NOTA. — Les dons en nature de la banlieue ont été remis à l'Intendance militaire les 25 avril et 20 juillet 1855. — Les dons en argent ont été versés à la caisse du Ministère de la guerre.
De Ribaucourt.	5	»		
Desavie.	»	50		
Desrolles.	»	50		
Dory.	5	»		
Etard.	5	»		
Eveillard.	1	»		
Falempin.	»	50		
Gaudrin.	10	»		
Giron père.	5	»		
Guay.	2	»		
Husson.	5	»		
Jumel.	2	»		
Kroll, propriétaire.	4	»		
Lamy.	1	»		
Lansard.	5	»		
Leblanc.	10	»		
Leloutre.	1	»		
Leroy (veuve).	5	»		
Lhotel.	»	25		
Licent.	»		Vieux linge.	
Martin.	5	»		
Martin.	»		Charpie, bandes, compresses.	
Martin (Mlle).	2	»		
Martin (Gaspard).	»		Charpie, compresses.	
Martinet.	1	»		
Mascureau.	2	»		
Masselin.	»	50		
Meuriot.	2	50		
Méry.	1	»		
Nautre.	»	50		
Perrottet (veuve).	5	»		
Plainchamp.	2	»		
Pornain.	5	»		
Rabre.	1	»		
Rivière.	5	»		
Simonnot.	5	»		
Systermans.	5	»		
Thiry.	»	50		
Thullier.	2	»		
Tournois.	1	»		
Tournois fils.	1	»		
Van Truppen.	»		6 paires de chaussettes.	
Viltart, propriétaire.	5	»		
Vivent.	1	50		
TOTAL...	192	75		

Puteaux.

Noms	fr.	c.	En nature	Date
Abolard.	2	»		
Bachotet.	3	»		
Beau.	»		Charpie.	
Boissiaux.	»	50		
Borday.	»		Linge.	
Boucherot.	»		*Id.*	
Bourgault (Henri).	5	»		
Brenu fils.	»		3 chemises, 1 caleçon, 2 bonnets de coton, 1 pantalon, 1 képi, 1 camisole de coton, 2 gilets.	

NOMS, PRÉNOMS et professions DES DONATEURS.	DONS			DATE DE LA REMISE DES DONS à l'Intendance militaire.
	EN ARGENT.		EN NATURE.	
	fr.	c.		
Bichon.	5	»		NOTA. — Les dons en nature de la banlieue ont été remis à l'Intendance militaire les 25 avril et 20 juillet 1855. — Les dons en argent ont été versés à la caisse du Ministère de la guerre.
Célier et ses ouvriers.	10	»		
Chatard.	»		Linge.	
Coudray.	3	»		
Coudray fils.	2	»		
Davinière.	3	»		
Denise.	»		Vieux linge.	
Denozaret.	»		Charpie.	
Derne (Romain).	»		Linge, 1 paire de chaussettes.	
Filard (Mme).	5	»		
Fournier (Henri).	»		Bandes, charpie.	
Fuchs.	»		Charpie.	
Furbrunger.	10	»	Linge.	
Germe fils.	3	»		
Girme.	5	»	1 vieux drap.	
Godefroy (veuve).	3	»		
Gontant.	1	»		
Gresil.	1	»		
Gromet, adjoint.	10	»	Vieux linge.	
Grosheintz.	»		Linge, charpie.	
Guérin.	5	»		
Huché.	5	»		
Jamel fils.	»		Vieux linge.	
Jean (veuve).	5	»	Vieux linge, 2 draps.	
Jollivet.	»		5 paires de chaussettes.	
Labalette.	10	»		
Lamarre, vigneron.	»		Vieux linge.	
Langlossé (Mme).	»		Linge, bandes, charpie.	
Laplanche (Mme).	5	»		
Lebossé (Mlle).	5	»		
Lecocq aîné.	5	»		
Lecocq fils.	10	»		
Lecocq père.	10	»		
Lefaist.	»		Charpie.	
Legrand père.	5	»		
Legras.	5	»		
Lengende.	»		Linge, charpie.	
Léonard (Mme).	»		Bandes, charpie, compresses.	
Leseurre (Mme).	»		*Id.*	
Level.	1	»		
Levitre.	5	»		
Loyseleur.	10	»		
Lucotte (Mme).	»		Charpie.	
Lutz.	»		Charpie, bandes, linge.	
Mallet.	10	»		
Mars.	5	»		
Martin.	»	50		
Mayer, imprimeur.	1	»		
Mitochorlirk.	10	»	Linge.	
Mouchotte.	»		Charpie, 4 paires de chauss.	
Nezot (Alexandre).	»		Linge.	
Nezot (Joseph).	»		*Id.*	
Ott (Mme).	»		Linge, bandes, charpie.	
Ouvriers de M. Michel.	15	»		
Ouvriers de M. Gallien.	30	45		
Ouvriers de M. Soyer.	50	»		
Ouvriers de M. Godefroy	41	75		
Panay.	10	»		
Paté (Mme).	»		1 drap.	
Petit (Étienne).	5	»		
Pichard.	»		Linge.	
Pigne (Mme).	»		Linge, charpie.	
Prot.	5	»		

NOMS, PRÉNOMS et professions DES DONATEURS.	DONS		DATE DE LA REMISE DES DONS à l'Intendance militaire.
	EN ARGENT.	EN NATURE.	
	fr. c.		
Prot.	»	Charpie.	NOTA. — Les dons en nature de la banlieue ont été remis à l'Intendance militaire les 25 avril et 20 juillet 1855. — Les dons en argent ont été versés à la caisse du Ministère de la guerre.
Richard (Mme).	»	*Id.*	
Robin (Mme).	»	Charpie, bandes.	
Roger.	»	1 drap, linge, 1 chemise, 4 paires de chaussettes.	
Romonet.	2 »		
Roussel, manufacturier.	5 »		
Simiau.	»	30 bouteilles de bordeaux.	
Tambour.	»	Charpie.	
Thiébault.	»	*Id.*	
Virey (Joseph).	»	Linge.	
Zélie (Mme).	1 »		
TOTAL......	349 20		

Romainville.

Absil.	» 50		
Adam.	» 20		
Alexandre.	2 »		
Amblard.	» 25		
Arrighy.	1 »		
Aubin (Jean-Baptiste).	1 50		
Aubin (Romain).	» 60		
Aubin (veuve).	» 50		
Baillard.	» 50		
Balliffe.	3 »		
Bazin.	1 »		
Belin.	» 25		
Béluge.	» 50		
Berthe.	» 50		
Berthelot.	» 50		
Bidault.	» 30		
Bidault, pere	1 »		
Biérit.	1 »		
Blancheteau.	3 »		
Blancheteau (veuve).	» 50		
Boiron.	»	Vieux linge.	
Bonnard.	» 25		
Bonnin.	2 »		
Bordier.	2 »		
Borelle.	2 »		
Bossonge.	» 50		
Boudarias.	» 50		
Boullard.	1 »		
Bouret.	» 50		
Bureau.	» 30		
Carreau.	5 »		
Chaussez.	1 25		
Chaussez (Benjamin).	2 »		
Chaussez (François-Claude).	» 25		
Chaussez (Gabriel).	2 »		
Chaussez (Jean-Claude).	» 50		
Chaussez (Louis-Blaise).	» 25		
Chevallier.	» 25		
Chevalier (Charles).	» 50		
Chevalier (Pierre-Charles).	2 »		
Collet.	» 20		
Cornu.	6 »		
Coudert	1 »		

NOMS, PRÉNOMS et professions DES DONATEURS.	DONS		DATE DE LA REMISE DES DONS à l'Intendance militaire.
	EN ARGENT.	EN NATURE	
	fr. c.		
Daniel.	20 »		NOTA. — Les dons en nature de la banlieue ont été remis à l'Intendance militaire les 25 avril et 20 juillet 1855. — Les dons en argent ont été versés à la caisse du Ministère de la guerre.
Dargent (Antoine-Joseph).	5 »		
Dargent (Augustin).	2 »		
Dargent (dit Cardinal.)	1 »		
Dargent (Charles).	» 50		
Dargent (Réunion).	» 25		
Dargent (Denis).	1 »		
Dargent (Germain).	1 »		
Dergent (Joseph-Pierre).	5 »		
Dargent (Jean-Pierre).	» 25		
Dargent (Jean-Pierre-Marie).	1 »		
Dargent (Louis-Edme),	5 »		
Dargent (Louis-Prosper).	2 »	Linge.	
Dargent (Marie-Alexandre.).	1 »		
Dargent (Maurice).	2 »		
Dargent (Paul-Denis),	5 »		
Dargent (Simon).	1 »		
Dargent (Simon-Pierre).	1 »		
Debret.	5 »		
Deflandre.	1 »	Vieux linge.	
Deflandre (veuve).	2 »		
Degroof.	1 »		
Demoget.	» 50		
Derain.	3 »		
Deroye.	10 »		
Desaintgermain.	5 »		
Desforges.	» 50		
Desozier.	1 »		
Desvaux (Adrien).	»	Linge, charpie.	
Devains.	1 »		
Domeau.	5 »	Linge.	
Dory.	» 50		
Dory (François).	» 30		
Dory (Jean-Jacques).	» 20		
Dory (Jean-Louis).	» 50	Linge.	
Dory (veuve).	» 50		
Douillon (veuve).	» 50		
Dubray.	5 »		
Duflit (veuve).	2 »		
Dupont.	5 »		
Durin.	» 50		
Étienne.	2 »		
Eve (Blaise).	» 50		
Eve (François).	» 50		
Eve (Hyppolite-Joseph).	» 50		
Eve (Honoré).	2 »		
Eve (Jean-Baptiste).	» 25		
Eve (Jean-Louis).	2 »		
Eve (Jean-Romain).	1 »		
Eve (Louis).	1 »		
Eve père	3 »		
Eve (Louis-Gervais).	5 »		
Faucheur.	» 20		
Faure.	1 »		
Faure (Antoine-Pierre).	4 »		
Fontaine.	1 »		
Fournier.	» 25		
Frapier.	2 »		
Gantois.	» 50		
Gantois père.	» 50		
Gauthie (veuve).	»	Linge.	
Gazagne	2 »		
Genest.	1 »		

NOMS, PRÉNOMS et professions DES DONATEURS.	DONS			DATE DE LA REMISE DES DONS à l'Intendance militaire.
	EN ARGENT.		EN NATURE.	
	fr.	c.		
Geret (veuve).	2	»		NOTA. — Les dons en nature de la banlieue ont été remis à l'Intendance militaire les 25 avril et 20 juillet 1855. — Les dons en argent ont été versés à la caisse du Ministère de la guerre.
Germain.	»	50		
Germain Villain (Mlle).	1	»		
Gilles.	2	»		
Glatigny (Mlle).	»	50		
Cohin.	»	50		
Gravelin.	»	50		
Guillemot.	»	20		
Hamon.	»	50		
Hersant, maire.	20	»	Charpie.	
Hobbec (veuve.)	2	»		
Hude (Étienne).	3	»		
Joubert (Jean-Baptiste).	»	50		
Jourdan.	»	50		
Jund.	2	»		
Laligand.	1	»		
Larchet.	»	50		
Laureau.	»	25		
Laureau (Auguste).	»	50		
Lebat.	10	»		
Lecomte (veuve).	»	25		
Lecouteux.	5	»		
Lecouteux.	»	50		
Lecouteux (Adolphe),	1	»		
Lecouteux (Alexandre).	1	»		
Lecouteux (Charles-Denis).	5	»		
Lecouteux (Claude).	1	»		
Lecouteux (Gabriel).	»	50		
Lecouteux (Gervais).	»	50		
Lecouteux (Jacques-Louis).	1	»		
Lecouteux (Jean-Nicolas).	»	50		
Lecouteux (Jean-Romain).	1	»		
Lecouteux (Louis-Victor).	1	»		
Lecouteux (Major).	1	»		
Lecouteux (veuve).	1	»		
Lepine.	»	50		
Leroy.	1	»		
Lierville.	1	»		
Lonquerre.	2	»		
Lormeau.	1	»		
Mariage.	»	50		
Martin (veuve).	1	»		
Mathieu.	»	50		
Menestrier.	»	50		
Merles.	»	50		
Meunier.	»	50		
Minard.	1	»		
Mutin.	»	50		
Noël.	2	»		
Parisse.	2	»		
Paucoulay.	»	50		
Pavard.	2	»		
Pecoit.	»	50		
Pelletier.	»	50		
Pelissier.	»	50		
Perronneau.	2	»		
Petitmarc.	1	»		
Pigeon.	»	50		
Pontrieux.	5	»		
Poulain.	»	50	Compresses.	
Recouvreur.	»	25		
Regnault, secrét. de la mairie	5	»		
Richard, adjoint.	10	»		

NOMS, PRÉNOMS et professions DES DONATEURS.	DONS EN ARGENT.	DONS EN NATURE.	DATE DE LA REMISE DES DONS à l'Intendance militaire.
	fr. c.		
Richard (Magloire).	2 50		NOTA. — Les dons en nature de la banlieue ont été remis à l'Intendance militaire les 25 avril et 20 juillet 1855. — Les dons en argent ont été versés à la caisse du Ministère de la guerre.
Richy.	» 50		
Rigale (veuve).	» 50		
Rivage.	» 50		
Rivage (Blaise-Louis).	» 50		
Rodier.	» 25		
Roux.	5 »		
Saguet (François).	»	Linge.	
Saiteran.	1 »		
Sallamagne.	2 »		
Serres.	10 »		
Simon.	» 50		
Sœurs de la Providence.	5 »		
Thierry.	1 »		
Thierry (veuve).	» 50		
Trotin.	» 50		
Trotin (Charles-Germain).	2 »		
Trotin (Charles-Philippe).	» 50		
Trotin (Martin-Jean).	5 »		
Vassout (Charles-Pascal).	10 »		
Vassout (Germain).	2 »		
Vassout (Jean-Baptiste).	2 »		
Vassout (Jean-Baptiste).	» 25		
Vassout (Jean-Pierre).	» 25		
Vassout (Pascal).	» 25		
Vassout (Vincent).	1 »		
Vauder Postin.	» 50		
Vibert.	» 50		
Villain.	2 »		
Vivien.	1 »		
Volant (veuve Claude).	5 »		
Volant (Jacques).	1 »		
Volant (Jacques-Louis).	1 »		
Volant (veuve).	» 50		
Wermiler.	1 »		
Ythier (veuve).	»	Charpie, compresses, bandes.	
TOTAL......	300 »		

Saint-Denis.

NOMS	EN ARGENT	EN NATURE	DATE
Abt.	20 »		
Anonyme.	»	2 gilets de flanelle.	
Id.	5 »		
Ambroise.	»	Charpie.	
Amette.	»	Linge.	
Amette.	»	*Id.*	
Anciau.	»	*Id.*	
Angely.	»	*Id.*	
Asseline (Mlle).	»	*Id.*	
Audigé	1 »		
Audray.	»	Linge, charpie.	
Aurore (Mlle).	»	*Id.*	
Bachelard.	»	*Id.*	
Bacquet.	»	Linge, charpie.	
Bailiat.	10 »		
Barat.	2 »		
Basset.	»	Linge.	
Baudoux.	5 »		
Baufre.	1 »		

NOMS, PRÉNOMS et professions DES DONATEURS.	DONS EN ARGENT. fr.	c.	DONS EN NATURE.	DATE DE LA REMISE DES DONS à l'Intendance militaire.
Baury.	»		Linge.	NOTA. — Les dons en nature de la banlieue ont été remis à l'Intendance militaire les 25 avril et 20 juillet 1855. — Les dons en argent ont été versés à la caisse du Ministère de la guerre.
Bauveau.	»	50		
Baveret.	10	»		
Bazin.	»		Linge, charpie.	
Belfoy.	»		2 couvertures de laine.	
Bertrand.	»		Linge, charpie.	
Besley.	1	»		
Bethmont.	»		Compresses, bandes, charpie	
Beunier, propriétaire.	1	»		
Blanchard.	3	»		
Blanchard.	»		Linge, charpie.	
Blois.	»		Charpie.	
Bocquet et Poisson.	»		Charpie, linge.	
Boiegeol.	»		Linge.	
Boîteau,	»		*Id.*	
Bonamy.	»		*Id.*	
Bonnevie.	2	»		
Bonteau.	»		Linge, compresses.	
Boucher.	»		*Id.*	
Boulingre.	»		10 gilets de flanelle, bandes, draps.	
Bouquillon (veuve).	»		Charpie.	
Bourdin.	»		Charpie, linge, bandes.	
Bourgeois.	»		Linge.	
Bourgeois Desmet et Cie.	20	»		
Bourgeot (veuve).	»		Linge.	
Boutroué.	»		*Id.*	
Brachet.	»		Linge, charpie.	
Braudeht.	2	»		
Brechon (Simon).	3	»		
Breffort.	5	»		
Brenu.	1	»		
Briére.	»		Charpie, bandes.	
Brière.	»		Charpie, bandes, compresses	
Broisse Thevenin.	»		*Id.*	
Broquet.	»		1 Couverture, 11 paires de chaussons, deux paires de chaussettes, 5 chemises, 1 paire de gants.	
Brunet.	1	»		
Cadot.	»		Charpie.	
Cadot (veuve).	»		Linge.	
Camus.	»		*Id.*	
Carlin.	»		*Id.*	
Carlin.	»		Linge, charpie.	
Cauchois.	»		*Id.*	
Cavet.	2	»		
Cellier.	»		Linge.	
Champreux.	»		Linge, charpie.	
Chaudon.	»		*Id.*	
Chapitre impér. de S.-Denis.	»		30 couvertures de laine.	
Chappé.	»		Linge.	
Chapuis.	1	50		
Charbonnier.	2	»		
Charles.	2	»		
Chatelier.	»	50		
Chaube.	»		Linge.	
Chaumet.	5	»		
Chauvin.	»		Linge.	
Chevalier.	»		Linge, charpie.	
Chevreton (Joseph).	»		*Id.*	
Chille.	1	»		
Choinel.	»		Linge, 1 couverture de coton.	

NOMS, PRÉNOMS et professions DES DONATEURS.	DONS EN ARGENT.		DONS EN NATURE.	DATE DE LA REMISE DES DONS à l'Intendance militaire.
	fr.	c.		
Choquel.	»		2 draps, 6 couvertures, 5 kilogr. de chocolat.	NOTA. — Les dons en nature de la banlieue ont été remis à l'Intendance militaire les 25 avril et 20 juillet 1855. — Les dons en argent ont été versés à la caisse du Ministère de la guerre.
Clausier (veuve).	»		4 Chemises.	
Cochu.	»		Linge.	
Collin.	»		*Id.*	
Constant.	1	»		
Corbin (veuve).	»		Linge.	
Cordeil.	»		2 couvertures de laine.	
Cordelle.	»		3 paires de chaussettes.	
Cosnard.	»		Bandes, compresses.	
Couchet.	1	»		
Couesnon.	1	50		
Courteaux.	2	»		
Courtois (Mme).	»		Linge, charpie.	
Cousin.	»		*Id.*	
Cousin.	2	»		
Couturier.	»		1 couverture, 2 draps, 2 chemises, bandes, charpie.	
Couturier (David).	»		Linge.	
Crevoisier père.	1	»		
Crevoisier père et fils.	»		Linge, charpie.	
Cuvillier.	»		*Id.*	
Cuvillier.	»		*Id.*	
Dalleme.	5	»		
Dalleret.	5	»		
Dames de la Compassion.	»		Linge, compresses, bandes, charpie.	
Danré.	»		3 couvertures de laine.	
Daranie.	»		1 couverture, 2 draps, 18 serviettes.	
Darras.	10	»		
Darnot.	20	»		
Davenne.	»		Linge.	
Davenne.	5	»		
David.	»		Charpie.	
Davoust.	»		3 draps.	
Debove.	»		Linge, charpie.	
Decaves.	»		*Id.*	
Dejardin.	»		*Id.*	
Delahaye.	»		*Id.*	
Delarue (veuve).	»		Charpie.	
Delavaye.	»		Linge.	
Deleutiel.	5	»		
Delhomme.	10	»		
Deligny (veuve).	1	»		
Deneux.	2	»		
Deschamps.	5	»		
Descoings.	»		3 couvertures de laine, charpie, bandes, compresses, 12 paires de chaussettes.	
Deseaux.	»		Linge, charpie.	
Désir (Mlle).	»		*Id.*	
Desmarest.	»		*Id.*	
Desmarest.	5	»		
Desterbere.	1	»		
De Valicourt.	»		Linge.	
Devinoy.	»		*Id.*	
Devouge.	1	»		
Didier.	»		Linge.	
Douville.	»		*Id.*	
Driessens.	»		Charpie.	
Drouard.	50	»		
Drouet.	»		Linge.	

NOMS, PRÉNOMS et professions DES DONATEURS.	DONS EN ARGENT. fr.	c.	DONS EN NATURE.	DATE DE LA REMISE DES DONS à l'Intendance militaire.
Dubois.	»	50		NOTA. — Les dons en nature de la banlieue ont été remis à l'Intendance militaire les 25 avril et 20 juillet 1855. — Les dons en argent ont été versés à la caisse du Ministère de la guerre.
Dudouit.	»		Linge.	
Duhamel.	2	»		
Duhout.	»		Linge.	
Dumas.	»		Charpie.	
Dumay.	»		Linge.	
Dumay.	5	»		
Dupont.	»		Linge.	
Dupont (veuve).	»		Linge, charpie.	
Durand.	»		*Id.*	
Duru.	»		Linge	
Dutour.	»		*Id.*	
Dutour.	»		*Id.*	
Duval.	»		Bandes, compresses.	
Duval.	»		Linge.	
Duval (Mme veuve), rentière.	»		Linge, charpie, 6 paires de chaussettes.	
Écoles commun. (Ouvroirs).	»		Charpie.	
Empis.	7	»		
Enck.	2	»		
Ernis.	»		Linge.	
Étienne.	»		*Id.*	
Évrard.	»		Linge, charpie.	
Farnier.	»		*Id.*	
Faugeas.	»		*Id.*, *id.*	
Faupin.	1	»		
Ferret.	»		Linge.	
Fayau.	»		*Id.*	
Flèche.	1	»		
Fleurin.	»		Linge, charpie.	
Fleury.	»		Linge, bandes.	
Florent.	»		*Id.*	
Fœderer.	3	»		
Fontaine.	5	»		
Fontaine.	»		Linge.	
Fradet (veuve).	»		*Id.*	
Fremy.	»		*Id.*	
Galle.	»		Linge, charpie.	
Gaudry.	5	»		
Gainet.	»		Linge.	
Gaulthier.	10	»		
Gautherot.	»		Linge, charpie.	
Gauthier.	»		*Id.*	
Gautier.	»		*Id.*	
Genin (Mlle).	»		Linge, 1 couverture.	
Genist.	»		*Id.*	
Gessard.	3	»		
Gibaut.	»		Linge.	
Gillet (Mlle).	»		*Id.*	
Gillet.	1	»		
Giot, maire.	»		25 gilets de flanelle, charpie, linge, bandes.	
Giot, propriétaire.	»		Linge, draps, serviettes.	
Girard (Victor).	»		Linge, charpie, compresses.	
Girard.	»		Linge, 3 couvert. de laine.	
Girard.	»		Linge, charpie.	
Gisquet, propriétaire.	100	»	*Id.*	
Gitton.	»		Charpie, draps.	
Godelle.	»		Linge.	
Graffet.	2	»		
Graux.	»		Linge, charpie.	
Graux.	»		*Id.*	
Gravet.	»		*Id.*, *id.*	

NOMS, PRÉNOMS et professions DES DONATEURS.	DONS EN ARGENT. fr. c.	DONS EN NATURE.	DATE DE LA REMISE DES DONS à l'Intendance militaire.
Grignon.	»	Linge.	NOTA. — Les dons en nature de la banlieue ont été remis à l'Intendance militaire les 25 avril et 20 juillet 1855. — Les dons en argent ont été versés à la caisse du Ministère de la guerre.
Grillat.	»	Linge, 6 couvertures de laine, charpie.	
Grimpré.	5 »		
Grobost.	»	Linge.	
Guesmer (l'abbé)	10 »		
Guétin.	5 »		
Guibard.	»	Linge.	
Guilbert.	»	*Id.*	
Guillaume.	»	Linge, charpie, 2 couvertur.	
Guillemain.	»	Linge, charpie.	
Gumery (veuve).	10 »		
Hardouin.	3 »		
Hardy.	5 »		
Hardy.	»	Linge.	
Hativel.	5 »		
Hebert (Nicolas).	5 »		
Henry.	1 »		
Hérodier.	»	Linge.	
Herodier.	»	Linge, charpie, 1 couverture.	
Hétru.	3 »		
Heuzel.	»	Draps, bandes, charpie.	
Hiam.	1 »	Linge.	
Hivelin (veuve).	2 »		
Hoffer.	3 »		
Hommi.	»	Linge.	
Horens.	»	*Id.*	
Houbier (veuve).	»	Linge, charpie.	
Housseau (Mme)	»	2 paquets de linge.	
Huard.	1 »		
Huard.	5 »		
Huart.	»	Charpie.	
Hubert.	»	Linge, 1 couverture.	
Hureau. (Mme).	»	Charpie.	
Huserot.	»	Linge.	
Jeannot.	»	Linge, compresses.	
Joanest.	»	*Id.*	
Johanis.	»	*Id.*	
Jouin.	»	*Id.*	
Jugand.	»	Linge, charpie.	
Juy.	»	Charpie.	
Keller (veuve).	»	Linge, charpie.	
Kraff.	»	*Id.*	
Labau.	»	*Id.*	
Labitte.	»	*Id.*	
Lacroix.	10 »		
Lafargue.	»	Linge, compresses, bandes.	
Lafeuille.	»	6 paires de bas, charpie.	
Laflèche (veuve).	20 »	Linge, bandes, charpie.	
Lagarde.	2 »		
Lagarde.	»	Linge.	
Lagoguée.	»	Charpie.	
Lajartre.	»	Linge.	
Lalouel.	»	Bandes, charpie.	
Lambert.	1 »		
Lambert.	»	Linge.	
Lambert.	»	Linge, 2 couvertures.	
Lambert.	»	*Id.*	
Lambert (Mme).	»	6 mètres de flanelle.	
Landry.	»	Linge.	
Langlois.	2 »		
Langlois.	»	Linge, charpie.	
Lapaire (veuve).	2 »	Linge, 1 drap.	

NOMS, PRÉNOMS et professions DES DONATEURS.	DONS EN ARGENT.		DONS EN NATURE.	DATE DE LA REMISE DES DONS à l'Intendance militaire.
	fr.	c.		
Largillier.	»		Linge.	Nota. — Les dons en nature de la banlieue ont été remis à l'Intendance militaire les 25 avril et 20 juillet 1855. — Les dons en argent ont été versés à la caisse du Ministère de la guerre.
Larpenteur.	»		*Id.*	
Lasalle (Mlle).	»		Bandes.	
Lavoine.	1	»		
Lebègue.	5	»		
Lebel.	»		Linge, bandes, charpie.	
Lebert.	»		*Id.*	
Leblond.	5	»		
Lecointre.	»		Linge.	
Lecointre.	»		*Id.*	
Lecomte.	»		*Id.*	
Lecoultre.	»		*Id.*	
Lefèvre.	1	»		
Lefèvre.	»		Linge.	
Lefèvre (veuve)	»		1 couverture de laine.	
Leleu.	»		Linge.	
Lemaire.	»		Charpie.	
Lemaire.	2	»		
Lemaire.	2	»		
Lemercier.	»		Linge.	
Lenoble.	»		*Id.*	
Lenoble.	2	»		
Lenoble.	»		Linge, charpie.	
Lepine.	»		Charpie.	
Le Rouy.	1	»		
Leroyer.	»		Linge.	
Leroyer.	»		Linge, charpie.	
Lesieur.	3	»	*Id.*, *id.*	
Letailleur.	»		*Id.*	
Letrange.	20	»		
Leveau.	1	»		
Lheureux.	5	»		
Lister et Holden, manufact.	100	»		
Lorget.	»		6 couvertures de laine.	
Lourdel-Henault.	»		Linge.	
Loy.	10	»		
Maille.	»		Charpie, bandes, compresses, linge.	
Malé.	»		3 couvertures de laine.	
Malherbe.	»		Linge, compresses.	
Mallé.	»		Linge, charpie.	
Maman.	»		*Id.*	
Marchand.	5	»		
Marchand (Mme).	10	»		
Marié père.	1	»		
Martin.	5	»		
Martinet.	3	»		
Marville.	»		Linge.	
Marx.	»		*Id.*	
Massin.	»		*Id.*	
Matignon (veuve).	5	»	1 drap.	
Matignon, propriétaire.	»		2 couvertures, linge, compresses, charpie.	
Maumené.	»		Linge.	
Menard.	»		*Id.*	
Menard.	»		*Id.*	
Menard.	»		1 couverture, bandes, charpie, compresses.	
Merigon.	»		Linge.	
Metzger.	»	50		
Meyer.	»		Linge.	
Michel.	3	»		
Michel (Arnoult)	10	»		

NOMS, PRÉNOMS et professions DES DONATEURS.	DONS EN ARGENT.		DONS EN NATURE.	DATE DE LA REMISE DES DONS à l'Intendance militaire.
	fr.	c.		
Millat.	»		Linge, bandes.	NOTA. — Les dons en nature de la banlieue ont été remis à l'Intendance militaire les 25 avril et 20 juillet 1855. — Les dons en argent ont été versés à la caisse du Ministère de la guerre.
Molard.	»		*Id.*	
Mompetit.	»		*Id.*	
Montbaillard.	»		*Id.*	
Mongé, serrurier.	»		Linge, charpie.	
Mongé, charron.	»		*Id.*	
Monneron.	»		*Id.*	
Morfouace.	»		Linge.	
Moreau.	»		2 couvertures de laine.	
Moreau.	1	»		
Moreau.	»		Linge.	
Moreau.	»		*Id.*	
Moreau.	»		*Id.*	
Moreau.	»		*Id.*	
Mortier.	»		Linge, charpie.	
Moulard.	»		Compresses, bandes.	
Moulin.	»		Linge.	
Muller.	»		*Id.*	
Nabucet.	»		Linge, charpie.	
Nicol.	»	50		
Nicolas.	2	»		
Nicolas.	»		2 draps, 1 nappe.	
Nourry.	»		Linge, charpie.	
Olier Glénard.	»		Une pièce de futaine.	
Oudot, adjoint.	»		Linge, charpie, compresses.	
Pachot.	»		*Id.*	
Patte, fils.	»		Linge, compresses, bandes.	
Pattenaille.	»		*Id.*	
Pattenaille (Mme).	»		2 couvertures de laine.	
Pensionnat de jeunes filles.	»		Charpie.	
Perdu.	»		Linge.	
Périac.	10	»	Compresses, bandes.	
Perreau.	»		Linge, charpie.	
Perret.	3	»		
Perrier.	»		Linge.	
Perron.	1	»		
Petit.	»		Linge.	
Petitdan.	»		Linge.	
Petitjean.	»		Linge, charpie.	
Philippon.	»		*Id.*	
Pillioud.	3	»		
Pinard.	»		Linge, 1 couverture de laine.	
Pineau.	»		*Id.*	
Pitou.	3	»		
Pivin.	»		Linge, charpie.	
Plé.	2	»	*Id.*	
Pochard (veuve).	10	»		
Podasse (veuve).	»		Linge.	
Poisson.	»		*Id.*	
Ponceau.	1	»		
Ponceau.	2	»		
Porcher.	»	60		
Poulain.	»		Linge, charpie.	
Poulain.	»		*Id.*	
Pralet (veuve).	»		Bandes, charpie.	
Prêcheur.	»		Linge.	
Prevost.	5	»		
Prévost.	»	10		
Pros et Travers.	»		Linge, charpie.	
Quatrebœuf.	»		*Id.*	
Queret.	»		*Id.*	
Rabier (veuve).	»		Charpie.	
Rabut.	5	»		

NOMS, PRÉNOMS et professions DES DONATEURS.	DONS			DATE DE LA REMISE DES DONS à l'intendance militaire.
	EN ARGENT.		EN NATURE.	
	fr.	c.		
Raguis.	»		Bandes, charpie.	NOTA. — Les dons en nature de la banlieue ont été remis à l'Intendance militaire les 25 avril et 20 juillet 1855. — Les dons en argent ont été versés à la caisse du Ministère de la guerre.
Raymond.	»		Linge.	
Reaux.	3	»		
Remeuf.	1	»		
Renault (Mme).	5	»		
Renault.	»		Linge.	
Renault (veuve).	1	»		
Renouard.	»		Linge.	
Richard.	»		Linge, 1 couverture.	
Richardière.	»		*Id.*	
Richelme.	»		Linge, 1 couverture de coton.	
Riquet.	»		Une couverture de laine.	
Robin.	»		Linge.	
Ronière (Mme).	»		*Id.*	
Roussel.	»		*Id.*	
Roy.	30	»	Linge, bandes, charpie.	
Royer.	»		*Id.*	
Rustique.	»		*Id.*	
Sabattier.	2	»		
Saint-Gris (veuve).	»	50		
Sainte-Marie.	»		Charpie,	
Santerre.	»		Linge.	
Schérer.	»	50		
Soie.	»		Linge, bandes.	
Sole.	»		*Id.*	
Sureau.	»		*Id.*	
Tairet.	»		*Id.*	
Terré.	5	»		
Thierry.	»		Linge.	
Thierry.	»		*Id.*	
Thomas.	»		Linge, bandes, charpie, 3 couvertures.	
Thomas.	»		Linge.	
Thomassin.	»		*Id.*	
Tondu.	2	»		
Toussaint.	»		Linge.	
Tuleu.	»		*Id.*	
Vaillant.	»		*Id.*	
Vaudrelan.	»		Linge, bandes, charpie.	
Véber.	1	»		
Vercolier.	1	»		
Verdier.	»		Linge.	
Vérier.	»		*Id.*	
Viard.	»		*Id.*	
Wagner.	5	»		
Yon.	»		Linge.	
Zambeaux, adjoint.	20	»		
TOTAL......	816	20		
Produit de la vente du vieux linge....................	33	»		
	849	20		
A déduire pour frais de confection de charpie.	64	90		
	784	30		

NOMS, PRÉNOMS et professions DES DONATEURS.	DONS EN ARGENT.		DONS EN NATURE.	DATE DE LA REMISE DES DONS à l'Intendance militaire.
	Saint-Ouen.			
	fr.	c.		
André (veuve).	1	»		NOTA. — Les dons en nature de la banlieue ont été remis à l'Intendance militaire les 25 avril et 20 juillet 1855. — Les dons en argent ont été versés à la caisse du Ministère de la guerre.
Asberg.	1	»		
Aubé.	»	50		
Barbe (Constant).	1	»		
Barlet.	1	»		
Baroche.	»		Linge.	
Barot, propriétaire.	»		2 draps, 2 couvertures de laine.	
Barraud.	3	»		
Beaugrand.	2	»		
Beck.	»	30		
Benard (François).	5	»		
Benoit (Jacques).	»	50		
Beuzelin, prêtre.	5	»		
Bouland, traiteur.	1	»		
Bourdin (Edme).	1	»		
Bourdin (François).	1	»		
Bourdin (Jean-Louis).	»	50		
Bourdin (Nicolas).	2	»		
Bouroche.	1	»		
Chauveau.	2	»		
Cherrier.	1	»		
Chevallier (Antoine).	»	50		
Chevalier (Louis).	»	50		
Chevalot.	1	»		
Clovis.	»	50		
Cochet.	2	»		
Compoint, adjoint.	5	»		
Compoint (Mme).	2	»		
Compoint (veuve).	2	»		
Compoint (Augustin).	»	25		
Compoint (Benjamin).	1	»		
Compoint (Charmant).	»	50		
Compoint (François-Lucien).	»	50		
Compoint (Guillaume).	1	»		
Compoint (Jean-François).	»		Linge.	
Compoint (J.-Jacques) fils.	»	50		
Compoint (J.-Jacques) père.	2	»		
Compoint (Jules-Victor).	1	»		
Compoint (Ouen).	1	»		
Compoint (veuve Louis).	»	50		
Coqueret.	1	»		
Cornier (Louis).	»	50		
Cretu (Nicolas).	»	50		
Cretu (veuve).	3	»		
Danger (Auguste).	1	»		
Danger (Louis).	»	50		
Danger père.	2	»		
Dauge.	1	»		
Daunay (Athanase).	1	»		
Daunay (Augustin).	1	»		
Daverne.	»	50		
Débart.	1	»		
Debeauvais.	5	»		
Delacroix (J.-B.).	2	»		
Delacroix (Louis-Antoine).	»	50		
Delacroix, maire.	10	»		
De Saint-Germain.	»	50		
Descoins.	2	»		
Descoins fils.	1	50		

NOMS, PRÉNOMS et professions DES DONATEURS.	DONS EN ARGENT.		DONS EN NATURE.	DATE DE LA REMISE DES DONS à l'Intendance militaire.
	fr.	c.		
Dieumegard.	1	»		NOTA. — Les dons en nature de la banlieue ont été remis à l'Intendance militaire les 25 avril et 20 juillet 1855. — Les dons en argent ont été versés à la caisse du Ministère de la guerre.
Dubuquoy.	1	»		
Dufour.	1	»		
Duval (Mme).	1	»		
Duval (veuve).	2	»		
Farcot et ses ouvriers.	163	90		
Fauroux (Jean).	1	»		
Fratsoquy (Mme).	5	»		
Frayce.	1	»		
Friant.	2	»		
Froidure (veuve).	1	»		
Gravel.	1	»		
Grindel.	2	»		
Guérard (Louis) fils.	»	50		
Guérard (Vincent).	»	50		
Hanquet.	»	50		
Jacob (Mme).	5	»		
Jacquin.	2	»		
Joubert (Mme).	1	»		
Lafosse.	1	»		
Leclerc.	1	50		
Ledard.	1	»		
Legrand.	1	»		
Lemaître.	»	50		
Leroy.	1	»	Linge, 12 serviettes.	
Lesaine.	»	25		
Lestrade, curé.	5	»		
Lucas.	1	»		
Lureau.	»	50		
Maître, instituteur.	5	»		
Malanfant (Adrien).	1	»		
Martin.	»	75		
Masseret.	»	35		
Masson.	»		Charpie.	
Matallier.	1	»		
Meinier.	1	»		
Mouzard.	»	50		
Perceval.	1	»		
Perrier.	1	»		
Pommereau.	1	»		
Quatrecous.	»	60		
Quesnot, boucher.	1	»		
Raget (Thomas).	»	50		
Roche.	»	50		
Rollet (veuve).	2	»		
Rossignol (Mme).	2	»		
Roussel.	3	»		
Sautrau.	1	»		
Schopman.	»	50		
Tintellier (Ambroise).	»	50		
Tintellier (Marie).	»	50		
Tintellier père.	1	»	Linge.	
Vaillant.	1	»		
Vallet (Gabriel).	5	»		
Vallet (Hippolyte-Gabriel).	2	»		
Vallet (Mlle Louise).	1	»		
Vanderquand.	»	50		
Vollereaux.	2	»		
TOTAL...	328	90		

NOMS, PRÉNOMS et professions DES DONATEURS.	DONS			DATE DE LA REMISE DES DONS à l'Intendance militaire.
	EN ARGENT.		EN NATURE.	
		Stains.		
	fr.	c.		
Aubert, maire.	»		Linge.	NOTA. — Les dons en nature de la banlieue ont été remis à l'Intendance militaire les 25 avril et 20 juillet 1855. — Les dons en argent ont été versés à la caisse du Ministère de la guerre.
Bérelle fils.	1	»		
Bérelle père.	»		Linge.	
Bessard (Auguste).	»		*Id.*	
Beuron, adjoint.	10	»		
Bonnemain aîné.	»		Linge.	
Bonnemain (Augustin).	5	»		
Bonnemain (Jean-Claude).	»		Linge.	
Bonnemain (Pierre-Denis).	»		*Id.*	
Bonnemain (Siméon).	»		*Id.*	
Bonnemain (veuve).	1	»		
Boudier aîné.	5	»		
Boudier (veuve).	»		Linge.	
Bruno (Charles).	1	»		
Bruno père et fils.	»		Charpie.	
Butteux (Constant).	»	50		
Cayron.	10	»		
Chaignon.	2	»		
Chalot (Louis-Michel).	»		Linge.	
Chamusard.	1	»		
Cheval (François).	1	»		
Claud fils aîné.	»	50		
Courtois.	»	50		
Courtois (veuve).	1	»		
David.	3	»		
Destors (Charles).	1	»		
Destors (J.-B.).	1	»		
Devienne.	»		Linge.	
Donon (Alfred).	1	»		
Drieux (Antoine-Benjamin).	2	»		
Drieux (Jean-Julien).	5	»		
Drieux (Louis-Nicolas).	1	»		
Duru (veuve).	»		Linge.	
Féret.	2	»		
Henriette (J.-B.).	1	50		
Jacob.	10	»		
Laforest (veuve).	»		Linge.	
Lambert.	1	»		
Langlois père et fils.	»		Linge.	
Laurent (Jean).	2	»		
Lécuyer (Aug.-Nicolas).	»		Linge.	
Lécuyer (Honoré).	»		*Id.*	
Lécuyer (J.-Jacques).	»	50		
Lécuyer (Jean-Louis).	1	»	Linge.	
Lécuyer (Louis-Pierre).	»		*Id.*	
Lécuyer, meunier.	»		*Id.*	
Lécuyer-Prieur (veuve).	3	»		
Marchand.	»	25		
Mary (Jules).	»		Linge.	
Moreau aîné.	»	50		
Moreau (Etienne).	»		Linge.	
Moreau (Henry).	2	»		
Moreau (Jean-Marie).	1	»		
Moreau (Jean-Pierre).	1	»		
Moreau (Pierre-Denis).	»		Linge.	
Nicolas (Alphonse).	1	»		
Ouvriers de M. Malles.	56	30		
Paucher.	2	»		
Patrons de M. Malles.	30	»		
Proska.	»		Linge.	

NOMS, PRÉNOMS. et professions DES DONATEURS.	DONS EN ARGENT.	DONS EN NATURE.	DATE DE LA REMISE DES DONS à l'Intendance militaire.
	fr. c.		
Quémoy aîné.	3 »		NOTA. — Les dons en nature de la banlieue ont été remis à l'Intendance militaire les 25 avril et 20 juillet 1855. — Les dons en argent ont été versés à la caisse du Ministère de la guerre.
Quémoy fils.	1 »		
Queudot, curé.	2 »		
Renard (Adolphe).	»	Linge.	
Rougeault (veuve).	10 »		
Sabatier.	»	Linge.	
Sez (veuve).	»	*Id.*	
Texier.	1 50		
Texier (Abraham).	»	Linge.	
Texier-Grunprel.	»	*Id.*	
Vercolier.	»	*Id.*	
TOTAL...	186 05		

Suresnes.

Asselin.	» 50		
Asseline.	10 »		
Balut.	»	Linge.	
Bayle (Mme).	»	*Id.*	
Benard.	»	*Id.*	
Blanchard.	5 »		
Breton et Langot.	2 »		
Chavy et Delafosse.	10 »		
Chicard.	1 »		
Cochegrue.	2 »		
Cochois (Théophile).	5 »	Linge.	
Coudray et Breton.	» 85		
Daniel et Sentou.	1 50		
Daydé.	» 50		
Denise (Amand).	1 »		
Descoins (Michel).	1 »		
Drouard (veuve).	5 »		
Duhamel.	1 »		
Duhamel.	»	Linge.	
Dumoutier.	»	*Id.*	
Durand.	2 »		
Favre et Edmond.	1 50		
Feuga.	2 »		
Fortier (veuve).	»	Linge.	
Foucher (Mme).	»	*Id.*	
Fraysses.	» 50		
Frichot.	»	Linge.	
Gaudray (Mme).	»	*Id.*	
Gaut (Pierre).	2 »		
Gauthier (veuve).	»	Linge.	
Gelez, secrétaire de mairie.	»	*Id.*	
Graftaux.	5 »		
Grignon.	10 »	Linge.	
Grodard (veuve).	3 »		
Guignon.	»	Linge.	
Guislain.	2 »		
Haville.	1 »		
Huché père.	3 »		
Israël (René).	2 »		
Jaguet.	»	Linge.	
Janety (Mme).	»	*Id.*	
Jean (Alexis).	1 »		
Jean (Mme).	»	Linge	

NOMS, PRÉNOMS et professions DES DONATEURS.	DONS		DATE DE LA REMISE DES DONS à l'Intendance militaire.
	EN ARGENT.	EN NATURE.	
	fr. c.		
Jean (Pierre).	»	Linge.	NOTA. — Les dons en nature de la banlieue ont été remis à l'intendance militaire les 25 avril et 20 juillet 1855 — Les dons en argent ont été versés à la caisse du Ministère de la guerre.
Jeanne (Antoine).	2 »		
Jolly.	2 »		
Jolly (Alphonse).	2 »		
Jolly (Michel) et Jolly (P.).	1 40		
Julien.	»	Linge.	
Julien (Mme).	»	1 couverture brune.	
Lamarre.	5 »		
Laune (Jacques).	» 50		
Laune (Simon.)	5 »		
Lecourt.	3 »		
Lesueur (Honoré).	2 »		
Manoury (André).	1 »		
Marchand.	2 »		
Martin.	»	Linge.	
Mouchotte.	»	*Id.*	
Neuilly (veuve).	2 »		
Petit.	»	Linge.	
Petit (Mme).	»	*Id.*	
Petit (Jacques).	»	*Id.*	
Philippe.	2 »	*Id.*	
Philippe (François-Noël).	5 »		
Philippe, maire.	»	Linge.	
Philippe et Jean.	1 »		
Poussin (veuve).	»	Linge.	
Poussin (Adrien-Denis).	1 10		
Poussin (Jacques-Marie).	»	Linge.	
Pradaut (Mme).	2 »		
Renard (Auguste).	» 50		
Renard (veuve J.)	»	Linge.	
Roi (Alexandre).	» 15		
Saint-Denis (veuve).	1 »		
Sentou père et fils.	2 »		
Sevin (Guillaume).	2 »		
Taillard.	» 50		
Théry.	»	Linge.	
Tournemire.	2 »		
Warné-Janville.	5 »		
TOTAL...	133 50		

Villetaneuse.

Barbaut.	1 »	Linge.	
Barbaut fils.	» 70		
Barbier.	»	Linge.	
Barbier (Louis).	»	*Id.*	
Baudouin.	» 50		
Beaufils.	1 »		
Beaugrand.	»	Linge.	
Berthe (Adrien).	2 »	*Id.*	
Berthe (Joseph).	»	*Id.*	
Bethmont père.	1 »		
Bethmont (Cochin).	1 »		
Bethmont (Edouard).	1 »		
Bethmont (Vincent).	1 20		
Bordier (Jean-Louis).	»	Linge.	
Boulard (Jean-Louis).	»	*Id.*	
Content.	»	*Id.*	
Cousin père.	» 50		

NOMS, PRÉNOMS et professions DES DONATEURS.	DONS			DATE DE LA REMISE DES DONS à l'Intendance militaire.
	EN ARGENT.		EN NATURE.	
	fr.	c.		
Cousin (Alfred).	»		Linge.	NOTA. — Les dons en nature de la banlieue ont été remis à l'Intendance militaire les 25 avril et 20 juillet 1855. — Les dons en argent ont été versés à la caisse du Ministère de la guerre.
Couty (Charles).	»		*Id.*	
Couty (Constant).	»	50		
Couty (Félix).	4	»	Linge.	
Couty (Jérôme).	2	»	*Id.*	
Couty (Joseph).	2	»		
Couty (Victor).	1	»		
Damas (Auguste).	1	»		
Daunard, maire.	10	»		
Daunard (Jean-Baptiste).	»		Linge.	
Daunard (Louis-Michel).	3	»		
Desflandres.	»	50		
Dessouche (Ferdinand).	1	»		
Dessouche (Isidore).	2	»		
Deulin, adjoint.	2	»		
Deulin (Adrien).	2	»		
Deulin (Ambroise).	2	»		
Deulin (Damas).	3	»		
Deulin (Louis).	»		Linge.	
Deulin (Louis-Marie).	2	»		
Deulin (Louis-Vincent).	»		Linge.	
Emery (Mme).	5	»		
Fabvre.	1	»		
Fieschi, curé.	5	»		
Fontaine (Auguste).	1	»		
Gilles fils.	1	»		
Gilles (veuve).	1	»		
Gilles (Germain).	»		Linge.	
Gilles (Vincent).	1	»		
Grivellé (Joseph).	»		Linge.	
Grivellé (Louis).	3	»		
Guerrier.	»	50		
Guimier.	1	»		
Hanot (Hippolyte).	1	»		
Lamouche.	»	50		
Lamy (Pierre).	»	50		
Latteux (veuve).	»	50		
Latteux (Bernard).	»		Linge.	
Latteux (Denis).	»		*Id.*	
Latteux (Henri)	1	»		
Laurent (Joseph-Henri).	2	»	Linge.	
Lécuyer (Achille).	»		*Id.*	
Lécuyer (Clément).	»		*Id.*	
Ledru (Eugène).	»		*Id.*	
Ledru (Germain).	»		*Id.*	
Ledru (Henri).	1	»		
Ledru (Jean-Louis).	»	50		
Ledru (Louis-Germain).	1	»		
Ledru (Vincent).	»		Linge.	
Legros (Pierre).	»	50	*Id.*	
Lempereur (Charles).	»	50	*Id.*	
Lenoir (Louis-Jérôme).	»	50		
Lestrade.	2	»	Linge.	
Manceau.	2	»		
Mauger.	2	»		
Médonchelle.	5	»		
Mégrier (Julien).	1	»	1 couverture de coton.	
Morel.	5	»		
Pérard.	»		Linge.	
Petit (Michel).	2	»		
Reliquat d'une cotisation entre les conseillers municipaux.	5	»		

NOMS, PRÉNOMS et professions DES DONATEURS.	DONS			DATE DE LA REMISE DES DONS à l'Intendance militaire.
	EN ARGENT.		EN NATURE.	
	fr.	c.		
Smith.	»		Linge.	NOTA. — Les dons en nature de la banlieue ont été remis à l'Intendance militaire les 25 avril et 20 juillet 1855. — Les dons en argent ont été versés à la caisse du Ministère de la guerre.
Thierry.	1	»	*Id.*	
Thomas.	»		*Id.*	
TOTAL.....	101	90		
Villette (La).				
Anonymes.	»		Bandes, charpie.	
Anthoine Prélard, maire.	60	»		
Barbier père.	20	»		
Bénard.	»		Charpie.	
Bonneau.	»		Linge.	
Bouret aîné.	10	»	*Id.*	
Boutigny (Mme).	10	»	*Id.*	
Boutigny fils.	5	»		
Boutigny d'Evreux.	10	»		
Boyer (Jean-Baptiste).	1	»		
Chocque, curé.	20	»		
Commissariat de police.	40	»		
Corneille Vallis.	20	»		
Debauker.	»		Vieille toile.	
Deslandres.	20	»		
Desmanches.	20	»		
Duffié (François).	20	»		
Duffié (François-Toussaint).	50	»		
Duval père.	15	»		
Guillet père.	5	»		
Hennequin.	»		Linge.	
Jousse (Adolphe-Hippolyte).	5	»		
Lacaille.	»		Charpie.	
Lamy (Mme).	1	»	Linge.	
Langlois père.	20	»		
Lavaux.	20	»		
Lelong Petit.	»		Vieille toile.	
Lemaire (Honoré).	20	»		
Lepreux (Nicolas).	10	»		
Lucan.	»		Vieille toile.	
Mathieu.	40	»		
Meulot.	5	»		
Moisson.	20	»		
Nottré aîné.	20	»		
Paris père.	20	»		
Pavy père.	20	»		
Perrot Delaveuve.	10	»		
Piot.	30	»		
Pouet.	20	»		
Puysson (Mme).	5	»	Charpie.	
Reynier, adjoint.	60	»		
Robert, adjoint.	60	»		
Santigny.	1	»		
Soquet.	»		Charpie.	
Tandou.	20	»		
Trottemant.	100	»		
Viandon.	1	»		
TOTAL....	834	»		

RÉCAPITULATION DES DONS EN ARGENT

POUR L'ARRONDISSEMENT DE SAINT-DENIS.

DÉSIGNATION DES COMMUNES.	SOMMES VERSÉES. fr.	c.
Asnières	24	»
Aubervilliers	»	»
Auteuil	136	»
Bagnolet	394	70
Batignolles (les)	38	75
Belleville	1,973	75
Bobigny	141	»
Bondy	184	»
Boulogne	»	»
Bourget (le)	107	95
Chapelle (la)	2,028	80
Charonne	707	90
Clichy	263	»
Colombes	195	75
Courbevoie	17	»
Courneuve (la)	19	»
Drancy	»	»
Dugny	8	»
Epinay	280	80
Gennevilliers	343	10
Ile-Saint-Denis	106	50
Montmartre	75	»
Nanterre	404	90
Neuilly	951	50
Noisy le-Sec	272	55
Pantin	182	50
Passy	717	75
Pierrefitte	259	30
Pré-Saint-Gervais (Le)	192	75
Puteaux	349	20
Romainville	360	»
Saint-Denis	784	30
Saint-Ouen	328	90
Stains	186	05
Suresnes	133	50
Villenateuse	101	90
Villette (la)	834	»
TOTAUX	13,104	10

Certifié conforme aux minutes et originaux :

Paris, le 25 décembre 1856.

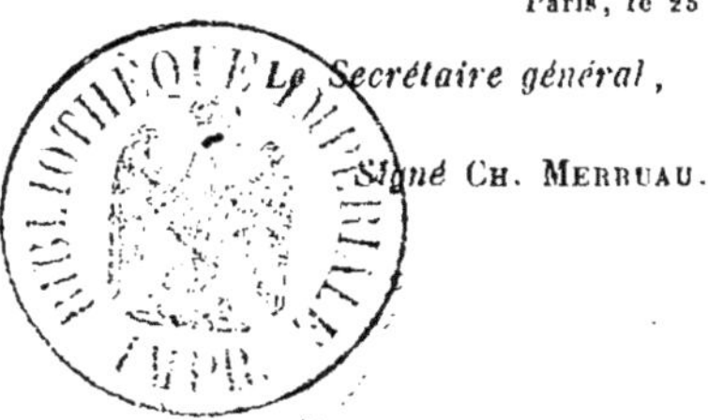

Le Secrétaire général,

Signé CH. MERRUAU.

Paris, Paul Dupont.
Hôtel des Fermes.

PRÉFECTURE DE LA SEINE.

(Extrait du *Recueil des Actes administratifs de la Préfecture de la Seine*, n° 11 de 1856.)

ÉTAT

DES

DONS OFFERTS A L'ARMÉE D'ORIENT,

Soit en argent, soit en nature,

DANS L'ARRONDISSEMENT DE SCEAUX.

LISTE PAR ORDRE ALPHABÉTIQUE.

NOMS, PRÉNOMS et professions DES DONATEURS.	DONS		DATE DE LA REMISE DES DONS à l'Intendance militaire.
	EN ARGENT.	EN NATURE.	
		ARRONDISSEMENT DE SCEAUX.	
		Antony.	
	fr. c.		
Anonyme.	10 »		NOTA. — Les dons en nature de la banlieue ont été remis à l'Intendance militaire les 25 avril et 20 juillet 1855. — Les dons en argent ont été versés à la caisse du Ministère de la guerre.
Anonymes.	»	Linge.	
Avard.	1 »		
Barié fils.	1 50		
Barié père.	2 »	Linge.	
Baron.	15 »	*Id.*	
Barreau et Rouland.	»	Bandes, charpie.	
Beauvais (M. et Mme).	5 »	Linge, calicot écru.	
Berten (Narcisse).	» 50	Linge.	
Berthelot.	1 »		
Berthelot (Germain).	»	Linge.	
Berthelot (Victor).	1 »		
Bidault (Mme).	1 »		
Biette (Mlle).	» 50		
Bonin.	» 50		
Boucher.	» 50		
Boucher (André).	»	Linge.	

NOMS, PRÉNOMS et professions DES DONATEURS.	DONS EN ARGENT. fr.	c.	DONS EN NATURE.	DATE DE LA REMISE DES DONS à l'Intendance militaire.
Boucher (Louis).	1	»		NOTA. — Les dons en nature de la banlieue ont été remis à l'Intendance militaire les 25 avril et 20 juillet 1855. — Les dons en argent ont été versés à la caisse du Ministère de la guerre.
Bourlord.	»	50		
Bouscant.	»	25	Linge.	
Boutier.	»	50		
Bouzigue.	3	»		
Bréante.	»		Linge, charpie.	
Brefort.	2	»		
Bresson.	1	»		
Briancon.	»	50		
Brone (Nicolas).	»	50		
Brosse.	2	»	Charpie.	
Brunet (veuve).	5	»	Linge.	
Buchoux.	5	»	2 gilets de laine.	
Cazin (Gobert).	5	»	6 paires de chaussettes, une couverture.	
Cazin (Mme Jean).	5	»	Linge, 1 couverture de laine.	
Chapellier, propriétaire.	20	»		
Chapellier (veuve).	5	»	Linge.	
Charton.	»	50		
Chauveau.	1	»		
Chenu (Pierre).	»	50	Linge.	
Chevrolat.	1	»		
Cholet (B.).	»		Linge.	
Clément (Thomas).	1	»		
Colette (J.-D.).	3	»		
Collier.	»	50		
Collinet.	1	»		
Courtin.	»		Linge, charpie.	
Courtois fils.	2	»		
Courtois père.	»		Linge.	
Cuzin aîné.	»		*Id.*	
Cuzin (veuve).	20	»		
Daubeil.	»	50		
Delapalme, notaire.	10	»		
Denis.	1	»		
Deunier (Étienne).	»	50		
Deunier (veuve).	1	»		
Dodard.	»		Linge.	
Dondonneau.	»		*Id.*	
Dotte (veuve).	»	50		
Drouet (veuve).	1	»		
Duclos.	2	»	Bandes, compresses, charpie	
Dupin.	»		Linge, charpie.	
Dupressoir (veuve).	1	»		
Fierre.	»	50		
Firmin (Martin).	1	»		
Fontaine.	1	»		
Gambier.	»		Linge.	
Gau.	5	»	Charpie.	
Gau (veuve).	»		Linge.	
Gau (veuve Henri).	1	»	Linge, charpie.	
Gauthier.	2	»	Linge.	
Gibert.	»	50		
Gignon.	»	50		
Gillet.	5	»		
Girord.	2	»		
Giroud (Charles).	»	50		
Giroux (Michel).	»	50		
Godin.	2	»		
Gogue.	10	»		
Golbert (veuve).	»		Linge, bandes, charpie, six paires de chaussettes.	
Gouget.	1	»		

NOMS, PRÉNOMS et professions DES DONATEURS.	DONS			DATE DE LA REMISE DES DONS à l'Intendance militaire.
	EN ARGENT.		EN NATURE.	
	fr.	c.		
Grondard.	»	50	Linge.	NOTA. — Les dons en nature de la banlieue ont été remis à l'Intendance militaire les 25 avril et 20 juillet 1855. — Les dons en argent ont été versés à la caisse du Ministère de la guerre.
Hautefeuille (veuve).	2	»	*Id.*	
Henry, adjoint.	20	»	*Id.*	
Hervieux.	1	»		
Hoffmann.	1	»	Linge.	
Langlois (Alexandre).	»		Charpie.	
Langlois (Joseph).	2	»	Linge.	
Langlois (dit Cadet).	3	»	Linge, charpie.	
Laudon.	20	»		
Laurain.	1	»	*Id.*	
Laurain, épicier.	1	»		
Laurain (Hippolyte).	»	50		
Laurain (Louis).	»	50		
Laure.	»	50		
Lebrun, garde champêtre.	»	50	Linge.	
Lebrun (Mme).	1	»		
Lebrun et Duval.	»	50	Linge.	
Lebugle.	»	50		
Lefebvre, marchand de vins.	»		Linge, charpie.	
Legrier.	»		Linge.	
Lehier, maire.	20	»		
Lelard.	»		Linge.	
Lemesle.	1	»		
Lemoine (Mlle).	1	»	Linge.	
Lennuier.	1	»		
Lerat.	»	50		
Lesclesses et Pennières.	8	»		
Lesueur.	»		Linge.	
Loucon.	1	»		
Marchais (veuve).	»		Linge.	
Meilhac.	1	»	Linge, charpie.	
Methivres.	»		Linge.	
Millet.	»		*Id.*	
Millot.	»		Charpie.	
Missonier.	»	50		
Mitrecey.	»		Linge.	
Montgarny.	5	»	*Id.*	
Morel.	»		*Id.*	
Muret.	20	»	Charpie, linge.	
Nicoud (Sauveur).	»	50	Linge.	
Noirot (veuve).	»	50		
Ouvriers de M. Baron.	52	10		
Paillier.	»	50		
Paulet (Henin).	2	»	Linge.	
Paulet (veuve Marteu).	5	»	Charpies, compresses.	
Perpereau.	1	»		
Perin (veuve).	»	50		
Perrot (Louis).	»		Linge.	
Persil, conseiller d'État.	20	»		
Person fils.	1	»		
Petitfils (Hippolyte).	»		Linge.	
Pigeaux.	1	»		
Plet (Martin).	»		Linge.	
Portheaux.	»		*Id.*	
Provost.	»	50		
Raffard fils.	1	»		
Raffard (veuve).	2	»	Linge, charpie, 1 gilet.	
Regnies.	1	»	*Id.*	
Richard et Pigeau.	1	»	*Id.*	
Riou (Adrien).	1	»		
Riou (Jacques).	»		Linge.	
Riou (Mathieu).	»	50		
Riou (Pierre).	1	»		

NOMS, PRÉNOMS et professions DES DONATEURS.	DONS			DATE DE LA REMISE DES DONS à l'Intendance militaire.
	EN ARGENT.		EN NATURE.	
	fr.	c.		
Roger, propriétaire.	2	»	Linge.	NOTA. — Les dons en nature de la banlieue ont été remis à l'Intendance militaire les 25 avril et 20 juillet 1855. — Les dons en argent ont été versés à la caisse du Ministère de la guerre.
Roger (Basile).	»		*Id.*	
Sorcinal.	2	»		
Soulier.	5	»		
Surivet.	1	»		
Surivet Legrouwe.	»		Linge.	
Tabart.	5	»	Linge, charpie.	
Thierry.	»		*Id.*	
Tronquet (Charles).	»		*Id.*	
Tronquet (Clovis).	»		*Id.*	
Valiton.	»		*Id.*	
Veindogre.	»	50		
Vensette, curé.	10	»		
Vente de débris.	8	20		
Vovant.	1	»	Linge.	
Vrigny.	»		*Id.*	
	388	35		
A déduire pour frais de confection de charpie.	70	»		
Reste.....	318	35		

Arcueil.

Adam.	»		Linge.	
Baptiste Libert (veuve).	»		*Id.*	
Beaudouin (veuve).	»		*Id.*	
Bétaucourt.	»		*Id.*	
Beurier (Arsène).	»		*Id.*	
Beurier (Guillaume).	»		*Id.*	
Beurier (Honoré).	»		*Id.*	
Beurier (Louis-Hippolyte).	»		*Id.*	
Bidaux.	»		*Id.*	
Boidaufray.	»		*Id.*	
Boncorps.	»		*Id.*	
Boudesous (Alphonse).	»		*Id.*	
Boudesous (Amédée).	»		*Id.*	
Boudesous (Louis-Denis).	»		*Id.*	
Boudesous (Michel).	»		*Id.*	
Boullant.	»		*Id.*	
Bouret.	3	»		
Bribard (veuve).	1	»		
Bricage.	»		Linge, charpie.	
Buhot (veuve).	»		Linge.	
Carel (Victor).	»		*Id.*	
Chanevas (Jean).	3	»		
Chauvet.	»		Linge.	
Clerget père et fils.	»		*Id.*	
Coche.	»		*Id.*	
Colmet, maire.	»		*Id.*	
Condamina (Jean-Baptiste).	»		*Id.*	
Condamina (Gabriel).	»		*Id.*	
Condamina (veuve).	»		*Id.*	
Coret aîné.	»		*Id.*	
Coret (Etienne).	»		*Id.*	
Coret (veuve).	»		*Id.*	
Cottenet.	»		Charpie.	
Couronne.	»		Linge.	
Cousté aîné.	»		Linge, charpie.	

NOMS, PRÉNOMS et professions DES DONATEURS.	DONS		DATE DE LA REMISE DES DONS à l'Intendance militaire.
	EN ARGENT.	EN NATURE.	
	fr. c.		
Cousté (veuve).	»	Charpie.	NOTA. — Les dons en nature de la banlieue ont été remis à l'Intendance militaire les 25 avril et 20 juillet 1855. — Les dons en argent ont été versés à la caisse du Ministère de la guerre.
Cousté (Gilbert).	»	Linge.	
Cousté (Joseph).	»	*Id.*	
Daix.	»	Linge, charpie.	
Daventure.	»	Linge.	
Debrie.	»	*Id.*	
Deheyn (veuve).	2 »		
De Laplace.	»	Linge.	
Depitre.	»	*Id.*	
Déplanque (veuve).	»	*Id.*	
Deu (Jean-Baptiste).	»	*Id.*	
Dieu (Étienne).	»	*Id.*	
Dieu (Jean-François).	5 »		
Dieu (veuve Louis).	»	Linge.	
Dinet.	15 »		
Douau.	»	Linge.	
Dousse, propriétaire.	25 »	*Id.*	
Dupont, notaire.	60 »	*Id.*	
Duruble (Alexandre).	»	*Id.*	
Duruble (François).	»	*Id.*	
Duruble (Pierre),	2 »	*Id.*	
Erripé.	»	*Id.*	
François.	»	*Id.*	
Fraumont.	»	*Id.*	
Garrian.	10 »	*Id.*	
Gillet.	»	Linge, charpie.	
Girard.	»	Linge.	
Giraud.	»	*Id.*	
Grandjean (veuve).	»	*Id.*	
Gudin.	»	*Id.*	
Guibet (Mlle).	»	Linge, charpie.	
Guibet père.	»	Linge.	
Guichard.	»	*Id.*	
Guichard père.	»	*Id.*	
Hammon.	»	*Id.*	
Hardy (Mme).	»	Linge, charpie.	
Hébrard.	»	Linge.	
Hentz.	»	*Id.*	
Heurtaux (Jacques).	»	*Id.*	
Houillon.	»	Charpie.	
Husset (Léger).	»	Linge.	
Icard, prêtre.	»	Charpie.	
Isabel.	»	Linge.	
Jannet.	»	*Id.*	
Lagesse (Étienne).	»	*Id.*	
Lagesse (Louis).	»	*Id.*	
Lagesse (Nicolas).	»	*Id.*	
Lallemand.	»	*Id.*	
Lambert.	»	*Id.*	
Lambert.	»	*Id.*	
Lambert (Pierre).	»	*Id.*	
Laplace.	»	*Id.*	
Lavenant aîné.	5 »		
Lavenant.	5 »		
Lavenant (veuve).	»	Linge, charpie.	
Lebeau père.	»	Linge.	
Leduc.	»	*Id.*	
Lefèvre père.	2 »	*Id.*	
Longuet.	»	*Id.*	
Lorin (Joseph).	»	*Id.*	
Louvet.	2 »	*Id.*	
Marguerite.	»	*Id.*	
Marguerite (Paul).	»	*Id.*	

NOMS, PRÉNOMS et professions DES DONATEURS.	DONS		DATE DE LA REMISE DES DONS à l'Intendance militaire.
	EN ARGENT.	EN NATURE.	
	fr. c.		
Maritaz.	»	Linge.	NOTA. — Les dons en nature de la banlieue ont été remis à l'Intendance militaire les 25 avril et 20 juillet 1855. — Les dons en argent ont été versés à la caisse du Ministère de la guerre.
Maulan (veuve).	»	Id	
Merlin fils.	»	Id.	
Michau.	»	Id.	
Navière.	»	Id.	
Nouvial aîné.	»	Id.	
Nouvial (Joseph).	»	Id.	
Oriez.	5 »		
Pernet.	»	Linge, charpie.	
Perrenoud.	»	Linge.	
Perrin.	»	Id.	
Perrot (veuve).	»	Id.	
Pestel.	»	Id.	
Pillardier.	»	Id.	
Piot.	»	Id.	
Plet.	»	Id.	
Pottier.	»	Id.	
Pottier.	»	Id.	
Ramont.	»	Id.	
Raymond (veuve).	»	Id.	
Rély.	»	Id.	
Robert.	»	Charpie.	
Robert (Jean).	»	Linge.	
Robinse.	»	Id.	
Romanet (veuve).	»	Id.	
Roudier.	»	Id.	
Roullau (Alphonse).	»	Id.	
Roulleau (Maurice).	»	Id.	
Seitz.	20 »		
Sérouge.	»	Linge.	
Sidenier (Alexandre).	»	Id.	
Sidenier (André).	»	Id.	
Sieulle.	»	Id.	
Testu (Achille).	»	Id.	
Tilmant (Dlle) sœur de charité	»	Linge, mouchoirs.	
Valentin.	»	Linge.	
Veau.	»	Id.	
Verdeil.	2 »	Id.	
Verdin.	»	Id.	
Vincent (Jules).	»	Id.	
TOTAL......	167 »		

Bagneux.

Alary.	2 »		
Arbillot.	1 »		
Auger (Dme).	1 »		
Baucelin.	5 »		
Bancelin.	5 »		
Bancelin (veuve).	2 »		
Baudry.	2 »		
Bazin.	1 »		
Bazin (veuve).	5 »		
Bellanger.	» 50		
Bierry.	5 »		
Bierry fils.	2 »		
Bioret.	» 50		
Bioret fils.	1 »		
Bleuze.	1 »		

NOMS, PRÉNOMS et professions DES DONATEURS.	DONS EN ARGENT.		DONS EN NATURE.	DATE DE LA REMISE DES DONS à l'Intendance militaire.
	fr.	c.		
Bleuze.	1	»		NOTA. — Les dons en nature de la banlieue ont été remis à l'Intendance militaire les 25 avril et 29 juillet 1855. — Les dons en argent ont été versés à la caisse du Ministère de la guerre.
Bonneau.	»	50		
Brassat.	»	50		
Bucaille.	1	»		
Chaillou.	»	50		
Chaillou.	»	30		
Champoudry.	1	»		
Champoudry.	1	»		
Champoudry.	1	»		
Champoudry, arpenteur.	»	50		
Champoudry (veuve).	»	20		
Chatelain.	5	»		
Cheneau.	5	»		
Curé (M. le).	5	»		
Dauchelle.	2	»		
Decarme.	2	»		
Delorme.	2	»		
Demaigaz.	1	»		
Dieu (veuve).	1	»		
Dimet (D^me^).	5	»	Linge, charpie.	
Douchin.	10	»		
Drancy.	2	»		
Drancy (veuve).	»	50		
Dufau.	2	»		
Fleuret.	»	50		
Flisson.	3	»		
Franjus.	1	»		
Garnier (veuve).	»	50		
Genisson.	1	»		
Georges.	1	»		
Gibon (Louis).	»	50		
Girandur.	2	»		
Godiveau.	1	»		
Gogue.	1	»		
Gogue.	»	50		
Gogue père.	1	»		
Goyard.	»	50		
Grossetête.	»	50		
Guillier.	»	50		
Harmand.	10	»		
Houette.	30	»		
Jeulin (veuve).	2	»		
Lamoureux.	1	»		
Lamoureux (veuve).	»	50		
Languedocq.	5	»		
Lardot.	»	50		
Lardot.	»	50		
Leblanc.	»	50		
Lecommandeur.	2	»		
Lecommandeur.	2	»		
Lecomte.	1	»		
Lecomte fils.	1	»		
Ledauphin.	1	»		
Ledru.	2	»		
Legrand.	»	50		
Lepaulmier.	3	»		
Lépinard.	1	»		
Leroyer.	1	»		
Leroyer (Victor).	1	»		
Ludet (veuve).	2	»		
Marchand (D^me^).	1	»		
Marguerite.	1	»		
Martin Bootz.	10	»		

NOMS, PRÉNOMS et professions DES DONATEURS.	DONS EN ARGENT.		DONS EN NATURE.	DATE DE LA REMISE DES DONS à l'Intendance militaire.
	fr.	c.		
Maugarny.	»	50		NOTA. — Les dons en nature de la banlieue ont été remis à l'Intendance militaire les 25 avril et 20 juillet 1855. — Les dons en argent ont été versés à la caisse du Ministère de la guerre.
Mérenne.	1	»		
Meunier.	»	30		
Morand.	1	»		
Moreau.	5	»		
Naudin.	»	50		
Naze.	5	»		
Parterre.	1	»		
Perruchet.	»	50		
Pichon.	2	»		
Pigeaux.	1	»		
Pigeaux (fils).	1	»		
Pondreau.	»	50		
Ponserry.	10	»		
Poulot.	»	50		
Prémont.	10	»		
Provot (veuve).	»	50		
Remi.	2	»		
Roulleau (Maurice).	2	»		
Roulleau (veuve).	2	»		
Schoultz.	1	50		
Seveste.	3	»		
Sonnier.	»	50		
Soupau.	»	50		
Surivet.	10	»	Linge	
Surivet père.	5	»		
Thierry (Dlle).	1	50		
Thierry (veuve).	5	»		
La bonne de Mme Thierry.	1	»		
Tiret.	1	»		
Vivès.	5	»		
Vunuen.	2	»		
Wirmen.	2	»		
TOTAL.....	262	30		

Bercy.

NOMS	fr.	c.	EN NATURE	DATE
Allain (Gabriel).	50	»		
Amouroux.	5	»		
Anger.	2	50		
Anonyme.	142	»		
Anonyme.	»		Vieux linge.	
Bealeux.	10	»		
Beau, frères.	20	»		
Boulet fils.	»		24 limousines en laine, charpie, 3 paires de draps.	
Brigade de gendarmerie.	5	»		
Brigand.	»		Vieux linge, compresses.	
Callat.	10	»		
Campmas (Dme).	5	»	Charpie.	
Canal.	25	»		
Chapoteau.	10	»		
Coissieu.	20	»		
Courtin.	»		Linge.	
Courvoisier.	50	»		
Delille.	5	»		
Deslandres.	20	»		
Dorange.	2	»		
Dubourg.	»		Linge.	

NOMS, PRÉNOMS et professions DES DONATEURS	DONS		DATE DE LA REMISE DES DONS à l'Intendance militaire.
	EN ARGENT.	EN NATURE.	
	fr. c.		
Dubourg.	10 »		NOTA. — Les dons en nature de la banlieue ont été remis à l'Intendance militaire les 25 avril et 20 juillet 1855. — Les dons en argent ont été versés à la caisse du Ministère de la guerre.
Dubrunfaut.	40 »		
Duchaussoy aîné.	10 »		
Duchaussoy (Dlles).	»	Vieux linge.	
Dufet.	25 »	1 drap, bandes, charpie.	
Duhamel.	5 »		
Duhamel, propriétaire.	5 »		
Duperrié Pelon.	20 »		
Duprat.	20 »		
Durnerin aîné.	100 »		
Dusser (vicaire).	5 »		
Fleurot.	50 »		
Fontaine.	10 »		
Fortier Beaulieu père.	10 »		
Fortier Beaulieu fils.	20 »		
Fouilloux.	5 »		
Fricault (Jules).	5 »		
Garby.	10 »		
Germain.	»	Charpie.	
Gilbert.	10 »		
Grand (Hippolyte).	50 »		
Gueyton, curé.	30 »		
Hébrard (Jacques).	5 »		
Hugot, adjoint.	10 »		
Josse.	20 »		
Labourdette.	10 »		
Lareuil.	10 »		
Laroche.	»	2 vieilles chemises, bandes, charpie.	
Laurent.	10 »		
Lauron (Dme).	»	Bandes, charpie.	
Lecomte.	5 »		
Lecouppey.	10 »		
Lemonier.	»	Vieux linge.	
Libert, maire.	40 »		
Ligeron, adjoint.	30 »		
Ligneau.	10 »		
Loberd.	»	Bandes, charpie.	
Moussy.	50 »	Vieux linge.	
Nélaton, père, fils et gendre.	»	6 couvertures, 12 paires de bas, 12 paires de gants.	
Nicolle.	»	Bandes.	
Orsat.	10 »		
Paquet.	»	Vieux linge.	
Pasquier aînée (Dme).	»	12 paires de chaussettes laine	
Paymal.	»	1 vieux drap.	
Pellon.	200 »		
Permenjat (veuve).	»	6 limousines.	
Poirée.	20 »		
Poitrasson.	10 »		
Pradier.	»	Charpie, linge.	
Quarré.	»	Charpie, vieux linge.	
Renard.	»	Vieux linge.	
Rizaucourt.	20 »		
Robineau.	10 »		
Sallot.	5 »		
Sevin.	5 »		
Soubin.	5 »		
Tessonnières.	5 »		
Truchon.	20 »		
Vène.	5 »		
Vernhes, vicaire.	5 »		
Vié.	»	Linge, charpie.	

NOMS, PRÉNOMS et professions DES DONATEURS.	DONS EN ARGENT.	DONS EN NATURE.	DATE DE LA REMISE DES DONS à l'Intendance militaire.
	fr. c.		
Vocher.	»	Charpie.	NOTA. — Les dons en nature de la banlieue ont été remis à l'Intendance militaire les 25 avril et 20 juillet 1855. — Les dons en argent ont été versés à la caisse du Ministère de la guerre.
Wocher.	5 »		
TOTAL......	1,351 50		
Bonneuil.			
Bemelmans (Baptiste).	2 »		
Bemelmans (Jean).	1 »		
Bidaut, adjoint.	»	Linge.	
Cottan (Jean).	»	*Id.*	
Dautier, maire.	20 »	*Id.*	
Geoffroy (Louis-Auguste).	2 »	Charpie.	
Geoffroy (Louis-Martin.	1 »		
Gillet (Alfred).	5 »		
Legrain (Jacques).	1 »		
Legrain (Jean).	1 »	Linge.	
Legrain (Jean-Pierre).	1 »	Charpie.	
Legrain (Pierre-Nicolas).	1 »		
Mangeard.	»	Linge.	
Michel.	»	*Id.*	
Montaroux (veuve).	3 »		
Visier (Alexandre).	»	*Id.*	
TOTAL......	38 »		
Bourg-la-Reine.			
Augot (veuve).	»	2 couvertures, 4 paires de chaussettes, 4 gilets de coton.	
Anonyme.	5 »		
Benoist.	»	4 paires de bas de laine, 3 caleçons.	
Benoist (Pierre-François).	»	1 couverture, linge.	
Binet.	»	*Id.*	
Bocquet.	3 »		
Bonnet (veuve).	»	Linge.	
Borgne.	»	Linge, 2 paires de chaussettes de laine.	
Boulanger.	»	Linge, charpie.	
Boyveau.	»	2 paires de chauss. de laine	
Brullé, marchand de vins.	»	Linge.	
Brullé (Pierre-Louis).	5 »		
Brunat.	»	Linge.	
Camus (veuve).	»	*Id.*	
Corneille.	»	*Id.*	
Coudère (veuve).	»	2 paires de chauss. de laine.	
Croibier.	5 »	Linge, 1 gilet de laine.	
Cron.	10 »		
Dautel (veuve).	»	Linge, charpie.	
De Dineur.	30 »		
Delaizement.	»	6 paires de chaussettes, 3 paires de guêtres, linge.	
Delval.	»	Linge.	
Dufresne.	»	Caleçons, 6 chemises.	
Dufresne (veuve).	»	Linge, 1 gilet de laine.	

NOMS, PRÉNOMS et professions DES DONATEURS.	DONS EN ARGENT.		DONS EN NATURE.	DATE DE LA REMISE DES DONS à l'Intendance militaire.
	fr.	c.		
Fabre.	2	»		NOTA. — Les dons en nature de la banlieue ont été remis à l'Intendance militaire les 25 avril et 20 juillet 1855. — Les dons en argent ont été versés à la caisse du Ministère de la guerre.
Faguet.	»		Linge.	
Gallois (veuve).	»		*Id.*	
Gerbaud (veuve).	1	»	*Id.*	
Girbe.	»		3 paires de chauss. de laine.	
Gouflier.	»		Linge.	
Guyon.	»		1 caban, 1 ceinture.	
Harodiez.	1	»		
Jacob.	5	»		
Jeulin.	5	»	Linge.	
Langlois.	5	»		
Languedocq.	»		Linge.	
Lecomte (veuve).	»		*Id.*	
Legallois.	5	»		
Lepère.	»		Linge, 1 couverture, 1 caleçon, 1 gilet de flanelle, 4 bonnets de coton, 12 mouchoirs, 2 paires de chaussettes.	
Lhotelain, curé.	»		1 courte-pointe piquée, deux draps, 2 chemises, linge.	
Mabire.	»		Linge.	
Martine (Jean-Pierre).	5	»	*Id.*	
Méry.	»		*Id.*	
Monpou (veuve).	»		Linge, 2 paires chaussettes de laine.	
Pérardel.	10	»		
Picard.	»		1 couverture, 6 mouchoirs.	
Pottier (veuve).	5	»		
Poulin.	»		6 gilets de laine, linge.	
Ravon, maire.	10	»	1 couverture.	
Roubaix et Bracquemard.	»		Linge, bas.	
Roubier.	»		Linge.	
Roux.	»		*Id.*	
Serre.	»		*Id.*	
Thomain.	»		*Id.*	
Wittoz.	10	»		
TOTAL......	122	»		

Brie-sur-Marne.

NOMS	fr.	c.	EN NATURE	DATE
Basseville (Aubin).	»	50		
Belleville (Urbain).	»	50		
Bemelmans (Louis-Philippe).	»	50		
Benoist (Alphonse).	1	50		
Benoist (Jules-Michel).	»	50		
Benoist (Louis-François).	»	50		
Carré.	2	»		
Chareyron (Jean-Pierre).	»	50		
Charlot (Mme).	»	50		
Clouet (Julien).	»	50		
Daguerre (veuve).	5	»		
De Rigny (Mlle).	15	»		
De Sainte-Clotilde (Dmes).	10	»		
Desnyau (veuve Louise).	»	50		
Desniaud (Henri).	2	»		
Dioni (Louis).	1	»		
Dubois (Laurent).	1	»		
Focquet (Louis).	»	50		

NOMS, PRÉNOMS et professions DES DONATEURS.	DONS		DATE DE LA REMISE DES DONS à l'Intendance militaire.
	EN ARGENT.	EN NATURE.	
	fr. c.		
Gépée.	» 50		NOTA. — Les dons en nature de la banlieue ont été remis à l'Intendance militaire les 25 avril et 20 juillet 1855. — Les dons en argent ont été versés à la caisse du Ministère de la guerre.
Guigny (Louis-Jacques).	» 50		
Guillemain (veuve).	» 50		
Henri (dit Philebée).	1 »		
Hug (Henri).	2 »		
Jactard (veuve).	1 »		
Joberd.	3 50		
Jourdain (Aubin).	1 »		
Jourdain (Dieudonné).	1 »		
Jourdain (Louis).	» 50		
Jourdain (Louis-Claude).	1 »		
Lamant (Louis-Augustin).	2 »		
Lapersonne (Augustin).	» 50		
Lémant (Ferdinand).	» 50		
Marlé.	10 »		
Mentienne, maire.	3 »		
Mentienne (Amédée).	1 »		
Mentienne (Antoine).	1 »		
Mentienne (Clément).	1 »		
Mentienne (Eugène).	» 50		
Mentienne (Henri père et fils).	2 »		
Mentienne (Louis).	» 50		
Mentienne (Alexandre).	1 »		
Merley	5 »		
Mortier (Hyacinthe).	» 50		
Mortier (Pierre-Louis).	1 »		
Peigné.	5 »		
Peroy (Louis).	» 50		
Petitot (Charles).	» 50		
Quéru (Fanny veuve).	» 50		
Quéru (Honoré).	» 75		
Quéru (Louis-Alexis).	» 75		
Quéru (Louis-François).	1 »		
Quéru (Pierre-François.	1 »		
Quéru (Victor).	» 50		
Rouillon.	» 50		
Sellier (Armand).	1 »		
Sellier (veuve François).	1 »		
Sellier (Noël-George-Léon).	2 »		
Son (Sébastien).	1 »		
Tiercet.	5 »		
Touffu fils.	» 20		
Touffu père.	» 50		
Vaudois.	» 25		
Villeroy (Louis-Georges).	» 75		
TOTAL.......	107 20		

Champigny.

Anonyme.	2 »		
Bailly (André).	1 50		
Bardet (Eugène).	1 »		
Barré (Auguste).	»	1 couverture de laine, linge.	
Benoist (Alexandre).	1 »		
Bertelon.	»	Linge.	
Berthelon (Jean).	1 »		
Bertrand.	»	Linge.	
Bessault (Fortuné).	»	*Id.*	
Bessault (Germain).	»	*Id.*	

NOMS, PRÉNOMS et professions DES DONATEURS.	DONS EN ARGENT.		DONS EN NATURE.	DATE DE LA REMISE DES DONS à l'Intendance militaire.
	fr.	c.		
Bessault (Luce).	1	»		NOTA. — Les dons en nature de la banlieue ont été remis à l'Intendance militaire les 25 avril et 20 juillet 1855. — Les dons en argent ont été versés à la caisse du Ministère de la guerre.
Bessault, dit Gazon.	»		Linge.	
Bessault, dit Lemoine.	»		*Id.*	
Boileau.	»		Linge, peaux, etc.	
Bonnetain (Claude).	5	»		
Bordier (Joseph).	1	»		
Borel, curé.	5	»	1 couverture de laine, 1 drap.	
Borel (Henri).	1	»		
Borel (Léon).	1	»		
Boudon (Pierre).	»	50		
Bourlier (Joseph).	2	»	Linge.	
Bracq (Joachim).	1	»		
Branche.	»		Linge.	
Breton (Jacques).	»		*Id.*	
Cabaret (Alexandre).	2	»		
Cabriot (Germain).	»		Linge.	
Chain (Antoine).	»	50		
Chaponet (Charles-Victor).	»		Linge.	
Chaponet (Germain).	»		*Id.*	
Chaponet (Joseph).	»	50		
Chaponet (Philippe).	1	»		
Chaponet (Théodore).	»		Linge.	
Chardon.	»		*Id.*	
Charles (Henri).	1	»		
Charles (Vincent).	3	»	Linge.	
Charpentier.	1	»		
Charpentier.	1	»		
Charpentier mère.	1	»		
Chatenay (Julien).	5	»		
Chatenay mère.	»		Linge.	
Chatenay père.	5	»		
Chaumont (veuve).	»		Linge.	
Chauvin (Théodore).	»	50		
Chenaye (Frédéric).	1	»		
Choffin.	20	»		
Comont (Charles).	2	50		
Cuny (veuve).	»		Linge.	
Dandrieu (Antoine).	1	»		
Daniel.	»		Linge.	
Daret.	5	»		
David.	3	»		
Debreux.	4	»		
Debreux (Jean).	5	»		
Debecq.	»		1 couverture de laine, linge.	
Derevel.	»		Charpie.	
Derevel (Achille).	2	»		
Desgranges (Louis).	1	»		
Desterne (François).	1	»		
Desterne (Louis), dit Bedeau.	1	»		
Desterne (veuve).	1	»	Linge.	
Didier.	5	»		
Dufour et Delaon.	5	»		
Dumai (Mlle).	2	»		
Durand.	»	50		
Duval (Charles).	1	»		
Duval (veuve).	1	»		
Gabet (veuve).	»		Linge.	
Gaboret, adjoint.	5	»		
Gaugué (Hubert).	1	»		
Gélé.	»	50		
Gérard (Mme).	»		Linge, charpie.	
Gervais, meunier.	3	»		

NOMS, PRÉNOMS et professions DES DONATEURS.	DONS		DATE DE LA REMISE DES DONS à l'Intendance militaire.
	EN ARGENT.	EN NATURE.	
	fr. c.		
Goussard.	»	Linge.	NOTA. — Les dons en nature de la banlieue ont été remis à l'Intendance militaire les 25 avril et 20 juillet 1855. — Les dons en argent ont été versés à la caisse du Ministère de la guerre.
Gromas (Mlle).	2 »	Charpie.	
Gromas (veuve).	1 »	Linge.	
Guillot (Mme).	5 »		
Hudier (Alexandre).	2 »	Linge.	
Hudier (Alexandre).	5 »		
Hudier mère.	»	1 couverture de laine, linge.	
Jolly (Louis-Antoine).	2 »	Linge.	
Jolly mère.	1 »	*Id.*	
Labille (Amable).	5 »		
Labille (Mme).	5 »		
Laféteur (Emile).	»	1 couverture grise, charpie, linge.	
Laurent (veuve).	5 »	Linge.	
Lecomte.	» 30		
Lefèvre (veuve).	»	1 couverture grise, linge.	
Lelarge (François).	» 50		
Lemale.	3 »		
Lepage (Joseph).	2 »		
Leroy (Mme).	1 »		
Leveau (André).	»	Linge.	
Lefèvre (Baptiste).	2 »	*Id.*	
Liedet (Nicolas).	1 »		
Maince (Frédéric).	3 »		
Manceaux.	» 50		
Manceaux aîné.	»	Linge.	
Marinier.	1 »		
Martelet, maire.	37 70		
Mauroy.	1 50		
Mauroy.	1 50		
Mignon (Joseph).	5 »	2 couvertures, charpie, linge.	
Nalet (Pierre-Philippe).	1 50	Linge.	
Neveu (Bellomé).	» 50		
Neveu (Eugène).	2 »		
Papegait.	5 »		
Parent (veuve).	»	Linge.	
Pasquer (Charles).	1 »		
Peigné (Isidore-Polinaire).	» 50		
Pelletier (Antoine-Joseph).	»	Linge.	
Pelletier (Jean-Louis).	»	*Id.*	
Pelletier (Louis-Pierre).	1 »		
Perigault (veuve).	1 »		
Perigault (Vincent).	» 50		
Petit (Auguste).	2 »		
Petit (Joseph).	1 50		
Petit (Vincent).	1 »		
Petithuguenin (Mme).	»	Linge.	
Pillais.	»	*Id.*	
Puissant (Mme).	10 »		
Reigner.	» 50		
Reine.	»	Linge.	
Renoux (Jules).	2 »		
Renoux (Pierre).	»	Linge.	
Renoux (Vincent).	»	*Id.*	
Senneville.	5 »		
Septfontaine.	»	Linge.	
Servet.	»	1 couverture de laine.	
Thomeret, dit Camp.	2 »		
Tillet (veuve Armand).	3 »		
Tillet (veuve Jules).	2 »		
Tillet (Louis-Claude).	2 »	Linge.	
Trabaud (Magloire).	1 »		
Turin (Edmond).	»	Linge.	

NOMS, PRÉNOMS et professions DES DONATEURS.	DONS		DATE DE LA REMISE DES DONS à l'Intendance militaire.
	EN ARGENT.	EN NATURE.	
	fr. c.		
Valcher.	3 »		NOTA. — Les dons en nature de la banlieue ont été remis à l'Intendance militaire les 25 avril et 20 juillet 1855. — Les dons en argent ont été versés à la caisse du Ministère de la guerre.
Vivant (Augustin).	2 »	Linge.	
Wilham.	40 »		
TOTAL....	300 »		

Charenton.

Bayard.	5 »	Linge pour compresses.	
Belhomme.	»	Charpie, toile.	
Blasset.	»	Toile, chemises.	
Bleynie.	»	Toile, compresses.	
Boissenot.	»	Charpie, bandes, compresses	
Bon Pasteur (couvent du).	»	*Id.*	
Bothelin.	»	Charpie, toile.	
Briard.	»	Linge.	
Caillot.	»	Drap, compresses.	
Candellé.	»	Toile, compresses.	
Capi.	20 »	*Id.*	
Chabot.	»	*Id.*	
Charlot.	2 »	Linge.	
Chiloret.	»	Toile, calicot, charpie.	
Cordier et Galland (Mmes).	»	Bandes, compresses, charpie.	
Cote.	1 »	Toile, compresses.	
Cottin (Mme).	»	4 draps, compresses, bandes.	
Coulouvret.	»	Linge.	
Courtois.	»	Toile.	
Dauphin (Mme).	2 »		
Debionne.	»	Charpie.	
Delangre.	25 »		
De Lassence.	20 »		
Delpech.	3 »		
Descombes (veuve).	5 »	Toile.	
Desilles (veuve).	5 »		
Destouches.	»	Charpie, toile.	
Doré, adjoint.	»	Toile.	
Dory.	»	Compresses.	
Douesgue.	5 »		
Dubois (Mme).	»	Charpie, bandes, compresses.	
Dubois (veuve).	5 »		
Ducros (veuve).	5 »	Toile.	
Duponchel.	20 »		
Dupuis.	»	Toile, compresses.	
Farget.	»	Bandes, charpie.	
Faucon (Claude).	5 »		
Flahaut.	»	Charpie.	
Frayssinet.	»	1 drap, compresses, charpie.	
Galland mère.	»	Toile, calicot.	
Genty (Mmes).	»	Charpie, bandes, 1 drap.	
Groley (veuve Eugène).	1 »		
Groley mère (veuve).	1 »		
Guérin fils aîné.	2 »		
Guyot.	10 »		
Hay (veuve).	»	Compresses, charpie, 12 bonnets de coton.	
Houdart.	»	Toile.	
Huardeau (veuve).	1 »	Charpie.	
Jolly (veuve).	2 »		
Lamblot, adjoint.	5 »	Charpie, bandes.	
Lasson.	1 »	Toile, compresses.	

NOMS, PRÉNOMS et professions DES DONATEURS.	DONS		DATE DE LA REMISE DES DONS à l'intendance militaire.
	EN ARGENT.	EN NATURE.	
	fr. c.		
Lebaigue.	2 »		
Leclerc.	»	Drap, bandes.	NOTA. — Les dons en nature de la banlieue ont été remis à l'Intendance militaire les 25 avril et 20 juillet 1855. — Les dons en argent ont été versés à la caisse du Ministère de la guerre.
Lecourtois (Alphonse).	»	Charpie, bandes.	
Lecrêpe.	»	Bandes, compresses.	
Lefevre (veuve).	5 »		
Legrand.	»	Charpie.	
Lemaire.	5 »		
Leroy (veuve) et Ravassat.	10 »	Charpie, bandes, chemises.	
Lheureux.	» 50		
Mariq.	10 »	Toile fine.	
Martin.	»	Charpie.	
Marty, maire.	20 »		
Morat (Jules).	»	Charpie, bandes.	
Morey.	»	*Id.*	
Noviciat du Sacré-Cœur.	»	Couvertures et couvrepieds, bandes, compresses, chemises et morceaux.	
Paris.	15 »		
Perrin.	»	Charpie, bandes, compresses.	
Philippets.	»	Toile, compresses.	
Picard.	»	Toile.	
Pilliard.	»	Bandes, compresses, charpie.	
Place.	»	Bandes, linge, charpie.	
Prunier.	»	Bandes, toile, charpie.	
Racinet.	»	Linge, charpie.	
Ramon.	1 50		
Ridan père.	»	Bandes, compresses.	
Ridan (Silvain).	»	Bandes, charpie, compresses, serviettes.	
Riquet père.	»	1 drap, bandes, toile.	
Rob.	» 50		
Robinot.	2 »	Linge.	
Roblet.	»	Toile, compresses.	
Schmitz (veuve).	»	Toile, linge.	
Servin.	»	Bandes, charpie.	
Thabouret.	»	Toile, compresses.	
Thomas (Mlle).	»	Charpie, bandes.	
Thomerieux.	»	Toile.	
Trouille.	2 »		
Verrier.	»	Vieux linge.	
Vigneron.	2 »	Toile, bandes, calicot, 1/2 kil. chocolat.	
Vital.	»	Toile.	
TOTAL....	226 50		

Chatenay.

Aubineau.	» 50		
Bachoux.	2 »		
Beaurieu.	1 »		
Bellangé aîné.	» 50		
Benoist (Aglaé).	» 50		
Benoist (Emile).	1 »		
Benoist (Jean-François).	» 50		
Binard.	1 »		
Boucher (veuve).	» 50		
Bouvet (Emeland).	1 »		
Caze.	1 »		
Chaumont.	1 »		

NOMS, PRÉNOMS et professions DES DONATEURS.	DONS		DATE DE LA REMISE DES DONS à l'Intendance militaire.
	EN ARGENT.	EN NATURE.	
	fr. c.		
Cochelin (Jean).	» 50		NOTA. — Les dons en nature de la banlieue ont été remis à l'Intendance militaire les 25 avril et 20 juill t 1855. — Les dons en argent ont été versés à la caisse du Ministère de la guerre.
Cochelin (Louis).	1 »		
Collet.	2 »		
Commissaire père.	3 »		
Courtois (Auguste).	» 50		
Courtois (Joseph).	2 »		
Cunault.	2 »		
Dantan.	1 »		
De Lafaulotte (Ernest).	20 »		
Derouen (Gabriel).	1 »		
Favergeon père.	» 50		
Garnier.	5 »		
Godard.	2 »		
Gosselin (Roland).	40 »		
Gosselin (Roland) fils.	20 »		
Goupy.	1 »		
Griois, maire.	100 »		
Guézard (veuve).	» 50		
Heurteaux.	2 »		
Huchez.	2 50		
Lafaulotte (Mme Louis).	40 »		
Laurent (Pierre).	1 »		
Le Berthais, curé.	5 »		
Lemaire.	1 »		
Lemercier de Nerville.	20 »		
Levanneur.	1 »		
Levieux.	3 »		
Maillié père.	1 »		
Martine, adjoint.	3 »		
Martine (Auguste).	3 »		
Martine (Michel).	2 »		
Mathieu.	5 »		
Mauger.	1 50		
Missonnier.	2 »		
Nicolas (veuve).	» 50		
Pavier.	3 »		
Petitfils père.	3 »		
Pic (Louis).	» 50		
Plet (Félix).	» 50		
Raffard fils.	1 »		
Raffard père.	2 »		
Roger (veuve).	1 »		
Roglin père.	» 50		
Schitter.	2 »		
Sinet (veuve).	2 »		
Sinet (Mlle Aglaé).	1 »		
Tisserand.	2 »		
Troufillot (Pierre).	3 »		
Vauru père.	1 »		
Vaury (Frédéric).	» 50		
Visset.	» 50		
TOTAL.....	329 50		

Châtillon.

Andrivet.	»	Linge, charpie.	
Barbeau, adjoint.	»	1 couverture de laine.	
Bourquin.	»	1 couverture de laine, linge.	
Cransard.	»	Linge, 4 paires de chaussettes de laine.	

NOMS, PRÉNOMS et professions DES DONATEURS.	DONS EN ARGENT.		DONS EN NATURE.	DATE DE LA REMISE DES DONS à l'Intendance militaire.
	fr.	c.		
Destauret.	»		Linge.	NOTA. — Les dons en nature de la banlieue ont été remis à l'Intendance militaire les 25 avril et 20 juillet 1855. — Les dons en argent ont été versés à la caisse du Ministère de la guerre.
Drion (veuve).	»		*Id.*	
Dupuit.	»		*Id.*	
Duquesne.	»		Linge, charpie.	
Guétard jeune.	»		Linge.	
Leroy (Jean-Pierre).	»		Linge, 1 chemise.	
Leturé (Jean-Emile).	»		Linge.	
Marenge (veuve).	»		*Id.*	
Paloux (Etienne).	»		*Id.*	
Tronchon (veuve).	»		*Id.*	

Chevilly.

Andry (François).	»	50		
Andry (Léonard).	1	»		
Andry (Philippe).	1	»		
Andry (Pierre-André).	»	50		
Ausoure, maire.	5	»	Linge, charpie.	
Berthelot (veuve).	1	»		
Brice (Louis).	2	»		
Brice (Paul).	»		Linge.	
Bureau (Toussaint).	»	50		
Calais (François).	»	50		
Clavier (Salomon).	»	50		
Coulon (Etienne).	1	»		
Cretté (Jean).	5	»		
Cretté (Jean-Joseph).	2	»		
Croux (Gabriel).	5	»		
De Cubières (marquis).	10	»		
De Fernex (Emmanuel).	5	»	Linge.	
Degrenne (Hippolyte).	1	»		
Desvignes (Théodore).	»	50		
Goyard (Frédéric).	»		Linge.	
Goyard (veuve Toussaint).	»		*Id.*	
Goyard-Massuet.	1	»		
Goyard-Noret.	1	»		
Lacoste (Charles).	5	»	Linge, charpie.	
Leduc (Edme-Antoine).	2	»		
Lefèvre (Ambroise).	»		Linge.	
Leporc (Mlle).	»		Linge, charpie.	
Loret (Henri).	2	»		
Louis (Joseph).	1	50		
Maquaire (Ferdinand).	2	»		
Noret (Antoine).	2	»		
Noret (Charles).	1	»		
Noret (Jacques).	1	50		
Odobey (Jean-François).	»		Linge.	
Outrequin (veuve).	20	»		
Petit (Louis).	»		Linge.	
Petitfils (Louis-Nicolas).	2	»		
Roger (Pierre-Jacques).	1	»		
Saunier (Nicolas).	»	50		
Vaché (Pierre).	1	»		
Vincent (Mathurin).	»	50		
TOTAL.....	86	»		

NOMS, PRÉNOMS et professions DES DONATEURS.	DONS			DATE DE LA REMISE DES DONS à l'Intendance militaire.
	EN ARGENT.		EN NATURE.	
			Choisy.	NOTA. — Les dons en nature de la banlieue ont été remis à l'Intendance militaire les 25 avril et 20 juillet 1855. — Les dons en argent ont été versés à la caisse du Ministère de la guerre.
	fr.	c.		
Ancelet (veuve).	»		Linge.	
Anonyme.	»		Charpie, une couverture de coton.	
Anonymes.	»		Charpie.	
Astier.	»		Linge.	
Barre.	5	»		
Bayvet frères (collecte dans leur fabrique).	186	95		
Basset (Dames).	»	50	Linge.	
Belhony.	2	»		
Bernier.	10	»		
Bersot.	5	»		
Bertaut,	5	»	Linge.	
Berthelemy.	»		*Id.*	
Berthier.	10	»		
Bidard.	2	50		
Boivin.	10	»		
Bonne de Mme Wagner.	1	»		
Bonne de Mme Lefèvre.	1	»		
Bonnefoy.	5	»		
Bouchereaux.	5	»		
Bouché.	»		Linge.	
Bourdin.	5	»		
Bourly.	1	»		
Boyer.	»	50		
Boyer (Louis).	1	»		
Branchard (Mme).	»		Linge, bandes.	
Breton (veuve).	»		Linge, charpie.	
Brou.	2	»		
Brulé.	2	»		
Buisson.	»		Linge, charpie.	
Burq.	5	»		
Buzot.	1	»		
Cagnin.	3	»	Linge.	
Caillault.	»		*Id.*	
Caillault aîné.	5	»		
Carmouche.	»		Linge.	
Cassard.	3	»		
Casse.	»	50		
Cazin.	»		Linge.	
Chalopin père.	2	»		
Chandeaux.	10	»		
Chaput.	»		Linge.	
Charron.	5	»		
Chaumette.	10	»		
Chemarin.	2	»		
Chopin.	6	»		
Couraut.	2	»		
Courtellemont.	10	»		
Coustey.	»		Linge, 1 couverture de laine.	
Cousty.	3	»		
Cristofari.	1	50		
Crommer (veuve).	»		Linge.	
Cuignet.	»		Charpie.	
Dailly.	»		Linge.	
Daubigné.	1	50		
Debonnaire.	2	»		
De Caprez (Mme).	5	»		
Degarne.	»		Linge.	
De Lorza.	2	»		

NOMS, PRÉNOMS et professions DES DONATEURS.	DONS EN ARGENT. fr.	c.	DONS EN NATURE.	DATE DE LA REMISE DES DONS à l'Intendance militaire.
Desmant.	2	»		NOTA. — Les dons en nature de la banlieue ont été remis à l'Intendance militaire les 25 avril et 20 juillet 1855. — Les dons en argent ont été versés à la caisse du Ministère de la guerre.
Desperriès.	2	»		
Desperriès, serrurier.	1	50		
Desplaces.	»	50		
Desvertus (Mme).	»		Charpie, bandes, compresses.	
Diard.	»		2 tricots de laine.	
Doudet.	10	»		
Dumons.	5	»		
Ecole communale des filles.	»		Linge, 166 mètres de compresses, et 6 kil. de charpie.	
Elie.	1	»		
Falet fils.	2	»		
Falet père.	»		Linge.	
Fiévé.	1	»		
Foissin.	3	»	Linge.	
Fossey.	2	»		
Fourlon.	1	»		
Garnaud.	5	»		
Gatelier.	1	»		
Gaud.	»		Charpie.	
Gautier.	2	»		
Gautier (Mme).	2	»		
Girard.	3	»	Linge.	
Godfroy.	10	»		
Gouillon.	5	»		
Goulard.	3	»	Linge.	
Gourier.	1	»		
Grateau.	5	»		
Grolous.	5	»		
Guay.	3	»		
Guépin.	2	»		
Gueffier.	3	»		
Hanly.	5	»		
Hautin et Boulanger (collecte dans leur fabrique).	163	80		
Hébert.	5	»		
Heilliette.	3	»		
Hudicourt.	5	»		
Isambert.	5	»		
Jacquemin.	5	»		
Jasmin.	1	»		
Jouvard.	»		Linge.	
Klein, adjoint.	10	»		
Klein fils.	5	»		
Lahanier (Mme).	2	»		
Lallemand.	20	»		
Langelot.	»		Linge.	
Leclerc.	»		1 drap.	
Lecomte.	2	50		
Lecrosnier.	5	»		
Lefèvre.	5	»		
Legendre.	1	50		
Légroud.	5	»		
Lejeune.	»		1 couverture de laine.	
Lejeune.	1	»		
Lemire père et ses fils, et collecte dans sa fabrique.	83	75		
Lemoine.	2	»		
Lépine (collecte dans sa pension).	34	»		
Lerible père et fils.	3	»		
Leroux (Nestor).	5	»		
Leterme.	»		6 paires de chauss. de laine.	
Liuard.	1	»		

NOMS, PRÉNOMS et professions DES DONATEURS.	DONS			DATE DE LA REMISE DES DONS à l'Intendance militaire.
	EN ARGENT.		EN NATURE.	
	fr.	c.		
Lorin (veuve).	»	»	Linge.	NOTA. — Les dons en nature de la banlieue ont été remis à l'Intendance militaire les 25 avril et 20 juillet 1855. — Les dons en argent ont été versés à la caisse du Ministère de la guerre.
Machelard.	2	»		
Malésie.	5	»		
Maréchal.	»	»	1 couverture de coton.	
Martin.	5	»		
Mathieu.	1	»		
Mercier.	3	»		
Merle.	5	»		
Meunier.	5	»		
Meunier.	10	»	3 couvertures de laine.	
Michel, notaire.	10	»		
Michy.	1	»		
Mille.	10	»		
Minel.	1	»		
Mory (Mme Rose).	»		Linge.	
Mouchenet.	5	»		
Neustadt.	5	»		
Normand, maire.	10	»		
Pauthier.	3	»		
Perpette père.	2	»		
Petit (veuve).	»		Linge.	
Picard.	»		3 bonnets de coton.	
Pioline.	»	50		
Piot.	10	»		
Poirier.	»		Linge.	
Poisson.	1	»		
Poret.	5	»		
Porlier.	5	»		
Pradeau (Mme).	1	»		
Protoy.	»	50		
Rabut aîné.	5	»	Linge.	
Rabut jeune.	3	»		
Régimbal.	»		1 couv. de laine, 5 pres de bas.	
Renet (Mme).	2	»		
Reveillon.	5	»		
Richer.	2	»		
Rivière.	5	»	Linge, flanelle.	
Rivière père.	3	»	Linge.	
Robert.	2	»		
Roujou.	»		Linge, charpie.	
Simon.	5	»		
Tallard.	3	»		
Thérou, curé.	25	»		
Thorambey.	1	»		
Turlier.	»		1 couverture.	
Valton père.	»		Linge, chem., gilets, bandes.	
Vassard.	2	»		
Vatelin.	2	»		
Vignaud.	5	»		
Voirin.	5	»		
Voirin (Mme).	»		Linge, confection de charpie, et 5 kil. 500 gr. de bandes.	
Volfin.	»		Linge.	
Wagner (Mme).	1	»	3 caleçons, 1 gilet de flanelle.	
TOTAL.....	981	50		

Cette somme de 981 fr. 50 c. a été employée par le maire en achat de 50 couvertures, 100 ceintures, 74 gilets de laine, 14 douzaines et demie de paires de chaussettes, 6 douzaines de chaussons.

NOMS, PRÉNOMS et professions DES DONATEURS.	DONS EN ARGENT.		DONS EN NATURE.	DATE DE LA REMISE DES DONS à l'Intendance militaire.
			Clamart.	NOTA. — Les dons en nature de la banlieue ont été remis à l'Intendance militaire les 25 avril et 20 juillet 1855. — Les dons en argent ont été versés à la caisse du Ministère de la guerre.
	fr.	c.		
Abraham (Denis).	1	»		
Acarie (Mlle).	3	»		
Ancelin aîné.	2	»		
Ancelin (veuve).	1	»		
Andry-Chatenay (veuve).	1	»		
Asile communal.	»		Charpie, vieux linge.	
Aulard.	»	50		
Baudry (Jérôme).	»	50		
Bodinier (veuve).	»		2 draps.	
Bonnard.	1	»		
Bonnard (Pierre-François).	1	»		
Borde (veuve).	10	»	6 chemises.	
Boulard fils.	»		Vieux linge.	
Boulard père.	1	»	1 drap.	
Bourgeois.	»	50		
Brissard.	2	»		
Brocard.	3	»		
Bruère.	1	»		
Caboche (veuve).	5	»	Charpie.	
Caminade.	»	50		
Capitaine.	1	»		
Caritte.	»	50		
Champy.	»	50		
Chatellier.	5	»		
Chella.	»	50		
Clivin et Mussard.	»		Charpie.	
Coignet.	5	»		
Conil.	1	»		
Corby (Louis).	»		Vieux linge, 1 drap.	
Corby (Mathieu-Jérôme).	»		Vieux linge.	
Cuinier.	2	»		
Dagoumer (Dominique).	»	50		
Dagoumer (Pierre-Marie).	2	»	Vieux linge.	
Debresse.	»		2 chemises, 1 caleçon, 1 gilet de tricot.	
De Corominas, curé.	1	»		
Delezenne.	5	»		
Dinant (Cécile).	»		2 draps, 1 couverture laine, vieux linge.	
Donati.	»		Vieux linge.	
Draignaud (Sylvain).	»	50		
Drouet (Charles).	»		Vieux linge.	
Drouet (François).	2	»		
Drouet (Justin-Marie).	»		Vieux linge.	
Drouet (Pierre-Marie).	2	»		
Dulion (Mlle).	2	»		
Dupré.	»		Vieux linge.	
Fizellier (Antoine).	1	»		
Fizellier (Philippe).	»		Vieux linge, 2 chemises, 1 drap.	
Fourreau.	3	»		
François (Antoine).	2	»		
Franquet, adjoint.	1	50		
Froment.	»		Vieux linge.	
Gadon.	»	50		
Garnier.	1	»		
Gaume.	»	50		
Gautier (veuve).	»		Vieux linge.	
Gogue (Auguste).	»		*Id.*	
Gogue (Claude-Denis).	»		*Id.*	

NOMS, PRÉNOMS et professions DES DONATEURS.	DONS EN ARGENT.	DONS EN NATURE.	DATE DE LA REMISE DES DONS à l'Intendance militaire.
	fr. c.		
Gogue (Dominique).	1 50		NOTA. — Les dons en nature de la banlieue ont été remis à l'Intendance militaire les 25 avril et 20 juillet 1855. — Les dons en argent ont été versés à la caisse du Ministère de la guerre.
Gogue (Jacques).	» 50		
Gogue (Jean-Baptiste).	»	Vieux linge.	
Gogue (Julien).	1 50		
Gogue (Louis).	» 25		
Gogue (Pierre-Denis).	3 »		
Graindorge.	1 »	Vieux linge.	
Hénault.	»	*Id.*	
Hervieux.	1 »		
Hevin (veuve).	5 »		
Hunebelle.	»	Vieux linge.	
Janiaux (Laurent).	1 »		
Janiaux (veuve).	» 50		
Jeunesse (veuve).	»	Charpie.	
Lapostolle (Hippolyte).	1 »		
Lannier.	5 »		
Laurence.	2 »		
Leismer.	5 »		
Lesueur.	2 »		
Loche (veuve).	»	Vieux linge.	
Loisy.	2 50		
Louvrier, maire.	»	12 couvertures de laine, bandes, charpie.	
Maréchal.	»	4 chemises, vieux linge.	
Marquis.	10 »		
Martine.	»	Vieux linge.	
Mathias.	5 »		
Meissonnier.	3 »		
Miscopein.	3 »		
Monérat.	1 »		
Monier.	1 »		
Morival (veuve).	1 »	1 paire de chaussettes, vieux linge, 1/2 kil. de chocolat.	
Moulin, boulanger.	3 »		
Noé.	1 »		
Noël.	1 »		
Oellers père.	1 »		
Ollivier.	»	1 caleçon, 1 gilet de tricot.	
Ory.	5 »		
Oudinot.	2 »		
Pascal.	»	20 serviettes, vieux linge.	
Paureau (François).	» 30		
Percheron.	3 »		
Piessevaux (Mlle).	1 »		
Pinard père.	» 50		
Podevin fils.	» 50	Vieux linge.	
Podevin père.	2 »		
Puthomme (Jean-François).	»	Vieux linge.	
Radiguez.	1 »	Charpie.	
Rayez.	»	Vieux linge.	
Rétif.	» 50		
Ribeauville.	5 »		
Ribout fils.	1 »		
Robbe.	»	1 drap, 1 paire chaussettes, vieux linge.	
Roussel.	» 65		
Rousselet.	1 »		
Thiéphine.	2 »		
TOTAL...	167 »		

NOMS, PRÉNOMS et professions DES DONATEURS.	DONS EN ARGENT.		DONS EN NATURE.	DATE DE LA REMISE DES DONS à l'Intendance militaire.
			Créteil.	NOTA. — Les dons en nature de la banlieue ont été remis à l'Intendance militaire les 25 avril et 20 juillet 1855. — Les dons en argent ont été versés à la caisse du Ministère de la guerre.
	fr.	c.		
Administration des Omnibus	30	»		
Arnold (veuve).	»		Charpie.	
Boquet.	»		Linge, charpie.	
Boulard.	»		Linge.	
Boussard,	»		*Id.*	
Brabant.	»		*Id.*	
Colombet.	20	»		
Coulmont.	»		Linge.	
Courtin.	»		*Id.*	
De la Force (duchesse).	»		Linge, charpie, 2 paires de chaussettes, 4 bonnets de coton, 2 draps, 2 nappes, bandes.	
Delorme.	»		Linge.	
Desprez.	»		*Id.*	
Directrice des Postes (la).	»		Bandes, charpie.	
Duval.	»		Charpie.	
Flugnaux.	»		Charpie, 1 torchon.	
Gallois.	»		Charpie.	
Gauchat.	»		Linge.	
Guilbert (Mme).	»		Charpie.	
Henry.	»		Linge.	
Hève.	15	»		
Jacquin.	»		1 drap, 1 chemise, linge.	
Laumonnier.	»		Linge.	
Lecouteux.	5	»	*Id.*	
Loreau fils.	»		*Id.*	
Maréchal.	»		*Id.*	
Marguilly.	»		1 drap.	
Milcent aîné.	»		Linge.	
Milcent (François),	»		*Id.*	
Pathouille.	»		1 couverture de laine, 1 drap, 1 serviette.	
Potel.	»		Linge.	
Sœurs de St-Joseph (les).	»		Charpie.	
Visier (Emile).	»		Linge.	
Visier (Nicolas).	»		*Id.*	
Voisin (Sébastien).	»		*Id.*	
TOTAL.....	70	»		
			Fontenay-aux-Roses.	
Anonyme.	»		Charpie.	
Aubert.	»		Bandes, compresses.	
Audry (Germain).	»		*Id.*	
Barbeau (veuve).	»		Bandes, linge.	
Bart (veuve).	»		Charpie.	
Billiard.	»		Linge.	
Bonas (Michel).	2	»	*Id*	
Boncorps (Langevin).	»		Bandes, compresses.	
Bonnejean (Marc).	5	»		
Bonnelais père.	»		Charpie.	
Brullez.	»		*Id.*	
Buhrel (Valentin).	»		Bandes, compresses.	
Carbonnel.	»		*Id.*	
Chavanon (Jean).	»		Charpie.	

NOMS, PRÉNOMS et professions DES DONATEURS.	DONS			DATE DE LA REMISE DES DONS à l'Intendance militaire.
	EN ARGENT.		EN NATURE.	
	fr.	c.		
Chevilleon.	»		Bandes, compresses.	NOTA. — Les dons en nature de la banlieue ont été remis à l'Intendance militaire les 25 avril et 20 juillet 1855. — Les dons en argent ont été versés à la caisse du Ministère de la guerre.
Chevillon (Alphonse).	»		*Id.*	
Collége Se-Barbe-des-Champs	200	»		
Cousin (Louis).	»		Linge.	
Cousin (veuve).	1	50		
Coville (veuve).	»		Linge, bandes, compresses.	
David.	»		Charpie.	
De La Tour.	»		Linge.	
Dubocage (veuve).	10	»		
Férat.	»		Linge.	
Fernique.	»		Linge, charpie.	
Foron.	»		Charpie, bandes.	
Girard (Desiré).	»		Bandes, compresses.	
Godefroy.	»		Charpie.	
Goubier (François).	»		Linge.	
Guyot (Marin).	»		Bandes, compresses.	
Guyot (veuve).	1	»	Linge, charpie.	
Koch.	»		*Id.*	
Koch (Michel).	10	»	Linge, charpie, chaussettes.	
Laisné (Michel).	10	»		
Lavallée (Honoré).	2	»		
Lefort (Louis).	»		Bandes, compresses.	
Leroy (Julien).	»		*Id.*	
Levasseur (veuve).	»		3 couvertures, 3 draps, linge, charpie.	
Mareschal (veuve).	»		Linge, charpie, 2 couvertures	
Martiné (Joseph-Antoine).	»		Charpie.	
Moury (François).	»		Linge, couverture.	
Noblet (Camille).	»		Linge.	
Olivier (Louis-Armand).	»		Bandes, compresses.	
Parvillé (veuve).	»		Bandes.	
Périer de Trémemont.	»		Draps, couvertures.	
Picard (Jules).	»		Chaussettes, chaussons.	
Pommier.	»		Linge, bandes.	
Pommier.	»		Linge.	
Richard.	»		Linge, bandes.	
Rocher (Mlle Françoise).	»		Linge, chaussettes.	
Royer (Tulipe).	»		Linge.	
Sandrin (Eloi).	1	»	Charpie.	
Sevin (veuve).	»		*Id.*	
Thebaut (Maurice).	»		Charpie, bandes.	
Vatard.	1	»		
TOTAL......	243	50		

Fontenay-sous-Bois.

Alexandre (Raymond).	2	»		
Anonyme.	5	»		
Arnoux (Denis).	10	»		
Aroux (Mlle).	5	»		
Aubourt (Auguste).	1	»		
Bachelier (François-Victorin)	»		Bandes et compresses.	
Barthélemy.	5	»		
Bartoli, curé.	»		1 couverture, 2 draps, 2 chemises.	
Becheret (Jean-Pierre).	»		Linge.	
Benoune (veuve).	2	»		
Bergerin (Claude).	2	»		
Berrault (Marie).	2	»		

NOMS, PRÉNOMS et professions DES DONATEURS.	DONS EN ARGENT.		DONS EN NATURE.	DATE DE LA REMISE DES DONS à l'Intendance militaire.
	fr.	c.		
Bieber.	1	»		NOTA. — Les dons en nature de la banlieue ont été remis à l'Intendance militaire les 25 avril et 20 juillet 1855. — Les dons en argent ont été versés à la caisse du Ministère de la guerre.
Blaise (Achille).	»		Linge.	
Bobin Toussaint.	»		*Id.*	
Boichot (J.-Simon), maire.	20	»	Bandes.	
Boichot (Joseph).	»		1 drap, 2 chemises.	
Boileau.	5	»		
Cheret (Charles-Honoré).	5	»		
Chévreton (Joseph).	»		Linge.	
Cote (François).	1	»		
Coulon (Marguerite).	»		Linge.	
Daniel (Alexis).	2	»		
Daumesnil (Isidore).	5	»		
Dillemeyer (Antoine-Franç.)	3	»		
Dubois.	5	»		
Epaulard (Louis-François).	1	50		
Eterbet (Jean-François).	»		Linge.	
Eterbet (Joseph).	»		1 couverture, linge.	
Eterbet (Charamond).	»		Linge.	
Eterbet père (Prudence).	5	»		
Eterbet (Prudent).	2	»		
Eterbet (veuve François).	»		Linge.	
Eterbet (veuve Rose).	»	50		
Fichon (Pierre).	2	»		
Finot (Jean).	2	»	Linge.	
Foucault (Auguste).	5	»		
François (Edouard).	1	»		
François (Jean-Louis).	1	»		
François (Jean-Pierre).	1	»		
François (Pierre-Jean).	1	»		
François (Vincent).	»		Linge.	
Garré (Grégoire).	5	»		
Gendron (Louis).	»		Linge.	
Girandol (Pierre-Laurent).	2	»		
Giroult (Alexandre-Edouard)	10	»	Linge.	
Guerin (Auguste).	1	»		
Guerin (Jacques-Ch.).	1	»		
Guerin (veuve).	5	»		
Guigny.	5	»		
Guislain.	»		Linge.	
Guitton (Claude-Henri).	»		*Id.*	
Hébert (Auguste-Hubert).	»	50		
Hédelin.	»		Linge.	
Henault (Victor).	3	»		
Héricourt (Félix-Louis).	»		Linge.	
Houbron.	10	»		
Joigneaux (Auguste).	»		Linge.	
Joigneaux (Jean-Louis).	»	50		
Joigneaux (Jean-Pierre).	2	»		
Joigneaux (veuve).	10	»		
Laboisière (veuve).	10	»		
Lanet (Auguste).	3	»		
Lanet (Désiré).	1	»		
Lapie (Brutus).	»		Linge.	
Lapie (Eléonore)	1	»		
Lapie (Jean-François).	3	»		
Lapie (Jean-Louis).	»		Linge.	
Lapie (Pierre-Jean).	2	»		
Lapie (Ulysse).	»	50		
Lapie (veuve).	»		Linge.	
Lapie (Vincent).	5	»		
Laruelle (Pierre).	»		Linge.	
Lavergne (Philippe).	10	»		
Laureau (Lysandre).	2	»		

NOMS, PRÉNOMS et professions DES DONATEURS.	DONS		DATE DE LA REMISE DES DONS à l'Intendance militaire.
	EN ARGENT.	EN NATURE.	
	fr. c.		
Laureau (Nicolas).	1 »		NOTA. — Les dons en nature de la banlieue ont été remis à l'Intendance militaire les 25 avril et 20 juillet 1855. — Les dons en argent ont été versés à la caisse du Ministère de la guerre.
Lebon (Jean-Félicité).	5 »		
Ledoux (Alexandre).	1 »		
Ledoux (Auguste-Louis).	» 30		
Lefebvre (Mathieu).	2 »		
Lefrançois (veuve).	1 »		
Lenormand de Garet (veuve)	»	Bandes, charpie.	
Lanet.	2 »		
Mainguet (Antoine-Rose).	5 »	Linge.	
Mainguet (Louis-Léon).	»	Linge.	
Mainier (Jean-Louis).	3 »		
Mainier (Jules).	»	Linge.	
Marchand (Nicolas-Armand).	10 »		
Mayayard.	2 »		
Mezard (Jean-Pierre).	»	1 drap.	
Monet (Onésime).	1 »		
Morisier (Narcisse).	5 »		
Moreau (Pierre-Constant).	1 »		
Mouscadet père (Eléonore).	»	Linge.	
Mouscadet (Jean-Joseph).	4 »		
Mouscadet (Pierre-Louis).	10 »		
Mussard (Emile).	5 »		
Mussault (Dominique).	»	2 caleçons de tricot.	
Paullard (Claude-Germain).	»	Linge.	
Paullard (François).	1 »		
Paullard (Louis).	»	Linge.	
Paullard (Pierre-Valentin).	3 »		
Paullard (Vincent).	»	Linge.	
Peltier (Michel).	»	Linge.	
Perichard (Germain).	5 »		
Perichard (Jacques).	2 »	Linge.	
Perichard (Jean-Louis).	5 »		
Perichard (veuve).	1 50	Linge.	
Perrault.	10 »		
Pitou (Jean-Charles).	1 »		
Pitou (Joseph-François).	2 »		
Pitou (Marie-Antoine).	10 »		
Pitou (Pierre).	»	Linge.	
Prieur.	3 »		
Regnault (Alexandre).	»	1 drap.	
Renard (Germain).	2 »		
Renard (Laurent).	1 »		
Rieffet.	»	3 paires de chaussettes de laine.	
Robin (Joseph).	1 »		
Robin (Pierre-Grégoire).	»	Linge.	
Sonnette (Jean-Joseph).	»	*Id.*	
Sonnette (Louis-Jacques).	»	*Id.*	
Souchet (veuve).	2 »		
Vernot (Jacques).	1 »		
Vitry (Honoré).	1 »		
Vitry (veuve Jean-Louis).	»	Linge.	
Vitry (Jean-Marie).	» 25		
Vitry (Lavigne).	5 »		
Vitry (Pierre-Jacques).	»	3 draps, compresses.	
Werey (Victor).	5 »		
TOTAL......	315 55		

NOMS, PRÉNOMS et professions DES DONATEURS.	DONS		DATE DE LA REMISE DES DONS à l'Intendance militaire.
	EN ARGENT.	EN NATURE.	
	Fresnes.		NOTA. — Les dons en nature de la banlieue ont été remis à l'Intendance militaire les 25 avril et 20 juillet 1855. — Les dons en argent ont été versés à la caisse du Ministère de la guerre.
	fr. c.		
Amiot.	»	Linge, charpie.	
Arnoult.	»	Linge.	
Barre.	»	*Id.*	
Boiteux.	»	*Id.*	
Bouché (veuve).	»	*Id.*	
Boucher et Levitre (Honoré)	»	Linge, charpie.	
Boulogne (Philippe).	»	Linge.	
Bréard.	»	*Id.*	
Brulé.	»	*Id.*	
Cadier.	»	*Id.*	
Cadier (Honoré).	»	*Id.*	
Cadier (Louis-Julien).	»	6 chemises.	
Cadier (veuve).	»	Linge.	
Callard et son frère Eugène.	»	*Id*	
Callard (Alfred).	»	*Id.*	
Cambrune.	»	*Id.*	
Chaillioux (Louis-Julien).	»	*Id.*	
Chaillioux (Jacques-J.-M.).	»	Charpie.	
Chaillioux (Pierre-Julien).	»	Linge.	
Charlier.	»	3 chemises, 1 drap.	
Chève.	»	Charpie.	
Couteux.	»	3 chemises.	
Coutiaux.	»	1 drap, linge.	
Daniel.	»	Linge.	
Delanoue.	»	*Id.*	
Delanoue (Pierre).	»	*Id.*	
Denis (Fructueux).	»	*Id.*	
Denis (Jacques).	»	Charpie.	
Denis (Louis).	»	*Id.*	
Denis (Pascal).	»	*Id.*	
Denis (Pierre).	»	*Id.*	
Deschaintre.	»	*Id.*	
Deshaye..	»	Linge, 1 couverture, 1 drap, charpie, 1 matelas.	
Doubliez.	»	Linge, charpie.	
Dufour.	»	Linge.	
Fernicle.	»	*Id.*	
Germain (Jean).	»	11 chemises, 1 tablier.	
Goupy (Guillaume-Auguste).	»	1 drap, une chemise.	
Goupy père.	»	Charpie.	
Gravelle.	»	1 bonnet de chasse, charpie.	
Guillier.	»	2 chemises, charpie.	
Hardy (Adolphe).	»	Charpie.	
Hardy (Baptiste).	»	Linge.	
Hardy (Michel).	»	*Id.*	
Hardy père.	»	*Id.*	
Hardy (Victor).	»	*Id.*	
Hatiez (Eugène).	»	*Id.*	
Hatiez (Joseph-Blondaut).	»	1 drap, linge.	
Hatiez (Louis-Joseph).	»	Linge.	
Joly.	»	*Id.*	
Jullemier.	»	*Id.*	
Landeau.	»	*Id.*	
Laurent (Michel).	»	Linge, charpie.	
Laurent (Victor).	»	Linge.	
Millet.	»	Linge, 2 chemises.	
Morel (Gaspard).	»	Linge.	
Parfait.	»	*Id.*	
Pichard (Alexandre).	»	1 chemise.	
Pigeaud.	»	2 draps, 1 serviette.	

NOMS, PRÉNOMS et professions DES DONATEURS.	DONS		DATE DE LA REMISE DES DONS à l'Intendance militaire.
	EN ARGENT.	EN NATURE.	
	fr. c.		
Poirier.	»	Linge, charpie.	NOTA. — Les dons en nature de la banlieue ont été remis à l'Intendance militaire les 25 avril et 20 juillet 1855. — Les dons en argent ont été versés à la caisse du Ministère de la guerre.
Poutos (Jacques).	»	Linge.	
Putos (Eloi).	»	*Id.*	
Ravenaux.	»	6 chemises, linge.	
Rigault.	»	Linge.	
Rivet, maire.	»	1 couverture, 1 drap, 1 chemise, 4 gilets de flanelle, 1 caleçon, linge, charpie.	
Robert.	»	Charpie.	
Rouleau.	»	*Id.*	
Sebourlier.	»	Linge, charpie.	
Secorps.	»	Linge.	
Sevitre (Edme).	»	7 chemises.	
Tailleur (Vincent).	»	Linge.	
Tavernier (Alexandre).	»	*Id.*	
Tavernier (Emile).	»	*Id.*	
Valet, adjoint.	»	1 caleçon, 1 gilet de coton, linge.	
Viel.	»	Linge.	

Gentilly.

Anonymes.	50 »		
Barthelemy.	»	Linge.	
Belon.	5 »		
Bergeron.	2 »		
Bertrand.	»	Linge.	
Beunier fils et sa mère.	5 »		
Bignon.	»	Linge.	
Borel.	»	*Id.*	
Conseil municipal (Le).	95 »		
Courgibet.	»	Linge.	
Courgibet (Mlle).	»	*Id.*	
Curé (M. le).	»	*Id.*	
Dadou (Louis).	»	*Id.*	
Daudel fils.	2 »		
Delaselle.	5 »		
Descouches.	»	Linge.	
Doman.	»	*Id.*	
Duhuy.	5 »		
Duzy.	»	Linge.	
Employés à la mairie.	10 »		
Fossemal.	5 »	Linge.	
Fournier.	5 »		
Garnier.	3 »		
Gaudet.	2 »	Linge.	
Genty.	»	*Id.*	
Georges.	2 »		
Gras.	»	Linge.	
Grimaud.	2 »	*Id.*	
Guezard.	5 »		
Guillery.	»	Linge.	
Guillot.	»	*Id.*	
Hartemann.	5 »		
Hervy (veuve).	»	Linge.	
Houillot.	»	*Id.*	
Huet.	3 »	*Id.*	
Lambert.	5 »	*Id.*	
Largan.	5 »		
Lavente.	»	Linge.	
Lefebure.	3 »		

NOMS, PRÉNOMS et professions DES DONATEURS.	DONS EN ARGENT.		DONS EN NATURE.	DATE DE LA REMISE DES DONS à l'Intendance militaire.
	fr.	c.		
Legay.	»		Linge, 2 draps.	NOTA. — Les dons en nature de la banlieue ont été remis à l'Intendance militaire les 25 avril et 20 juillet 1855. — Les dons en argent ont été versés à la caisse du Ministère de la guerre.
Legris.	1	50		
Leroy (veuve).	5	»		
Letrone.	»		Linge.	
Macé.	3	»	*Id.*	
Mallarmé.	2	»		
Marcon.	»		Linge.	
Marois.	»		Charpie.	
Martin.	2	»		
Martin.	»		Linge.	
Mercier.	»		*Id.*	
Melé.	1	»		
Michel.	»		Linge.	
Morlot.	»		*Id.*	
Noblecourt.	»		*Id.*	
Pasquier.	»		*Id.*	
Paumier.	»		*Id.*	
Paumier.	2	»		
Pinet jeune.	»		Linge.	
Pigeot.	»		*Id.*	
Portemer.	5	»		
Pouchat (D[lle]).	5	»		
Prince et Chambon.	»		Linge.	
Proteau.	»		*Id.*	
Provost.	2	»		
Restout.	»		Linge.	
Rousseau.	»		*Id.*	
Sarpinet.	»		*Id.*	
Saudre.	»		*Id.*	
Sauvage.	»		*Id.*	
Sureau et Delisle.	»		*Id.*	
Tailhault (Mlle).	»		*Id.*	
Tarapé.	»		*Id.*	
Thierrée.	»		*Id.*	
Thomas (veuve).	»		Charpie.	
Triquois.	»		Linge.	
Vanniot.	»		*Id.*	
TOTAL......	252	50		

Grenelle.

NOMS	fr.	c.	EN NATURE	DATE
Beaulès.	100	»	Linge.	
Biart Dubaut.	»		3 chemises.	
Bonin (veuve).	»		Charpie.	
Caffin.	»		Linge.	
Clément.	»		Charpie.	
Courant.	5	»		
Cugnet (Mme).	5	»	Linge.	
Deboffe (Mme).	»		*Id.*	
Dulaurens.	50	»		
Durand.	2	»		
Eaud.	»		Linge, flanelle.	
Evrard.	5	»		
Fabre.	3	»		
Fleury et fils.	10	»		
Floriet.	»		Linge, bandes, charpie.	
Fourreau.	»		Linge, charpie.	
Gaut.	3	»		
Jeanmaire.	»		Linge.	

NOMS, PRÉNOMS et professions DES DONATEURS.	DONS EN ARGENT.		DONS EN NATURE.	DATE DE LA REMISE DES DONS à l'Intendance militaire.
	fr.	c.		
Lefebvre.	»		Linge.	NOTA. — Les dons en nature de la banlieue ont été remis à l'Intendance militaire les 25 avril et 20 juillet 1855. — Les dons en argent ont été versés à la caisse du Ministère de la guerre.
Lefranc.	»		Linge, 3 couvertures, bandes, charpie.	
Lemaire.	5	»		
Lenfant.	»		Linge.	
Lesecq et Dagincourt (Mmes)	»		*Id.*	
Liégaud.	5	»	*Id.*	
Lonnoy.	»		*Id.*	
Mereaux.	2	»		
Morin.	»		Linge.	
Passerat.	2	50		
Philippe.	3	»		
Pichard.	5	»		
Tripier.	»		Linge.	
Vannier.	»		*Id.*	
Vicq.	»		*Id.*	
TOTAL......	205	50		

Issy.

Alaplantive (Léonard).	5	»	Linge.	
Allègre (Guillaume).	2	»		
Anestasse (Jean).	»		Linge.	
Anonyme.	»		2 couvertures de laine.	
Augustin.	10	»		
Bargues (Nicolas).	2	»	Linge.	
Beaumont fils.	6	»		
Bert (Charles).	3	»		
Boisseau père.	»		Linge.	
Brimbeuf.	20	»		
Champy fils.	»		Linge.	
Champy père.	»		*Id.*	
Chauvière (Jean).	20	»	*Id.*	
Crouot (François).	5	»		
Debrin (Joseph).	1	»		
Dedyn (Pierre-Philippe).	5	»		
Defienne (Hector-Denis).	5	»	Linge.	
Degris (Jean-Pierre).	1	»		
D'Indecourt (veuve).	10	»	Linge.	
Dupont (Honoré-Guillaume).	10	»		
Duval (veuve).	»		Linge.	
Fortier (Joseph).	1	50	*Id.*	
Gautier (Nicolas).	»		*Id.*	
Giraud Lamontagne, adjoint.	5	»		
Gobry.	»		Linge.	
Gomot (Mme).	5	»		
Guérin, curé.	»		Linge.	
Guilloteaux (Louis), maire.	20	»	*Id.*	
Hardy (Pierre).	»		*Id.*	
Hevin (Antoine-Germain).	3	»	1 couverture de laine.	
Hursulle (Mlle).	»		Linge.	
Jassedé (Louis).	»		*Id.*	
Joly (Antoine).	»		*Id.*	
Lalis (Antoine).	»		*Id.*	
La supér. des Carmélites.	»		*Id.*	
La supérieure du couvent des Oiseaux.	30	»	Charpie.	
Laurent.	»		Linge.	
Lavergne.	»		*Id.*	

NOMS, PRÉNOMS et professions DES DONATEURS.	DONS EN ARGENT. fr.	c.	DONS EN NATURE.	DATE DE LA REMISE DES DONS à l'Intendance militaire.
Lebrun.	»		Linge.	NOTA. — Les dons en nature de la banlieue ont été remis à l'Intendance militaire les 25 avril et 20 juillet 1855. — Les dons en argent ont été versés à la caisse du Ministère de la guerre.
Lecuyer (Joseph).	»		*Id.*	
Lefebvre-Lepelletier.	3	»	*Id.*	
Legère père.	»		*Id.*	
Leguillon (Charles).	5	»		
Leguillon (Jean-Baptiste).	2	»		
Lemaire (veuve).	»		Linge.	
Le Supérieur du séminaire Saint-Sulpice.	»		*Id.*	
Lombard (Vivant-Pierre).	»		1 couverture de laine.	
Masson (Pierre-Gabriel).	10	»	Linge.	
Maurice père.	»		*Id.*	
Maury (Jacques).	15	»		
Minard (Christ-Georges).	10	»	Linge.	
Mortier-Courtois.	20	»	*Id.*	
Ouvriers de M. Brimbeuf.	13	50		
Pede-Laborde (veuve).	»		Linge.	
Petit (Denis-Auguste).	»		*Id.*	
Pilé (François).	»		*Id.*	
Poiret (Louis-Achille).	10	»	*Id.*	
Robe.	3	»	*Id.*	
Royer (veuve).	2	»		
Ruffin (Louis).	»		Linge.	
Scott de Martinville.	5	»		
Sorieul.	»		Linge.	
Soyer (veuve).	»		*Id.*	
Tonnellier (veuve).	1	»		
Trosseille (Pierre-Adolphe).	5	»		
TOTAL......	274	»		

Ivry.

NOMS	fr.	c.	EN NATURE	DATE
Amiot (Jean-Florentin).	»		Vieux linge.	
Auvray.	2	50		
Avisse.	2	»		
Baillarger.	10	»		
Baptiste.	2	»		
Béraud père.	20	»		
Bergeon.	5	»		
Besançon.	30	»		
Bidault.	»	50		
Boncorps.	5	»		
Bonvoisin mère (Dme).	»		Charpie.	
Bonvoisin père.	1	»		
Bouchet.	»		Bandes, vieux linge, charpie.	
Bourdilliat.	5	»		
Bourdilliat (Pierre-Gilles).	10	»		
Bouge, vicaire.	1	»		
Bouge père.	1	»		
Bourni.	»		Vieux linge.	
Bouvray.	»		1 couverture, 1 cravate, 4 paires de chaussettes en laine, 1 kil. 500 gr. de chocolat, linge, 1 mouchoir.	
Brébant.	3	»		
Brière (veuve).	3	»		
Cadot.	10	»		
Caron.	»		Vieux linge.	
Chaponnay (veuve).	2	»		

NOMS, PRENOMS et professions DES DONATEURS.	DONS			DATE DE LA REMISE DES DONS à l'Intendance militaire.
	EN ARGENT.		EN NATURE.	
	fr.	c.		
Charrier.	2	»		NOTA. — Les dons en nature de la banlieue ont été remis à l'Intendance militaire les 25 avril et 20 juillet 1855. — Les dons en argent ont été versés à la caisse du Ministère de la guerre.
Chartier père.	»	50		
Chauffard.	5	»		
Clerc jeune (veuve).	1	»		
Clerc mère (veuve).	2	»		
Cochet (veuve).	5	»		
Cochet (J.-Antoine-Nicolas).	1	»		
Cochet (Nicolas).	5	»		
Colibert (veuve).	1	50		
Collet (Jean-Marie).	5	»		
Collet (veuve).	2	»		
Crapart.	10	»		
Dantony (veuve).	1	»		
De Bettancourt.	»		2 couvertures en laine, six paires de chaussettes.	
Delange (Dlle).	5	»		
Delanoue fils.	2	»		
Deslogis, adjoint.	10	»		
Deslogis cadet.	1	»		
Devilliers.	5	»		
Devise.	1	»		
Divers anonymes.	7	»		
Dubos.	10	»		
Dufeu (veuve).	1	50		
Dufour.	20	»		
Dumont.	1	»		
Duplessy.	5	»		
Fabry (veuve).	»	50		
Favre.	15	»		
Foncier (Dme).	3	»		
Fourchon.	»		8 hectos de tabac.	
Gallet (Jean-Toussaint).	5	»		
Gelin (Dme).	»		Charpie.	
Gillet.	5	»		
Gillot (Léger).	5	»		
Goglet.	5	»		
Goin (Dme Guillaume).	3	»		
Grellet.	10	»		
Hocquart.	1	50		
Honfroy.	5	»		
Huby.	2	»		
Jean (Victor).	5	»		
Jolly (Jean-Guy).	1	»		
Jolly (veuve Jean-Marie).	1	»		
Labouque.	»	50		
Labouque (Dme).	2	»		
Lachez (Dlle).	»		4 draps, bandes, vieux linge, charpie.	
Larare (Dlle).	»		Vieux linge.	
Lassez (veuve).	5	»		
Laureau.	10	»		
Leblanc.	1	»		
Lefort.	5	»		
Lefort.	»		Vieux linge.	
Legrand.	2	»		
Leredde.	»		Vieux linge.	
Leroy (Jean-Gilles).	20	»		
Leroy (Jean-Pierre).	1	»		
Leroy (Pierre-François).	3	»		
Leroy (veuve Ant.-François).	1	»		
Leroy (veuve Jean-Claude).	1	»		
Ligeron.	1	»		
Malaurié.	5	»		

NOMS, PRÉNOMS et professions DES DONATEURS.	DONS EN ARGENT.		DONS EN NATURE.	DATE DE LA REMISE DES DONS à l'Intendance militaire.
	fr.	c.		
Manière.	1	»		NOTA. — Les dons en nature de la banlieue ont été remis à l'Intendance militaire les 25 avril et 20 juillet 1855. — Les dons en argent ont été versés à la caisse du Ministère de la guerre.
Meunier.	6	50		
Michel.	5	»		
Mirandol, aumônier.	5	»		
Mitivié.	20	»		
Morin (veuve).	2	»		
Musard aîné.	»	50		
Nanteau (veuve).	1	»		
Noblet (Basile).	1	»		
Noblet (Marie-Mathan).	2	»		
Noblet (Nicolas-Mathieu).	1	»		
Paternot	4	»		
Paulmier fils.	1	»		
Perdrier (Pascal-Vincent).	2	»		
Perrin (Constant).	1	»		
Pillet (Étienne).	»		1 couverture, six chemises, vieux linge.	
Pillet (A.-Germain-Marie).	»	50		
Pillet (Claude-George).	3	»		
Pillet (Jean-Charles).	4	»		
Pillet (J.-Louis-Antoine).	»	50		
Pillet (Jean-Marie).	1	»		
Picard (Alexis).	20	»		
Picard aîné, maire.	20	»		
Picardat.	1	50		
Placet.	1	»		
Pompée.	10	»		
Provost.	»		1 drap, vieux linge.	
Pruvost, curé.	2	»		
Renon frères.	10	»		
Renoult.	5	»		
Robin.	»	50		
Rosquin.	5	»		
Rouget, adjoint.	10	»	Charpie.	
Rousseau père (François).	10	»		
Rousseau (Honoré).	1	»		
Rousseau (Narcisse).	1	»		
Rousseau (Vincent).	1	»		
Rudel.	10	»		
Sauton.	»	50		
Say.	20	»		
Schumacher.	2	»		
Séguin père.	5	»		
Soyez (Dlle).	»		Charpie.	
Themeau.	»		Vieux linge, charpie.	
Vanéchop.	2	»		
Vézien.	5	»		
Weinich.	5	»		
Yocht.	2	»		
TOTAL.......	588	50		

Joinville-le-Pont.

Alexandre.	5	»		
Baillargeat (Laurent).	»		1 paire de chaussettes de laine.	
Bainville.	»		Linge, 1 couverture, 2 caleç.	
Bainville (veuve).	3	»		
Bauche.	»		Linge.	

NOMS, PRÉNOMS et professions DES DONATEURS.	DONS		DATE DE LA REMISE DES DONS à l'Intendance militaire.
	EN ARGENT.	EN NATURE.	
	fr. c.		
Boubert.	»	1 drap.	NOTA. — Les dons en nature de la banlieue ont été remis à l'Intendance militaire les 25 avril et 20 juillet 1855. — Les dons en argent ont été versés à la caisse du Ministère de la guerre.
Brison.	»	Linge, charpie.	
Brun.	»	Linge.	
Cadot.	»	1 drap.	
Camus.	5 »		
Chabrier.	2 »		
Chapsal, maire.	500 »		
Chapsal (Mme).	»	Charpie, compress., bandes.	
Chéret (veuve).	»	Linge, 2 paires de chaussettes, 2 cache-nez.	
Compagnie des chevaliers de l'arc de Joinville.	20 »		
Corasse (veuve).	»	Linge, charpie, 3 bonnets de coton.	
Courtin.	10 »		
Daprey.	2 »		
D'Argy.	20 »		
De Dombasle et Mlle Aubertin.	»	Bandes, 1 couverture de lain.	
Delaherche.	»	1 couverture de laine.	
Deruelle.	»	2 draps, 2 serviettes.	
Desterne.	1 50		
Ferté.	5 »		
Frémiot.	2 »		
Gandon.	3 »	1 drap.	
Gille.	10 »		
Girard (Toussaint-Étienne).	5 »		
Gosset (Emile).	2 »		
Gosset (Hippolyte).	2 »		
Gosset (veuve).	5 »		
Gouvrion.	»	2 draps.	
Honfroy.	»	2 paires de bas, 2 paires de chaussettes de laine, charpie, bandes, comp., linge.	
Joséphine (Mlle).	3 »		
Lemaire.	25 »		
Léon.	5 »		
Leroux.	»	Linge.	
Lucot.	»	Linge, 2 paires de chaussettes, 2 gilets de coton.	
Martin (veuve).	»	Linge, 1 paire de bas, 1 gilet de laine.	
Moignard.	2 »		
Moreton.	2 50		
Ouvriers de M. Lucot.	3 »		
Penotet (veuve).	»	Linge, 2 paires de chaussettes de laine.	
Pertuis (Mlle).	5 »		
Pesty.	2 »		
Petitcolin (Mlle).	»	Linge, charpie.	
Pinson (Hippolyte), adjoint.	»	Linge, charpie, bandes, 3 caleçons.	
Proust.	5 »		
Rouette.	»	Linge, 2 paires de bas laine.	
Rousseau (Ferdinand).	10 »		
Rousseau (Marie).	2 »		
Saguet (veuve).	»	Linge.	
Seignette.	»	Bandes, compresses.	
Tormel.	»	Linge.	
Vauvray.	»	Charpie, linge, 2 couv. laine.	
Vilmay.	»	Linge.	
TOTAL......	667 »		

NOMS, PRÉNOMS et professions DES DONATEURS.	DONS EN ARGENT.		DONS EN NATURE.	DATE DE LA REMISE DES DONS à l'Intendance militaire.
			L'Haï.	NOTA. — Les dons en nature de la banlieue ont été remis à l'Intendance militaire les 25 avril et 20 juillet 1855. — Les dons en argent ont été versés à la caisse du Ministère de la guerre.
	fr.	c.		
Bardoux (Benoist).	»		Linge.	
Barrué (Jacques-Victor).	»		*Id.*	
Barrué (Louis-André).	»		*Id*	
Berthier (Hubert).	»		*Id.*	
Boulogne père.	1	50	*Id.*	
Brice (Joseph-Marie).	»		Charpie.	
Brigot (Louis).	»		Linge.	
Chapellier (veuve).	»		*Id.*	
Chevreul, maire (Eugène).	»		*Id.*	
Deschamps (Jean-Baptiste).	»		*Id.*	
Deschamps fils.	»		*Id.*	
Doré (Ambroise).	»		*Id.*	
Draugue (Denis).	»		*Id.*	
Frotier (Léonard).	»		*Id.*	
Guénot (Jacques).	»		*Id.*	
Guibert (Benjamin).	»		*Id.*	
Guignard, adjoint (F.-Désiré)	»		*Id.*	
Guillot (Étienne).	»		*Id.*	
Huret (Jules).	»		Charpie.	
Huret (veuve).	»		*Id.*	
Jaire (veuve).	»		*Id.*	
Joly (Georges).	1	»		
Lamy (Vincent).	»		Linge, couverture tricot.	
Lebourlier (Nicolas).	»		*Id.*	
Leduc (François).	»		*Id.*	
Liou (Louis-J.-Baptiste).	»		Linge.	
Liou (Michel).	1	»		
Martin (veuve).	»		Linge.	
Méry Ferdinand.	»		*Id.*	
Méry (Jean).	2	»		
Miard.	»		Linge.	
Moncouteau (veuve).	»		*Id.*	
Mony (veuve).	»		*Id.*	
Nicolas (Louis).	»	50		
Rivière (veuve Théodore).	3	»		
Sérouge (Jean-Pierre).	7	»		
Simonnot (Louis).	»		Linge.	
Trotier (Jacques-Joseph).	»		*Id.*	
Vidmont (Isidore).	»		*Id.*	
Vincent (Franç.-Mathurin).	5	»		
TOTAL......	21	»		
			Maisons-Alfort.	
Alexandre (Mme).	»		Linge.	
Anonymes.	93	50		
Auclair mère.	»		*Id.*	
B. et Félicité (Mmes).	»		1 couverture, 2 draps, linge.	
Baptiste (Mme)	»		Linge.	
Becquemont (Mme).	»		*Id.*	
Bernard (Mme).	»		1 drap, 4 paires de chauss.	
Blandai (Mme).	»		Linge.	
Boghi (Mme).	»		*Id.*	
Boisar (Mme).	»		*Id.*	
Breton (Mme).	»		1 paire de chaussettes.	
Buchet (Mme).	»		Linge, 1 couverture de laine.	

NOMS, PRÉNOMS et professions DES DONATEURS.	DONS EN ARGENT.		DONS EN NATURE.	DATE DE LA REMISE DES DONS à l'Intendance militaire
	fr.	c.		
Chalouvrier (Mme).	»		Linge, charpie.	NOTA. — Les dons en nature de la banlieue ont été remis à l'Intendance militaire les 25 avril et 20 juillet 1855. — Les dons en argent ont été versés à la caisse du Ministère de la guerre.
Colisse (Mme).	»		Linge.	
Debrye.	»		*Id.*	
Dodun, maire.	»		12 douzaines de chaussettes.	
Dolot (Mme).	»		Linge.	
Domon (Mme).	»		*Id.*	
Doué (Mme).	»		*Id.*	
Elie (veuve).	»		Linge, charpie.	
Foulon (Mme).	»		Linge.	
Geidelin (Mme).	»		12 paires de chaussettes.	
Langlois (Mme).	»		Charpie.	
Lebeau (Mme).	»		Linge.	
Lecouteux.	»		Linge, chemises.	
Léonard (Mlle).	»		1 drap.	
Louvet (Mme).	»		Linge.	
Louvet (veuve).	»		Charpie.	
Maillassard (Mme).	»		Linge, charpie.	
Malvaut (Mme).	»		Linge.	
Meunier (veuve).	»		*Id.*	
Millet (Mme).	»		*Id.*	
Mongruet.	»		*Id.*	
Moutouliou (Mlle).	»		*Id.*	
Nicora (Mme).	»		2 paires de chaussettes.	
Paris (Mme).	»		Linge.	
Panellier (Mme).	»		2 draps, 5 chemises.	
Parizet (Mlle).	»		Linge.	
Porchet (Mme).	»		Linge, charpie.	
Quinard (Mme).	»		*Id.*	
Quinard aînée (Mme).	»		*Id.*	
Reny (Mme).	»		Linge.	
Rouette (Mme).	»		Linge, 12 chemises.	
Roux (Mme).	»		Linge.	
Samson (Mme).	»		Linge, 1 chemise.	
Simoneau (Mme).	»		Linge.	
Thirion (Mme).	»		*Id.*	
Thomas (Mme).	»		Charpie.	
Thomis (Mme).	»		Linge.	
Tripotin (veuve).	»		*Id.*	
Valentin jeune (Mme).	»		*Id.*	
Vermorel (Mme).	»		*Id.*	
Viet (Mme).	»		*Id.*	
TOTAL......	93	50		

Le produit d'une quête faite par le maire a été employé en achat de chaussettes.

Montreuil.

Le produit d'une quête faite par le maire a été employé en achat de 450 paires de chaussettes, linge, bandes.

Montrouge.

NOMS	fr.	c.	EN NATURE	DATE
Alexandre.	2	»		
Amelin.	1	»		
Amiot (Mlle).	2	»		
Anfouy.	»	50		
Anonyme.	2	50		
Id.	»	50		
Id.	2	»		

NOMS, PRÉNOMS et professions DES DONATEURS.	DONS			DATE DE LA REMISE DES DONS à l'Intendance militaire.
	EN ARGENT.		EN NATURE.	
	fr.	c.		
Anonyme.	2	»		NOTA. — Les dons en nature de la banlieue ont été remis à l'Intendance militaire les 25 avril et 20 juillet 1855. — Les dons en argent ont été versés à la caisse du Ministère de la guerre.
Id	1	05		
Id.	1	»		
Id.	3	50		
Ardillon.	1	»		
Aubin.	1	»		
Aubonnet.	5	»	Linge.	
Aubry (veuve).	5	»		
Audiffret.	1	»		
Audousset.	»	50		
Aury.	5	»		
Auzy.	1	»		
Baffu.	»	50		
Bail.	3	»		
Back.	10	»		
Baloche.	5	»		
Baptiste.	1	»		
Bardot.	2	»		
Bargoni.	»	25		
Barot.	1	»		
Bauer.	8	45		
Bellarger.	3	»		
Bertrand.	5	»		
Berry.	5	»		
Beruguet.	2	»	Charpie.	
Bès.	2	»		
Besnard.	3	»		
Besnard.	2	»		
Bideau.	2	»		
Bietri.	1	»		
Billard.	»	50		
Blevin.	1	»		
Blin.	»	50		
Blonday.	2	»		
Blot.	5	»		
Bocq.	2	»		
Bocquet.	2	»		
Boet.	3	»		
Bogino.	»	90		
Boissonnat.	2	»		
Bolinot.	1	»		
Bonabot.	1	50		
Bonnetin père.	5	»		
Bordeleau.	1	»		
Botard.	1	»		
Boucler.	»	25		
Boulant.	1	»		
Bouloir.	1	»		
Bourdeaux.	2	»		
Bourgain.	1	»		
Boutard.	2	»		
Boutard aîné.	3	»		
Bouthors.	5	»		
Boutot.	1	»		
Brassard.	»	30		
Brebant.	5	»		
Brelof.	1	»		
Breton.	5	»		
Briot.	10	»		
Brioux.	3	»		
Brot.	»	50		
Cadet.	10	»		
Cally.	2	50		

NOMS, PRÉNOMS et professions DES DONATEURS.	DONS			DATE DE LA REMISE DES DONS à l'Intendance militaire.
	EN ARGENT.		EN NATURE.	
	fr.	c.		
Camatte.	5	»		NOTA. — Les dons en nature de la banlieue ont été remis à l'Intendance militaire les 25 avril et 20 juillet 1855. — Les dons en argent ont été versés à la caisse du Ministère de la guerre.
Carbonnel.	2	»		
Carlier.	2	»		
Carre.	3	»		
Castannier.	5	»		
Caumont.	2	»		
Caussard.	1	»		
Cerières.	1	»		
Cerisier.	»	50		
Chagnu.	1	»		
Chalard.	2	»		
Champion père et fils.	8	»		
Charles.	3	»		
Charpentier.	1	»		
Charpentier.	1	»		
Charrier.	1	»		
Chasson.	2	»		
Chatel.	1	»		
Chatelain.	1	»		
Chaumette.	1	»		
Chausson.	5	»		
Chaussy.	3	»		
Cheradame.	5	»		
Chevallier.	2	»		
Chevenot.	2	»		
Chimet.	5	»		
Chimot.	5	»		
Chival.	3	»		
Choilard.	1	»		
Christophe.	20	»		
Chuquet.	10	»		
Cleyre.	»	50		
Cochet.	5	»		
Cointe.	2	»		
Comte, curé.	20	»		
Constant.	20	»		
Cordier.	2	»		
Cormier.	»	50		
Cosson.	2	»		
Coteru.	1	»		
Cottray.	»	50		
Couesnon.	40	»	Charpie, bandes.	
Couesnon père.	5	»		
Couret de Villeneuve.	20	»		
Courtois.	2	»		
Couton.	4	»		
Daguin.	2	»		
Dames de l'Intérieur de Marie	25	»	Linge, charpie.	
Daniel.	2	»		
Dardau.	3	»		
Dareau, maire.	50	»	Linge, bandes, charpie.	
Dauge.	1	»		
Daulne.	2	»		
Daumont.	1	»		
Dauvelle.	1	50		
Debay.	5	»		
Debrix.	3	»		
Debrix.	5	»		
Decaux.	»	30		
Dechaussée.	3	»		
Dechaussoy.	»	50		
Decombes.	1	»		
Defougère.	»	25		

NOMS, PRÉNOMS et professions DES DONATEURS.	DONS			DATE DE LA REMISE DES DONS à l'Intendance militaire.
	EN ARGENT.		EN NATURE.	
	fr.	c.		
De Franck.	»		Linge.	NOTA. — Les dons en nature de la banlieue ont été remis à l'Intendance militaire les 25 avril et 20 juillet 1855. — Les dons en argent ont été versés à la caisse du Ministère de la guerre.
Degoy.	2	»		
Dehait.	1	»		
Dehauchy.	5	»		
Delacroix.	5	»	7 chemises, 1 serviette.	
Delaforge.	5	»		
Delahaye.	5	»		
Delaitre.	5	»		
Delareau.	1	»		
Delerre.	5	»		
Delmasse.	1	»		
Delong.	2	»		
Delphe.	1	»		
Denet.	»	50		
Descaves.	2	»		
Descouy.	1	»		
Des Echerolles.	5	»		
Desenclos.	1	50		
Despaises.	1	50		
Detouches.	»	50		
Devarenne	2	»		
Devaux.	5	»		
Devienne.	1	»		
Dhier.	5	»		
Didrée.	»	50		
Domergue.	»	50		
Dorat.	3	»		
Dorlan.	5	»		
Dourdan.	2	»		
Duboile.	5	»		
Ducastelle.	1	»		
Ducleau.	5	»		
Duclos.	3	»		
Dufay.	2	»		
Dufer.	3	»		
Dufour.	1	»		
Duhamel.	3	»		
Dumedic.	1	»		
Duménil.	1	»		
Dumont.	5	»		
Dumont.	1	»		
Duparc (Mmes).	20	»		
Dupin.	»	30		
Dupont.	5	»		
Dupont.	3	»		
Dupont.	2	»		
Dupré.	1	»		
Dupuis.	1	»		
Duquesne.	3	»		
Duquesne.	5	»		
Durand.	5	»		
Employés de M. Richefeu.	21	50		
Fagu.	5	»		
Favre.	5	»		
Ferand.	»	50		
Ferrand.	2	»		
Ferry.	1	»		
Fondorff.	1	»		
Fontaine.	1	»		
Forgette.	1	»		
Fouchard.	2	»		
Fourneille.	1	»		
François.	5	»		

NOMS, PRÉNOMS et professions DES DONATEURS.	DONS EN ARGENT.		DONS EN NATURE.	DATE DE LA REMISE DES DONS à l'Intendance militaire.
	fr.	c.		
Frémot.	2	»		NOTA. — Les dons en nature de la banlieue ont été remis à l'Intendance militaire les 25 avril et 20 juillet 1855. — Les dons en argent ont été versés à la caisse du Ministère de la guerre.
Fringault.	5	»		
Gaillard.	5	»		
Gallot.	1	»		
Gappy.	6	»		
Garnier.	2	»		
Garnier.	3	»		
Garnier.	10	»		
Garnier.	1	»		
Gaudy.	2	»		
Gauthier.	2	»		
Gauzer.	5	»		
Genjeau.	1	»		
Gennoc.	2	»		
Georges.	5	»		
Gerbeau.	1	»		
Germain.	1	»		
Germain.	2	»		
Gervais.	»	25		
Gilbert.	2	»		
Godard.	2	»		
Godin.	5	»		
Godot.	1	»		
Graindorge.	3	»		
Grasse.	»	50		
Gravelin.	»	50		
Gravier.	»	50		
Grenet.	5	»		
Grenot.	5	»		
Guenot.	5	»		
Guénot père.	15	»		
Guerin.	2	»		
Guerin.	1	»		
Guernet.	2	»		
Guette.	2	»		
Guillaume.	1	»		
Haincelin.	10	»		
Haraux.	2	»		
Haumausi.	»	50		
Heaunic.	2	»		
Hebert.	3	»		
Hennequin.	5	»		
Heurtaux.	5	»		
Hivonnet.	2	»		
Horguelin.	20	»		
Hugonnet.	1	»		
Imbault.	1	»		
Jacques.	5	»		
Janot.	»	50		
Jean.	1	»		
Jean-Marie.	1	»		
Jeannetel.	2	»		
Joliclerc.	5	»		
Joseph.	»	50		
Jouin.	1	»		
Julai.	1	»		
Julet père et fils.	1	25		
Julien.	1	»		
Kœnig et Cie.	7	»		
Laborde.	1	»		
Lacroix.	»	20		
Laignau.	1	»		
Lajoie.	2	»		

NOMS, PRÉNOMS et professions DES DONATEURS.	DONS		DATE DE LA REMISE DES DONS à l'Intendance militaire.
	EN ARGENT.	EN NATURE.	
	fr. c.		
Lambert.	1 »		NOTA. — Les dons en nature de la banlieue ont été remis à l'Intendance militaire les 25 avril et 20 juillet 1855. — Les dons en argent ont été versés à la caisse du Ministère de la guerre.
Lameine.	1 »		
Lami (Gauthier).	2 »		
Lamotte (veuve).	»	Charpie.	
Lamouroux.	1 »		
Lamy.	3 »		
Landrieux.	» 50		
Lang.	1 »		
Lange, curé.	5 »		
Langlois.	1 »		
Laprairie.	5 »		
Laquit.	» 25		
Larochelle.	20 »		
Larue.	» 50		
Lasnier.	1 »		
La supérieure de l'asile.	5 »		
Laurent.	2 »		
Laurent.	2 »		
Lauret.	»	1 paire de chaussettes.	
Lebastier.	10 »		
Leblanc.	5 »		
Lebrun.	2 »		
Leclerc.	1 »		
Leclerc.	1 »		
Lecointre.	2 »		
Lecomte.	1 »		
Lecomte.	3 »		
Leconte.	1 »		
Le contrôleur.	2 »		
Lecorné.	1 »		
Lecoste.	2 »		
Ledoux.	3 »		
Lefèvre.	» 50		
Lefevre.	1 »		
Lefoulon.	5 »		
Legrain.	1 »		
Leine.	5 »		
Leneveu.	» 50		
Leneveu.	1 »		
Lenoble.	1 »		
Leoté.	2 »		
Lequerelle.	» 50		
Lerebours.	2 »		
Lesueur.	» 50		
Letourneur.	1 »		
Levé.	1 50		
Levé.	2 »		
Levé.	5 »		
Lignol.	1 »		
Loison.	» 50		
Longueville.	1 »		
Lorette.	» 50		
Louis	3 »		
Louis.	1 »		
Louvat.	5 »		
Maison des Sacrés-Cœurs.	30 »		
Mainfroy.	2 »		
Maîtrejean.	1 »		
Manemon.	1 »		
Marchand.	2 »		
Marcou.	2 »	Linge.	
Margot.	4 »		
Maréchal.	1 »		

NOMS, PRÉNOMS et professions DES DONATEURS.	DONS EN ARGENT.		DONS EN NATURE.	DATE DE LA REMISE DES DONS à l'Intendance militaire.
	fr.	c.		
Marionneau.	2	»		NOTA. — Les dons en nature de la banlieue ont été remis à l'Intendance militaire les 25 avril et 20 juillet 1855. — Les dons en argent ont été versés à la caisse du Ministère de la guerre.
Martel.	1	»		
Maubuisson.	1	»		
Maucourt.	1	»		
Mayeux.	5	»		
Meneau.	2	»		
Meneau.	5	»		
Menu.	5	»		
Merlet.	1	»		
Mercier.	1	»		
Meuf.	5	»		
Michel.	10	»		
Michelot.	1	»		
Migne (l'abbé).	5	»		
Mignon.	2	»		
Millet.	2	»		
Moitrier.	1	»		
Momper.	2	»		
Monnet.	»	50		
Monny.	1	»		
Morere.	10	»		
Montaland.	10	»		
Montbrun.	1	50		
Moreau.	1	»		
Moronval.	5	»		
Motterose.	2	»		
Mousset.	»	50		
Mutin.	»	50		
Nanteau.	1	»		
Nartel.	1	50		
Nasson.	6	»		
Niveau.	1	»		
Nevelon.	2	»		
Niverlet (Armand).	»	50		
Niverlet.	20	»		
Niverlet (Julie).	1	»		
Noel.	5	»		
Noré.	3	»		
Noury.	1	»		
Onachim.	1	»		
Pachond.	»	50		
Pagès.	5	»		
Parichon.	1	»		
Parteit.	»	50		
Passon.	1	»		
Paudier.	1	»		
Peirse.	»	50		
Pelissier.	2	»		
Pellerin.	3	»		
Peltier.	2	»		
Pernelle.	2	»		
Perrey.	1	»		
Perrot.	10	»		
Perseil.	1	»		
Petit.	2	»		
Petit.	»	50		
Petit.	5	»		
Petit.	2	»		
Philippe.	10	»		
Picard.	3	»		
Pierron.	5	»		
Pierron.	4	»		
Piettre.	10	»		

NOMS, PRÉNOMS et professions DES DONATEURS.	DONS			DATE DE LA REMISE DES DONS à l'Intendance militaire.
	EN ARGENT.		EN NATURE.	
	fr.	c.		
Pinard.	2	»		NOTA. — Les dons en nature de la banlieue ont été remis à l'Intendance militaire les 25 avril et 20 juillet 1855. — Les dons en argent ont été versés à la caisse du Ministère de la guerre.
Pinault.	2	»		
Pincère.	»	50		
Pitois.	»	50		
Plain.	1	»		
Plainchamp.	5	»		
Plet.	5	»		
Poisson.	1	»		
Porée.	3	»		
Portier.	2	»		
Posseau.	»	50		
Potel.	»	50		
Pothier.	1	»		
Poulain.	5	»		
Poulain.	1	»		
Pouthier.	2	»		
Pradel.	2	»		
Prouvier.	20	»		
Provient.	1	»		
Pujat.	»	50		
Quesvain (veuve).	5	»		
Raimbault.	2	»		
Rançon.	2	»		
Ravard.	2	»		
Raverdy.	3	»		
Ravet.	1	»		
Redeau.	5	»		
Redez (veuve).	»	50		
Remy.	1	»		
Renard.	1	»		
Ricard.	1	»		
Richard.	1	»		
Richard.	2	»		
Richard.	1	»		
Richard.	1	50		
Richefeu.	10	»		
Richefeu (Jacques).	5	»		
Robquin.	5	»		
Robquin père.	10	»		
Roger.	1	»		
Rognon (veuve).	5	»		
Romain.	1	»		
Romanine.	1	»		
Rossignol.	1	»		
Rousseau.	1	»		
Roussel.	5	»		
Rousselle (veuve).	2	»		
Ruso.	5	»		
Saint-Sibo.	»	30		
Salati.	1	50		
Sarazin.	3	»		
Sanguin.	2	»		
Schneider.	1	»		
Schneider.	10	»		
Sergent.	2	»		
Serrait.	1	»		
Sevestre.	5	»		
Siclet.	4	»		
Signet.	2	»		
Silvain.	5	»		
Sincère.	2	»		
Sondorff.	»	50		
Suenos.	1	»		

NOMS, PRÉNOMS et professions DES DONATEURS.	DONS		DATE DE LA REMISE DES DONS à l'Intendance militaire.
	EN ARGENT.	EN NATURE.	
	fr. c.		
Taupinot.	5 »		NOTA. — Les dons en nature de la banlieue ont été remis à l'Intendance militaire les 25 avril et 20 juillet 1855. — Les dons en argent ont été versés à la caisse du Ministère de la guerre.
Thomas.	1 »		
Tiercelin.	2 »		
Tiphanon.	2 »		
Tisserand.	10 »		
Tourin.	» 50		
Tournay.	1 »		
Toussaint.	» 50		
Toutain.	1 »		
Trollet.	1 »		
Tuillier.	2 »		
Uprix.	1 »		
Uscant.	2 »		
Valentins.	5 »		
Vaujeois.	»	Charpie.	
Veras.	3 »		
Vincent.	3 »		
Vincent.	2 »		
Vivier.	1 50		
Voiso.	1 05		
Vossy.	20 »		
Vrillotte.	5 »		
Walas.	1 »		
TOTAL.....	1,518 35		

Nogent-sur-Marne.

Ancellet (Étienne-Jacques).	2 »		
Ancellet (Félix).	2 »		
Ancellet (Jules).	2 »		
André.	2 »		
Anonymes.	52 65	Linge.	
Anquetil.	15 »		
Armet-Delisle.	5 »		
Baron.	2 »		
Barrillet.	5 »		
Becheret père.	2 »		
Besançon.	5 »		
Beuzeville.	5 »		
Beuzeville.	3 »	Linge.	
Birault.	5 »		
Biron (Mme).	2 »		
Bloch.	2 »		
Boubée (Mme).	3 »		
Boutet.	10 »		
Chasselon.	2 »		
Cheret fils.	3 »		
Cheret père.	3 »		
Chopin.	10 »		
Coiffier (Dorigni).	2 »	Charpie.	
Coiffier (Mme Virginie).	2 »		
Cote (Baptiste).	2 »		
Couronne (Mme et Mlle).	2 »		
Courrière fils.	2 »		
Curé.	3 »		
Delaunai.	1 50		
De Perreuse (Marquis), maire	20 »		
Derosier.	2 »		
Destrée (Mme).	5 »		

NOMS, PRÉNOMS et professions DES DONATEURS.	DONS EN ARGENT.		DONS EN NATURE.	DATE DE LA REMISE DES DONS à l'Intendance militaire.
	fr.	c.		
Dudoit.	3	»	Linge.	NOTA. — Les dons en nature de la banlieue ont été remis à l'Intendance militaire les 25 avril et 20 juillet 1855. — Les dons en argent ont été versés à la caisse du Ministère de la guerre.
Dupetit.	2	»		
Durieux.	5	»		
Dussausoy.	5	»		
Emile.	2	»		
Fabre (Armand).	2	»		
Fatin, adjoint.	10	»	Linge.	
Fatin aîné.	2	»	*Id.*	
Fournigault.	3	»		
Gillet.	5	»		
Gingembre.	20	»		
Ginoux.	5	»		
Godart père.	2	»		
Guerin.	20	»		
Guillemain.	3	»		
Guillet.	10	»		
Guillet (veuve).	2	»		
Guillot.	2	»		
Henry.	20	»		
Jouanne.	10	»		
Lainé.	10	»		
Lalègerie (Clovis).	5	»	Linge.	
Lameau (Jean-Louis).	2	»		
Leduc.	2	»		
Legris.	10	»	Charpie, compresses, bandes.	
Lequenne.	1	»		
Lequenne.	1	50		
Liebert (veuve).	20	»		
Lourdin.	2	»		
Marlin.	2	»		
Marthod.	10	»		
Mea.	2	»		
Merle.	5	»		
Merillon (Victor).	2	»		
Meynet.	10	»		
Michel.	2	»		
Mouchi.	2	»		
Nablan.	3	»		
Nefier.	5	»		
Petit.	2	»		
Petiton.	2	»		
Polinelli.	2	»		
Pouthier.	20	»		
Raine.	5	»		
Rey (Mme).	5	»		
Sanson (veuve).	5	»		
Saron.	3	»		
Saussai.	5	»		
Scholles.	4	»		
Société dramatique (produit d'une quête).	53	15		
Soudieux.	2	»		
Soudieux (Alphonse).	2	»		
Soudieux fils.	2	50		
Susseret.	2	»		
Thibaud.	2	»		
Velat.	5	»		
Ville (Mme).	5	»		
Viot.	10	»	Linge.	
Vitry-Gallet père.	2	»		
Vitry-Papoume.	1	50		
TOTAL.....	553	80		

NOMS, PRÉNOMS et professions DES DONATEURS.	DONS EN ARGENT.		DONS EN NATURE.	DATE DE LA REMISE DES DONS à l'Intendance militaire.
			Orly.	NOTA. — Les dons en nature de la banlieue ont été remis à l'Intendance militaire les 25 avril et 20 juillet 1855. — Les dons en argent ont été versés à la caisse du Ministère de la guerre.
	fr.	c.		
Andry (Pierre-Toussaint).	»		Linge.	
Auger.	»	50		
Bafoin (Julien).	»		Linge.	
Baloche (Bernard).	»		*Id.*	
Balu (Germain-Toussaint).	»		*Id.*	
Balu (Jean-Louis).	»		*Id.*	
Balu (Joseph).	»		*Id.*	
Baron, maire.	»		*Id.*	
Baron (Denis).	»		*Id.*	
Baron (Louis).	»		*Id.*	
Beguin (Louis-Honoré).	»		*Id.*	
Bonneau (Barthelemy).	»		*Id.*	
Bonneau (Louis-François).	»		*Id.*	
Bridiaux.	10	»		
Brigand (Magloire).	»		Linge.	
Brunet (Jean).	»		*Id.*	
Cabaret (Jean-Gervais).	»		*Id.*	
Charnoz (Antoine).	5	»		
Cheret (veuve).	»		Linge.	
Colas (François).	»		*Id.*	
Darblay (veuve).	»		*Id.*	
Degrau.	5	»		
Delanoue (Baptiste).	»		Linge.	
Delanoue (Leonor).	»		*Id.*	
Delanoue (Louis).	»		*Id.*	
D'Herbecourt (Alexandre).	3	»		
Divers.	1	50		
Dourthe (Claude).	»		Linge.	
Hallé (veuve).	»		*Id.*	
Hallé (Jean-François).	»		*Id.*	
Hamel (Pierre).	»		*Id.*	
Janvrot (Désiré).	»		*Id.*	
Lablancherie (Victorine).	»		*Id.*	
Lablancherie (veuve).	10	»	*Id.*	
Lacorne (Germain).	»		*Id.*	
Legendre (Louis-Philippe).	»		*Id.*	
Lebongre (veuve).	»		Vieux linge.	
Marchal (Pierre).	»		Linge.	
Martin (Nicolas).	»		*Id.*	
Mancuit (Jean-Napoléon).	»		*Id.*	
Mine (Arsène).	»		*Id.*	
Minier (Toussaint).	»		*Id.*	
Moreau (veuve).	»		*Id.*	
Mouzard (veuve).	»		*Id.*	
Noel (Martial).	100	»		
Paques (Xavier).	»		Linge.	
Petitfils (Jean-Nicolas).	»		*Id.*	
Pinchereau (veuve Noel).	»		*Id.*	
Polmatin.	10	»		
Préville de Villairs.	»		Linge.	
Radot (veuve).	»		*Id.*	
Robichon (Antoine).	»		*Id.*	
Salmé (veuve).	»		*Id.*	
Sauzin (veuve).	»		*Id.*	
Séjourné (Pierre-Spire).	»		*Id.*	
Vaudoyer (Honoré).	»		*Id.*	
Voite (Mme).	»		*Id.*	
TOTAL....	194	50		

NOMS, PRÉNOMS et professions DES DONATEURS.	DONS			DATE DE LA REMISE DES DONS à l'Intendance militaire.
	EN ARGENT.		EN NATURE.	
	Plessy-Piquet (Le).			Nota. — Les dons en nature de la banlieue ont été remis à l'Intendance militaire les 25 avril et 20 juillet 1855. — Les dons en argent ont été versés à la caisse du Ministère de la guerre.
	fr.	c.		
Bellaume (Joseph).	»		Linge, charpie.	
Cauchy.	1	»		
Céré.	»		Charpie, linge.	
Champamon.	»		*Id.*	
Dedouvre.	»		12 chemises, bandes, compresses.	
Demarquais.	»		Linge, charpie.	
Fournier.	»		*Id.*	
Grosjean, maire.	10	»	*Id.*	
Ladent.	»		*Id.*	
Lechevalier.	»		*Id.*	
Louchard.	»		*Id.*	
Malet fils.	»		*Id.*	
Malet (Michel).	»		*Id.*	
Nœl (veuve).	»		*Id.*	
Perrot, adjoint.	»		*Id.*	
Picard (Adolphe).	»		*Id.*	
Picard (Antoine).	»		*Id.*	
Plet (Cyrille).	»		*Id.*	
Plet (Gabrielle).	»		*Id.*	
Poussin père.	»		*Id.*	
Redon.	»		*Id.*	
Robert.	»		*Id.*	
Seran.	»		*Id.*	
Soalhat (Fleury).	»		*Id.*	
Soalhat (Jean-Marie).	»		*Id.*	
Verger.	»		*Id.*	
TOTAL....	11	»		
	Rosny.			
Ancelin.	1	»		
Ancelin (Jean-Louis).	»	50		
Auxerre.	5	»		
Barreault (Alexandre).	»	50		
Battu (Louis).	5	»		
Bavière.	2	»		
Beausse (Alphonse).	»	50		
Beausse (v[ve] Charles-Louis).	»	50		
Beausse (Louis-Auguste).	»	50		
Beausse (Louis-Baulé).	»	50		
Beausse (Toussaint).	»	50		
Beausse (Vincent).	1	»		
Bellepêche (Louis).	»	25		
Bisier.	»	25		
Blaim (veuve).	»	50		
Blampin (Philippe).	»	50		
Blampin (Philippe-Désiré).	»	50	Linge.	
Blampin (Victor).	»	50		
Blancheteau (veuve).	»	50		
Blancheteau (Joseph).	»	50		
Bouvon (Pierre).	»	25		
Briard (Antoine-François).	1	»		
Brouet (Gabriel).	»	50		
Bureau (Jean-Pierre-Louis).	»	25		
Bureau (Victor-Bernard).	»	20		

NOMS, PRÉNOMS et professions DES DONATEURS.	DONS EN ARGENT.		DONS EN NATURE.	DATE DE LA REMISE DES DONS à l'Intendance militaire.
	fr.	c.		
Cabrillon.	3	»		NOTA. — Les dons en nature de la banlieue ont été remis à l'Intendance militaire les 25 avril et 20 juillet 1855. — Les dons en argent ont été versés à la caisse du Ministère de la guerre.
Cote (Germain-Nicolas).	1	»		
Cote (Louis-Barthelemy).	1	»		
Courtois (Jean-Charles).	»	50		
Courtois (Jean-Marie).	2	»		
Courtois (Pierre-Marie).	1	»		
Darenne (Jean-Claude).	»	25		
Darenne (Louis-Charles).	»	50		
Darly (Toussaint).	1	»		
Darly (Victor-Napoléon).	»	50		
Despagne (Adrien).	»	20		
Despagne (Toussaint).	»	50		
Diverses dames.	»		Linge.	
Dumont (Antoine).	»	70		
Epaulard, adjoint.	5	»		
Epaulard (Jean-Claude).	5	»		
Epaulard (Jean-Pierre).	5	»		
Epaulard (Jean-Victor).	»	50		
Epaulard (Louis-Pierre).	3	»		
Epaulard (Pierre-Joseph).	»	50		
Favret (François-Marie).	1	»		
Favret (Grégoire).	2	»		
Fichon (François).	»	50		
Fichon (Louis-Alexandre).	»	25		
Fichon (Pierre-Louis).	2	»		
Galois (Mme).	1	»		
Gantier.	»	50		
Gardebled, maire.	10	»		
Gardebled (Dominique).	1	»		
Gardebled (Hippolyte).	1	»		
Gardebled (Jean-Victor).	2	»		
Gardebled (Paul).	2	»		
Gardebled (Philippe-Clovis).	»	50		
Gardebled (Pierre-Marie).	3	»		
Gardebled (Pierre-Nicolas).	1	»		
Gardebled (Sulpice).	»	50		
Gervais (Jean-Baptiste).	»	25		
Godinot (Jean).	»	50		
Gouillard (Claude-Mathurin).	»	50		
Gouillard (Félix).	»	50		
Gouillard (veuve Isidore).	»	25		
Gouillard (Louis-Claude).	2	»		
Gouillard (Louis).	»	50		
Grandin (Pierre-Marie).	1	»		
Grégoire (François).	»	20		
Grégy (Claude-Marie).	1	»		
Grélon (Sulpice).	»	50		
Guenot.	2	»		
Guerin (Louis).	»	50		
Guichard (veuve).	10	»		
Jolly (François).	»	10		
Lars (Michel-Gabriel).	1	»		
Lars (Jean-Marie).	»	50		
Laure (Louis-Armand).	»	30		
Lecuyer (veuve).	1	»		
Lecuyer (Jean-Louis)	2	»		
Lelièvre.	5	»		
Lemaire (Auguste).	2	»		
Levasseur (Alexandre).	»	50		
Levasseur père (Charles).	»	50		
Levasseur.	»	50		
Levasseur (Louis).	»	50		
Maheu (Pierre-Paul).	5	»		

NOMS, PRÉNOMS et professions DES DONATEURS.	DONS EN ARGENT. fr.	c.	DONS EN NATURE.	DATE DE LA REMISE DES DONS à l'Intendance militaire.
Maréchal.	3	»		NOTA. — Les dons en nature de la banlieue ont été remis à l'Intendance militaire les 25 avril et 20 juillet 1855. — Les dons en argent ont été versés à la caisse du Ministère de la guerre.
Mauregard (Jacques).	5	»		
Mauregard (Nicolas).	5	»		
Melon (Charles-Antoine).	3	»		
Montmoreau (Bénigne).	3	»		
Moreau.	5	»		
Morguet (Ange).	1	»		
Morguet (Charles-Hippolyte).	»	50		
Morguet (Claude).	2	»		
Morguet (Etienne).	»	50		
Morguet (Jean-Baptiste).	»	50		
Morguet (Jean-Jacques).	»	50		
Morguet (Louis-Désiré).	5	»	Linge.	
Morguet (Michel).	»	50		
Notels (Alexandre).	»	50		
Piat.	10	»		
Picarda (Jean-Louis).	5	»		
Picarda (Jean-Louis).	»	30		
Pilier (Philothéose).	1	»		
Poulain (Adrien).	1	»		
Poulain (veuve).	»	25		
Poulain (Toussaint).	»	50		
Poupart (Pierre).	»	50		
Poussard (veuve).	»	50		
Quentin (Baptiste).	»	50		
Renant (Jean).	»	50		
Richard (Denis).	2	»		
Robin (Antoine).	2	»		
Saloi.	»	50		
Sex Antoine).	»	50		
Soudray (François).	1	»		
Toupier.	2	»		
Vaché, curé.	5	»		
Valleray.	10	»		
Varnerot.	1	»		
TOTAL....	200	75		

Rungis.

Arrachart.	»	50		
Baloche.	1	»		
Bellau.	1	»		
Bisson.	1	»		
Clerger.	»	50		
Colombeau.	1	»		
Coquillard.	15	»		
Diard.	»	50		
Diard.	»	50		
Doublet.	1	»		
Doublet.	»	50		
Doubliez.	1	»		
Doubliez (Louis).	1	»		
Garnier.	»	50		
Garnier.	1	»		
Kuntz.	1	»		
Léger.	1	»		
Lion.	1	»		
Ménager.	»	50		
Moreau (veuve).	1	»		

NOMS, PRÉNOMS et professions DES DONATEURS.	DONS EN ARGENT.	DONS EN NATURE.	DATE DE LA REMISE DES DONS à l'Intendance militaire.
	fr. c.		
Nolo.	1 »		Nota. — Les dons en nature de la banlieue ont été remis à l'Intendance militaire les 25 avril et 20 juillet 1855. — Les dons en argent ont été versés à la caisse du Ministère de la guerre.
Paillard.	1 »		
Pechamat.	1 »		
Petit.	» 50		
Petit.	1 »		
Petit (Denis).	3 »		
Petit (Victor).	2 »		
Pichard.	1 »		
Picot.	» 50		
Picot.	2 »		
Pioline.	» 50		
Roinville.	1 »		
Teillon.	» 50		
Thibault.	1 »		
Verger.	1 »		
Verger.	1 »		
Verger.	1 »		
Vignier.	» 50		
TOTAL....	50 »		

Saint-Mandé.

Allard père.	4 »		
Alphonse.	2 »		
Altés.	3 »		
Alton.	2 »		
Amadeux.	5 »		
Amélie.	» 50		
Anonyme.	» 20		
Id.	2 »		
Id.	» 45		
Id.	» 60		
Id.	» 25		
Armet.	20 »		
Ata.	2 »		
Auclert.	2 »		
Augé.	1 »		
Balleraud.	1 »		
Barbichon.	5 »		
Bareiller.	2 »		
Barroy.	2 »		
Baudin.	1 »		
Benoni.	» 80		
Berthe.	» 30		
Beaurepaire.	3 »		
Bernard.	2 »		
Berthé.	3 »		
Bertrand.	2 »		
Bidaut.	1 »		
Bidaut.	2 »		
Bifié.	1 »		
Binois.	1 »		
Biraud.	1 »		
Blanchard.	»	Linge	
Blondeau.	3 »		
Boileau.	» 50		
Bois.	1 »		
Boissy.	4 »		
Bonin.	»	Linge.	

NOMS, PRÉNOMS et professions DES DONATEURS.	DONS		DATE DE LA REMISE des DONS à l'Intendance militaire.
	EN ARGENT.	EN NATURE.	
	fr. c.		
Bonneau.	1 »		NOTA. — Les dons en nature de la banlieue ont été remis à l'Intendance militaire les 25 avril et 20 juillet 1855. — Les dons en argent ont été versés à la caisse du Ministère de la guerre.
Bonneret.	5 »		
Bonnet (demoiselle).	5 »		
Boré.	2 »		
Bornet.	5 »		
Bouchard.	2 »		
Bouchard.	5 »		
Boucher.	1 50		
Bouchet.	3 »		
Bouchot.	5 »		
Boudon.	» 70		
Bougé.	»	Linge.	
Bouillot.	»	*Id.*	
Bouju.	2 »		
Boulanger.	5 »		
Boulanger.	2 »		
Boursault.	» 50		
Breton.	» 50		
Brillet.	2 »		
Brulé.	1 »		
Brulé.	1 »		
Brune.	1 »		
Brunel.	5 »		
Budinger.	2 »		
Buh.	»	Vieux linge.	
Caen.	1 »		
Caffard.	1 »		
Candelot.	3 »		
Cantal.	» 50		
Carillon.	1 »		
Cauconnier.	2 »		
Cauconnier.	2 »		
Cauconnier.	2 »		
Cauconnier (Mme).	2 »		
Ceron.	1 »		
Chalumeau.	4 »		
Champion.	1 »		
Champion.	2 »		
Changarnier.	1 50		
Chapet.	1 50		
Charenton.	20 »		
Charleux.	2 »		
Chatenet.	» 50		
Chemin.	1 »		
Chéron (veuve).	1 »		
Chevet.	1 »		
Chevreau.	» 50		
Chevreau (veuve).	1 »		
Chevrolier.	2 »		
Choquet.	1 50		
Chudel.	5 »		
Cirou.	1 »		
Clausier.	2 »		
Clémentelle.	»	Linge et charpie.	
Clerpu.	1 »		
Colin.	» 50		
Colin.	1 50		
Collinot.	» 50		
Commissaire.	5 »		
Conard.	10 »		
Constant.	1 »		
Constantin.	» 50		
Contesenne.	1 »		

NOMS, PRÉNOMS et professions DES DONATEURS.	DONS EN ARGENT.		DONS EN NATURE.	DATE DE LA REMISE DES DONS à l'Intendance militaire.
	fr.	c.		
Coudrot.	2	»		NOTA. — Les dons en nature de la banlieue ont été remis à l'Intendance militaire les 25 avril et 20 juillet 1855. — Les dons en argent ont été versés à la caisse du Ministère de la guerre.
Courtier.	5	»		
Curé (veuve).	1	»		
Dagornot.	2	»		
Dauré.	3	»		
Darcaigne.	2	»		
Darentière.	5	»		
Daube.	»	25		
Deguerant.	5	»		
Delafollie.	»		2 jambons à prendre.	
Delagrange.	3	»		
Denin.	1	»		
Dertmann.	1	»		
Deschamps.	5	»		
Deschamps.	1	50		
Deschard.	1	»		
Desjardins.	5	»		
Desperriers.	10	»		
Despolins.	1	»		
Deshayes.	1	»		
Detroussel.	1	»		
Dobremer.	1	»		
Domestique.	2	»		
Dommartin.	20	»		
Dondame.	»	30		
Dorsy.	2	»		
Douillot.	2	»		
Dresch.	20	»		
Driancourt.	1	»		
Dubourg.	5	»		
Ducroc.	2	»		
Dutrin.	5	»		
Dugas.	2	»		
Dulac.	2	»		
Dunur.	4	»		
Dunur.	1	50		
Dupré.	5	»		
Dupuis.	2	»		
Duquesne.	2	»		
Durand.	1	50		
Durchon.	»	50		
Durène.	1	»		
Duryet.	2	»		
Dussol.	»	15		
Dutroc.	1	50		
Duval.	1	»		
Edel.	2	»		
Edouard.	»	50		
Enfroid.	1	»		
Faure.	2	»		
Faure.	2	»		
Ferandier.	3	»		
Ferus.	1	»		
Floriot.	2	»		
Foudreton.	20	»	1 paire de draps, 1 paquet de linge.	
Foucard.	5	»		
Foucault.	»	20		
François.	»	30		
Frecon.	»	50		
Fréret.	»	50		
Froment.	2	»	Vieux linge.	
Gabriel.	3	»		

NOMS, PRÉNOMS et professions DES DONATEURS.	DONS EN ARGENT.		DONS EN NATURE.	DATE DE LA REMISE DES DONS à l'Intendance militaire.
	fr.	c.		
Gaignerez père.	1	»		NOTA. — Les dons en nature de la banlieue ont été remis à l'Intendance militaire les 25 avril et 20 juillet 1855. — Les dons en argent ont été versés à la caisse du Ministère de la guerre.
Galien.	3	»		
Gauchat.	3	»		
Gaudron.	1	»		
Gautier.	1	»		
George.	1	»		
Gindre de Mancy.	1	»		
Girardot.	2	»		
Giraud.	5	»		
Goubert.	2	»		
Goujon.	3	»		
Gourdeau.	1	»		
Gourdet.	4	»		
Gouvernet.	2	»		
Granger.	5	»		
Grosmarly.	3	»		
Grossetête.	2	»		
Gru.	5	»		
Guénif.	2	»		
Guérin.	3	»		
Guerin.	»	50		
Guillaume.	1	»		
Guillemet.	1	»		
Guilloud.	2	»		
Guyard.	1	»		
Hamoche.	»	50		
Hebrard (veuve).	2	»		
Henri.	5	»		
Henne.	1	»		
Heurtot.	7	»		
Hirtz.	4	»		
Houdard.	2	»		
Hourseau.	1	»		
Hugon (Lucien).	1	»		
Hugon (Victor.	1	»		
Humbert.	1	»		
Huot.	1	»		
Hureau.	4	»		
Hutin.	1	»		
Hyrvoix.	5	»		
Jacob.	»	50		
Jai.	1	»		
Jolibois.	2	»		
Jolly.	5	»		
Jolly.	1	»		
Joubert.	2	»		
Jungfleisch.	2	»		
Keller.	1	50		
Kierbat.	»	25		
Labbé (Mme).	5	»	1 paquet de linge.	
Lachambre aîné.	3	»		
Lachambre.	»	50		
Ladan (Mlle).	2	»		
Lagrone.	3	»		
Lalance.	»	50		
Lampson.	1	»		
Lanche.	»	50		
Landru.	5	»		
Langlois.	2	»		
Larifonte.	»	50		
Laroche.	5	»		
Laseine.	10	»		
Lavalard.	1	»		

NOMS, PRENOMS et professions DES DONATEURS.	DONS EN ARGENT.	DONS EN NATURE.	DATE DE LA REMISE DES DONS à l'Intendance militaire.
	fr. c.		
Leblanc.	3 »		NOTA — Les dons en nature de la banlieue ont été remis à l'Intendance militaire les 25 avril et 20 juillet 1855. — Les dons en argent ont été versés à la caisse du Ministère de la guerre.
Lebouteux.	» 50		
Lebrun.	1 50		
Lecoanet.	2 »		
Leconte.	5 »		
Le curé de Saint-Mandé.	50 »		
Ledan.	1 »		
Ledru.	2 »		
Lejeune.	2 »		
Lemaire.	1 »		
Lemaître.	2 »		
Lemlin.	5 »		
Lepaute.	10 »		
Leroux.	1 »		
Létang.	»	Linge.	
Letellier.	2 »		
Levêque.	» 50		
Le vicaire de Saint-Mandé.	5 »		
Liébert.	5 »		
Lièvre.	5 »		
Lionet.	2 »		
Lioret.	1 20		
Lisybac.	1 »		
Loubière.	2 »		
Louis.	1 »		
Louise (Mlle).	»	1 paire de draps.	
Louvet.	2 »		
Luzeau.	» 50		
Magnier.	2 »		
Mallot.	2 »		
Malnoury.	» 50		
Malvin.	2 »		
Marcide.	2 »		
Margueron.	2 »		
Marie (veuve).	» 50		
Marin (Mlle).	5 »		
Mary (veuve).	2 »		
Masson.	» 25		
Maurer.	5 »		
Maurice.	10 »		
Mélanie.	5 »		
Melon.	2 »		
Menu.	5 »		
Mercier.	2 »		
Merlin (maison).	8 »		
Métivier.	» 50		
Meunier.	» 50		
Meynard.	2 »		
Mialet.	1 »		
Michel.	2 »		
Michon.	5 »		
Mignot.	5 »	Linge.	
Milon.	» 50		
Minguet.	2 »		
Minot.	5 »		
Miseray.	5 »		
Moignard.	1 »		
Mougenot	20 »		
Monneret.	15 »		
Montègne.	2 »		
Morisan (veuve).	1 »		
Moriot.	» 50		
Mothu.	1 »		

NOMS, PRÉNOMS et professions DES DONATEURS.	DONS			DATE DE LA REMISE DES DONS à l'Intendance militaire.
	EN ARGENT.		EN NATURE.	
	fr.	c.		
Mouchonet.	5	»		NOTA. — Les dons en nature de la banlieue ont été remis à l'Intendance militaire les 25 avril et 20 juillet 1855. — Les dons en argent ont été versés à la caisse du Ministère de la guerre.
Mouguin.	5	»		
Mousset.	5	»		
Muzard.	3	»		
Naudin.	2	»		
Nautre.	3	»		
Noble.	2	»		
Nocus.	4	»		
Noel.	2	»		
Olivier.	10	»		
Olivier.	5	»		
Pain.	1	»		
Pannier.	5	»		
Pascal.	»	50		
Pasquier.	»	50		
Paut.	20	»		
Peché.	»	60		
Pelard.	1	»		
Pequeur.	2	»		
Pertuis.	»	50		
Philippe.	1	»		
Philippe.	»	50		
Pierre.	»		Linge.	
Picton.	5	»		
Piquet.	4	»		
Plançon.	»	50		
Plassard.	2	»		
Plisson.	2	»		
Poirier.	20	»		
Porcheret.	1	»		
Povert.	»	50		
Prochasson.	1	»		
Prots.	2	»		
Prunier (veuve).	5	»		
Quehen.	1	»		
Quenion.	5	»		
Radigue.	1	»		
Ravaux.	»	50		
Ravaux.	5	»		
Rebour.	1	»		
Regnier.	»	50		
Rémond (Mlle).	20	»		
Renard.	»	50		
Renaud.	2	50	Vieux linge.	
Renaume.	5	»		
Richard.	1	»		
Rieussec.	5	»		
Rigaudeau.	»		1 couverture de coton.	
Rimbau.	»	50		
Robert.	5	»		
Roblin.	»	50		
Rossignol.	5	»		
Roussel.	»	50		
Roussel.	1	»		
Ruelle (veuve).	3	»		
Ruffier.	1	50		
Rufin.	1	»		
Sacro.	40	»		
Saffray.	1	»		
Salé.	5	»		
Savard.	1	»		
Schmitz.	»	50		
Schneider.	»		Vieux linge.	

NOMS, PRÉNOMS et professions DES DONATEURS.	DONS EN ARGENT.		DONS EN NATURE.	DATE DE LA REMISE DES DONS à l'Intendance militaire.
	fr.	c.		
Séviat.	5	»		NOTA. — Les dons en nature de la banlieue ont été remis à l'Intendance militaire les 25 avril et 20 juillet 1855. — Les dons en argent ont été versés à la caisse du Ministère de la guerre.
Sigault.	10	»		
Silandre.	5	»		
Simon.	5	»		
Simonnet.	5	»		
Soret.	3	»		
Soudieux.	»	50		
Soudieux.	1	»		
Tabuteau.	»	50		
Talpomba.	5	»		
Tarault (veuve).	10	»		
Thaure.	2	»		
Thibaut.	10	»		
Thiboust.	5	»		
Thiery.	1	»		
Thobie.	1	»		
Torchin.	1	»		
Travers.	5	»		
Vaillant.	3	»		
Vallet.	3	»		
Vasson.	2	»		
Vaude.	4	»		
Vandorme.	2	»	Linge.	
Veudre père.	1	»		
Viard.	10	»		
Victoire (Mlle).	2	»		
Villard.	2	»		
Vincent père.	1	»		
Viteau.	5	»		
TOTAL....	1,137	85		

Saint-Maur.

Acher (Mme).	25	»		
Aligre.	2	»		
Arnoult.	5	»		
Ballaison père.	5	»		
Ballaison.	2	»		
Baudin.	5	»		
Beaumont.	»		2 draps.	
Beausse.	1	»		
Berlot.	2	»		
Berson.	20	»		
Benard.	3	»		
Besançon.	2	»		
Bitterlin.	2	»	Linge.	
Blin.	5	»		
Boileau.	2	»		
Boizot.	2	»		
Boudet.	3	»		
Boudier.	1	»		
Boullenger.	5	»		
Breuil (veuve).	20	»		
Brillant (Mme).	2	»		
Brindjon.	5	»		
Brison.	2	»		
Caffin.	»		30 mètres de toile de coton.	
Camadet (Mme).	5	»		
Camus.	1	»		

NOMS, PRÉNOMS et professions DES DONATEURS.	DONS			DATE DE LA REMISE DES DONS à l'Intendance militaire.
	EN ARGENT.		EN NATURE.	
	fr.	c.		
Canard.	5	»		NOTA. — Les dons en nature de la banlieue ont été remis à l'Intendance militaire les 25 avril et 20 juillet 1855. — Les dons en argent ont été versés à la caisse du Ministère de la guerre.
Carion (veuve).	1	»		
Carpentier.	5	»		
Chalut.	5	»		
Chatillon.	2	»		
Clemançon.	10	»		
Comte.	2	»		
Contesenne.	2	»		
Corbière.	1	»		
Cothenet.	3	»		
Coutard.	3	»		
Cusset.	1	»		
Davoy.	2	»		
Debacq.	2	»		
Debon.	5	»		
Demons.	5	»		
Denis.	1	»		
Detroulleau.	1	»		
De Vertamy.	20	»		
Dhennin.	5	»		
Doucet.	5	»		
Dumoutier.	1	»		
Echard.	3	»		
Fillerin.	2	»		
Galin.	2	»		
Gallais.	2	»		
Garot.	1	»		
Gathelot.	10	»		
Gaudion.	3	»		
Gaultier.	2	»		
Gauthier.	2	»		
Gautier (veuve).	5	»		
Gautier fils.	2	»		
Gautier.	1	»		
Giraud.	2	»		
Godau.	»		Linges en bandes, charpie.	
Gramen.	1	»		
Guden.	1	»		
Hacar.	3	»		
Hanot.	»		Linge.	
Hébert.	5	»		
Henry.	2	»		
Heros.	5	»		
Huardeau.	1	»		
Jaillet.	5	»		
Jainais (Mlle).	40	»		
Jambon.	5	»		
Jarlet.	1	»		
Jarlot.	5	»		
Labady.	10	»		
Lamy.	5	»		
Lange.	50	»		
Lardot.	2	»		
Lavocat.	5	»		
Lecornu (veuve).	2	»		
Leduc.	1	»		
Lefort.	1	»		
Lafranc.	2	50		
Lemaire.	5	»		
Lemaître.	5	»		
Lenoble.	3	»		
Leroy.	2	»		
Letourneur.	5	»		

NOMS, PRÉNOMS et professions DES DONATEURS.	DONS EN ARGENT. fr.	c.	DONS EN NATURE.	DATE DE LA REMISE DES DONS à l'Intendance militaire.
Louis (Mme).	5	»	Linge.	NOTA. — Les dons en nature de la banlieue ont été remis à l'Intendance militaire les 25 avril et 20 juillet 1855. — Les dons en argent ont été versés à la caisse du Ministère de la guerre.
Marin.	1	50		
Masson.	5	»		
Meyniel.	1	»		
Moitié.	1	»		
Mugnier.	15	»		
Niellon.	2	»		
Orlet.	2	»		
Paillard.	2	»		
Painblant.	2	»		
Paquet.	1	»		
Paris.	1	50		
Patin (Mme).	5	»		
Perier (MM.)	23	»		
Petit.	1	»		
Piver.	10	»		
Poucheux.	5	»		
Prat.	2	»		
Proult.	2	50		
Renoult (veuve).	4	»		
Riguet (veuve).	1	»		
Rouette.	»	40		
Sangrin.	3	»		
Santa-Maria.	5	»		
Saron.	2	»		
Sauvat.	5	»		
Schopfer.	3	»		
Sellier.	10	»		
Sergent.	5	»		
Tarate.	5	»		
Thuilleux.	5	»		
Touron.	2	»		
Varin.	1	50		
Vernet.	5	»	Linge et charpie.	
Verrier.	1	»		
Vilpelle.	1	»		
Voinier (Mlles).	10	»		
Voisin.	2	»		
Weber.	2	»		
TOTAL....	583	90		

Saint-Maurice.

NOMS	fr.	c.	EN NATURE	DATE
Balleau (veuve).	»		Linge.	
Bellot.	2	»	Linge, charpie.	
Bernier.	5	»	Linge.	
Boucher.	10	»	Linge, charpie.	
Boudenotte (veuve).	2	»		
Bouille (Mme).	5	»	Linge.	
Briquet.	5	»		
Calmeil.	20	»		
Cautenet.	5	»		
Chevreau.	1	»		
Cornu.	5	»		
Couteux (veuve).	1	»		
Dalican (Mme).	2	»		
Dautier.	10	»	Charpie.	
Deguise (Gustave).	20	»		
Desvignes père et fils.	10	»		

NOMS, PRÉNOMS et professions DES DONATEURS.	DONS			DATE DE LA REMISE DES DONS à l'Intendance militaire.
	EN ARGENT.		EN NATURE.	
	fr.	c.		
Deyrolle.	5	»	Linge.	NOTA. — Les dons en nature de la banlieue ont été remis à l'Intendance militaire les 25 avril et 20 juillet 1855. — Les dons en argent ont été versés à la caisse du Ministère de la guerre.
Dieterlé.	5	»	Charpie.	
Dubois.	3	»	Linge.	
Duchemin.	5	»	*Id.*	
Duchemin fils.	5	»		
Faillant.	»		Charpie.	
Fleurimont.	5	»	Charpie, linge.	
Fourmer, curé.	10	»	Vieilles chemises.	
Gaconnet.	»		Linge.	
Gaube.	»		*Id.*	
Grandeyr.	5	»		
Guilvert.	5	»	Vieilles chemises.	
Huardeau (Charles).	5	»		
Huart.	2	»		
Hyon (Alexandre).	5	»		
Idelon.	10	»		
Jaquot.	3	»	Linge, charpie.	
Junot (veuve).	15	»		
Supérieure de la maison de Charenton.	»		Charpie, compresses.	
Lequey (veuve).	2	»		
Meurou.	10	»		
Moreau.	»		Linge.	
Pitiot.	5	»		
Renard.	5	»		
Retté (Mme).	10	»		
Rist.	10	»		
Rondot, maire.	20	»	Linge.	
Rousselin.	20	»		
Sainson.	5	»		
Saint-André.	10	»		
Thorin.	»		Linge.	
Thissot.	2	»		
Verniou.	»		Linge.	
Wast (veuve).	»		*Id.*	
TOTAL.....	290	»		

Sceaux.

Anonymes.	21	40		
Id.	»	50		
Id.	»		Compresses, charpie.	
Armandier.	30	»		
Blanpignon.	»		3 paires de chaussettes.	
Boullanger.	»		6 chemises.	
Bourcier.	10	»		
Bourcier.	»		6 paires de chaussett., 1 drap	
Bourgne.	»		Toile.	
Bouteuville (Théodore).	5	»		
Boutigny.	»		1 drap, 1 nappe.	
Bressel.	»		1 couverture de laine.	
Brun et Perin.	7	»	6 paires de chaussettes.	
Cannevillier.	»		Charpie.	
Cart.	20	»	Linge.	
Champion.	10	»		
Closson.	»		Linge, charpie.	
Closson.	»		1 couverture.	
Delaistre (Mme).	»		2 couvertures grises.	
Divers.	»		Linge, charpie.	

NOMS, PRÉNOMS et professions DES DONATEURS.	DONS			DATE DE LA REMISE DES DONS à l'Intendance militaire.
	EN ARGENT.		EN NATURE.	
	fr.	c.		
Dupuis.	»		Linge.	NOTA. — Les dons en nature de la banlieue ont été remis à l'Intendance militaire les 25 avril et 20 juillet 1855. — Les dons en argent ont été versés à la caisse du Ministère de la guerre.
Faguet.	»		Charpie, bandes.	
Falcon.	»		Linge.	
Favre.	»		Bandes, compresses, charpie	
Fernique.	»		5 paires de chaussettes.	
Fontaine (veuve).	»		2 paires de chaussettes.	
Garnon.	»		25 paires de chaussettes.	
Guillon (veuve Pierre).	2	»		
Guilpain.	»		3 draps.	
Guyon, maire.	20	»	Linge.	
Heulard.	5	»		
Jean.	»		Bandes, charpie, 6 paires de chaussettes.	
Lamy (Eugène).	»		1 drap.	
Létourneau.	»		Linge.	
Linet.	»		6 paires de chaussettes.	
Millanvois.	5	»		
Maufra.	»		Linge, 1 couverture.	
Maufra (Mlle).	10	»		
Morel.	»		Charpie.	
Morel (Mme).	»		*Id.*	
Moullé.	5	»	4 chemises.	
Nazon.	»		2 paires de chaussettes.	
Pellault.	3	»	2 chemises.	
Produit d'un bal donné dans la mairie.	93	80		
Raynal.	»		12 paires de chaussettes de laine.	
Roger (Claude).	5	»		
Saint-Arsène (Mme).	»		Linge.	
Saunier (Alexandre).	5	»		
Saunier (Mlle).	»		5 paires de chaussettes.	
Thoré (Antoine).	5	»		
Thoré père.	5	»		
Thoré St-Ange fils.	5	»		
TOTAL.....	251	30		

Sur cette somme de 251 fr. 30 c., 229 fr. 90 c. ont été employés par le maire en achat de 15 couvertures, 24 gilets de laine et 6 paires de chaussettes.

Thiais.

NOMS	fr.	c.	EN NATURE	DATE
Aroux.	5	»		
Bailly.	1	50		
Barre.	5	»	Linge.	
Bechet.	5	»		
Borel (veuve).	5	»		
Cabaret.	»	50		
Chasigne.	1	»		
Colin, maire.	5	»	Linge.	
Conte (veuve).	2	»	*Id.*	
Coqueau.	2	»	*Id.*	
De Jonquières.	5	»		
Delarue, adjoint.	5	»		
Desforges.	»		Linge.	
Duchateau.	5	»		
Dupuis.	10	»		
Durand.	3	»	Linge.	
Feautier.	1	»		
Franc.	5	»		

NOMS, PRÉNOMS et professions DES DONATEURS.	DONS		DATE DE LA REMISE DES DONS à l'Intendance militaire.
	EN ARGENT.	EN NATURE.	
	fr. c.		
Gemahling.	1 »		Nota. — Les dons en nature de la banlieue ont été remis à l'Intendance militaire les 25 avril et 20 juillet 1855. — Les dons en argent ont été versés à la caisse du Ministère de la guerre.
Georgeon.	10 »		
Godard.	2 »		
Granjean (veuve).	5 »		
Guyon.	5 »		
Hamon.	2 »		
Jourdis.	10 »		
L'abbé Vernet, curé.	2 »		
Labarde (veuve).	»	Linge.	
Langlois (Edmond).	1 »		
Langlois (Paul).	2 »		
Lebrun.	1 »		
Lemaire.	10 »		
Maingot.	3 »		
Maire (veuve).	5 »		
Menon.	2 »		
Millet (veuve).	1 »		
Moreau.	2 »		
Moreau	5 »		
Noel.	5 »		
Ovide.	1 50		
Pierson.	»	Linge.	
Piot.	3 »		
Piot (Charles).	10 »		
Piot (Bernard).	3 »		
Provost.	2 »		
Quenin.	»	Linge.	
Stein.	2 »	*Id.*	
Taroux.	5 »		
Verbe.	5 »		
TOTAL.....	171 50		

Vanves.

NOMS	EN ARGENT	EN NATURE	DATE
Arnaud.	» 50		
Barian (veuve).	»	Linge.	
Billard (veuve).	2 »		
Bleuze.	5 »		
Bleuze (Auguste).	» 50		
Bleuze (veuve).	»	Linge.	
Boisson fils.	2 »		
Boscher (veuve).	10 »		
Boudé.	1 »		
Bouille (veuve).	»	Linge.	
Boulery.	2 »		
Breton (Hippolyte).	1 »		
Brou.	»	Linge.	
Chaigneau.	2 »		
Coignet (Gustave).	1 »		
Corniny.	» 50		
Dagoumer (veuve).	3 »		
Darthuy.	1 »		
Debost.	»	Linge.	
Délou.	1 »		
Demontferrand.	5 »		
Depinoy, maire.	20 »		
Drouard (Jean-Baptiste).	2 »		
Duval (veuve).	»	Linge.	
Encontre.	1 »		

NOMS, PRÉNOMS et professions DES DONATEURS.	DONS EN ARGENT.		DONS EN NATURE.	DATE DE LA REMISE DES DONS à l'Intendance militaire.
	fr.	c.		
Fabret et Voisin, médecins.	40	»		Nota. — Les dons en nature de la banlieue ont été remis à l'Intendance militaire les 25 avril et 20 juillet 1855. — Les dons en argent ont été versés à la caisse du Ministère de la guerre.
Fizellier fils.	1	»		
Gaubert.	»	50		
Gérard.	1	»		
Gérard.	»		Linge.	
Guignon.	»	50		
Guyot.	»		Linge.	
Hochedelle.	»		*Id.*	
Joly	»		*Id.*	
Joly père.	»		*Id.*	
Jonnès.	»		*Id.*	
Lambert.	»	50		
Lambert (François).	3	»		
Lapostole (Louis).	3	»		
Lardot.	1	»		
Laroque.	»		Linge.	
Lavigne.	»		*Id.*	
Lebailly père.	5	»		
Lemaire.	»		Linge.	
Lerambert (Christophe).	1	»		
Masson (veuve).	»		Linge.	
Meunier.	»		*Id.*	
Minard aîné.	»		*Id.*	
Minard (veuve).	2	»		
Moreau (Gabriel).	1	»		
Morière.	3	»		
Ney.	2	»		
Ouvriers de M. Pinson.	5	»		
Parot.	»		Linge.	
Picque.	»	50		
Pinson.	10	»		
Plet (Louis).	2	»		
Plet (veuve).	»		Linge.	
Potin (Denis).	2	»		
Potin (Isidore).	»		Linge.	
Potin (Jean-Baptiste).	2	»		
Potin (Jules).	4	»		
Potin (Laroque).	2	»		
Prévost.	»		Linge.	
Ribou (Charles).	1	»		
Ribou (veuve Charles)	5	»		
Ribou (Eustache).	»		Linge.	
Ribou (François), adjoint.	»		*Id.*	
Ribou (Louis-Eustache).	10	»		
Ribout (Julien).	2	»		
Roussel.	»	50		
Senlis fils.	5	»	Linge.	
Serre.	»	50		
Thomas (Mlle).	5	»		
Venant.	1	»		
Vosniey.	1	»		
TOTAL.....	183	50		

Vaugirard.

Achille.	»	50		
Acrout.	»	25		
Adam.	2	»		
Albert.	2	»		

NOMS, PRÉNOMS et professions DES DONATEURS.	DONS		DATE DE LA REMISE DES DONS à l'Intendance militaire.
	EN ARGENT.	EN NATURE.	
	fr. c.		
Anonymes.	» 10		NOTA. — Les dons en nature de la banlieue ont été remis à l'Intendance militaire les 25 avril et 20 juillet 1855. — Les dons en argent ont été versés à la caisse du Ministère de la guerre.
Id.	» 20		
Id.	» 20		
Id.	» 30		
Id.	» 40		
Id.	» 50		
Id.	» 50		
Id.	» 50		
Id.	» 50		
Id.	» 50		
Id.	1 »		
Id.	1 »		
Id.	1 »		
Id.	1 »		
Id.	1 »		
Id.	1 »		
Id.	2 »		
Id.	2 »		
Id.	3 »		
Id.	4 »		
Id.	5 »		
Id.	5 »		
9 anonymes.	9 50		
Archer (Mme).	1 »		
Arnaud.	2 »		
Arnoult (veuve).	5 »		
Autin.	5 »		
Bacaut.	1 50		
Bachelier.	2 »		
Bagriot.	1 »		
Baillot (Mme).	3 »		
Balson (Mme).	» 20		
Barbet (veuve).	1 50		
Barbier.	2 »	Linge.	
Barbier.	5 »		
Bardou.	2 »		
Bardot.	» 50		
Bardot (Mlle).	» 50		
Barré.	5 »		
Baubillot.	» 50		
Baudin.	5 »		
Baudin.	5 »		
Baudoin (Mme).	» 50		
Baudry.	1 »		
Baumann.	» 50		
Bavoil.	2 »		
Beaufils.	1 »		
Beauname.	» 20		
Bellardent.	» 50		
Bellenot.	» 50		
Bellod.	1 »		
Bergeron.	3 »		
Bergeron père.	»	1 couverture de coton.	
Bernard.	» 50		
Bertot.	3 »		
Bertrand.	1 »		
Beuillard.	2 »		
Beurnier.	2 »		
Billard.	2 »		
Billard.	2 »		
Billard aîné.	2 »		
Billard.	5 »		
Billet.	1 »		

NOMS, PRÉNOMS et professions DES DONATEURS.	DONS EN ARGENT.		DONS EN NATURE.	DATE DE LA REMISE DES DONS à l'Intendance militaire.
	fr.	c.		
Biloué.	1	»		NOTA. — Les dons en nature de la banlieue ont été remis à l'Intendance militaire les 25 avril et 20 juillet 1855. — Les dons en argent ont été versés à la caisse du Ministère de la guerre.
Blactot.	»	20		
Blanche.	»	50		
Bleriot.	»	50		
Blériot.	2	»		
Blériot père.	10	»		
Blondel.	»	50		
Bocquin.	2	»		
Boibreux.	2	»		
Boilleau.	»	50	Linge.	
Boilleau.	1	»		
Bonier.	1	»		
Bonnet.	3	»		
Bontemps.	»	50		
Bontemps (Mme).	»		Charpie.	
Bonvoisin.	2	»		
Bony (Mme).	3	»		
Bory.	»	30		
Bouchet.	10	»		
Boudard.	2	»		
Boudet.	»		Linge.	
Boudet fils.	5	»		
Bouillette.	»		Linge.	
Bouillette.	1	50		
Boulay.	3	»		
Bourdon.	1	»		
Bourgeois (veuve).	»		Linge.	
Bourgoin.	2	»		
Bourguet père.	2	»		
Bourguet fils.	»	50		
Bourguignon.	5	»		
Bous.	2	»		
Boutry.	1	»		
Bouzier.	2	»		
Boyer.	2	»		
Brassié (veuve).	»	50		
Breuil.	»		Linge.	
Brière (Mme).	»	50		
Brinot (Mlle).	»	10		
Bronchain.	3	»		
Bruaud.	1	»		
Brultez.	»	50		
Brunnet père.	2	»		
Buat.	»	50		
Bulleux.	1	»		
Bullod.	2	»		
Buthe.	2	»		
Callais (Mme).	20	»		
Camus.	1	»		
Cardaillac.	1	»		
Carpentier.	»	50		
Carré.	1	»		
Castillon.	1	»		
Anonymes.	»		Linge, charpie.	
Chainier.	»	50		
Chalmel (Mme).	5	»		
Chalmy.	»	20		
Chaplain.	3	»		
Charmaison.	»		Linge.	
Charnot (Mme).	»	50		
Charpentier.	3	»		
Chefdebien (Mme).	2	»		
Chevalier.	3	»		

NOMS, PRÉNOMS et professions DES DONATEURS.	DONS			DATE DE LA REMISE DES DONS à l'Intendance militaire.
	EN ARGENT.		EN NATURE	
	fr.	c.		
Choisnet.	2	»		NOTA. — Les dons en nature de la banlieue ont été remis à l'Intendance militaire les 25 avril et 20 juillet 1855. — Les dons en argent ont été versés à la caisse du Ministère de la guerre.
Clayeux.	»		Linge.	
Clément.	2	»		
Clément.	»		Charpie.	
Cloud.	2	»		
Cloud.	5	»		
Cloud.	5	»		
Cochard.	5	»		
Colbert.	»	50	Linge.	
Combrier.	2	»		
Compagnie du gaz.	40	»		
Conard.	1	»		
Conard.	2	»		
Conard (Auguste).	2	»		
Conard (Etienne).	5	»		
Conard (Jean-Baptiste).	1	»		
Consigny.	1	»		
Contour.	5	»		
Cordier.	1	»		
Courbel (veuve).	10	»		
Courtine.	5	»		
Couteau.	»	50		
Couty.	»	20		
Crépinet père.	5	»		
Crete.	1	»		
Creton.	1	»		
Criteau.	3	»		
Cubane (Mme).	»	50		
Cuvé.	»	50		
Daguer.	1	»		
Dame anonyme.	25	»	Linge.	
Dameron.	5	»		
Damour.	5	»		
Dampon.	»	50		
Daniel.	2	»		
Daval.	2	»		
David.	2	»		
Debergue.	»	20		
Debisse.	2	»		
Decourty (veuve).	20	»		
Dedier (veuve).	2	»		
Deflore.	2	»		
Delacave.	3	»		
Delahoche (Mme).	1	»		
Delassu.	1	»		
Delepault fils.	»		Linge.	
Delepault frères.	2	»	*Id.*	
Deflour.	»	50		
Delhomme.	»	50		
Delingette.	1	50		
Delor (Mme).	»	25		
Demassy.	»	50		
De Montcloud (Mlle).	2	»		
Demoulinneuf.	2	»		
Denis.	1	»		
Denoyé	1	»		
Deporte (veuve).	»	50		
Deschamps.	»	50		
Deschamps.	3	»		
Deschar.	2	»		
Deschard.	1	»		
Desportes.	1	»		
Devaux.	2	»		

NOMS, PRÉNOMS et professions DES DONATEURS.	DONS EN ARGENT.		DONS EN NATURE.	DATE DE LA REMISE DES DONS à l'Intendance militaire.
	fr.	c.		
Devic.	1	»		NOTA. — Les dons en nature de la banlieue ont été remis à l'Intendance militaire les 25 avril et 20 juillet 1855. — Les dons en argent ont été versés à la caisse du Ministère de la guerre.
Devosse.	»	50		
Devroye.	2	»		
Devroye (Mme).	1	»		
Domain.	3	»		
Drouhin.	»	50		
Droz.	5	»	Linge.	
Ducasse.	1	»		
Dufour.	3	»		
Dugin.	1	»		
Dulauroy.	1	»		
Dumas.	1	»		
Dumont (Mme).	2	»		
Dumur.	2	»		
Dupeché.	1	»		
Dupin (Mlle).	2	»		
Dupuis (veuve).	2	»		
Durand (veuve).	2	»		
Durieu (Mme).	2	»		
Duriez (Mme).	1	»		
Durot.	»	70		
Durot.	1	»		
Duruit.	»	50		
Dutoit.	2	»		
Duval.	1	»		
Employés de l'octroi.	41	»		
Employés de M. Vigneron.	2	»		
Eneau.	»	50		
Esnaut.	»	20		
Faucon.	1	50		
Faure.	5	»		
Fauvau.	5	»		
Favier.	1	»		
Favier.	5	»		
Feau.	1	»		
Fillielle.	1	»		
Filliol.	2	»		
Firmin (veuve).	3	»		
Flamand.	»	50		
Flamery.	»		Linge.	
Fondary.	25	»		
Fournay.	»		1 drap.	
Franevil.	1	»		
Fremion (Mme).	1	»		
Fremont (Mme).	»		Linge.	
Frère de Montozon (Mlle).	5	»		
Fromanger.	3	»		
Fromentin.	1	»		
Fuilhan.	5	»		
Gabillot.	5	»		
Gallais.	»	20		
Garat (Mme).	»	50		
Garnier.	»	50		
Garnier.	5	»		
Gassion.	20	»		
Gauchard.	2	»		
Gautier.	2	»		
Gavrelle.	2	»		
Gayer.	2	»		
Geoffroy.	2	»		
Gérard.	5	»		
Gerbaut.	2	»		
Germain.	2	»		

NOMS, PRÉNOMS et professions DES DONATEURS.	DONS EN ARGENT.		DONS EN NATURE.	DATE DE LA REMISE DES DONS à l'Intendance militaire.
	fr.	c.		
Gillet.	1	»		NOTA. — Les dons en nature de la banlieue ont été remis à l'Intendance militaire les 25 avril et 20 juillet 1855. — Les dons en argent ont été versés à la caisse du Ministère de la guerre.
Gillet (Mlle).	»	50		
Giraudet.	1	»		
Giraut.	2	»		
Godlus (Mme).	»	50		
Gombrault (Mme).	2	»		
Goyeaux.	1	»		
Graffetieaux.	»	50		
Grand.	2	»		
Grandidier (Mme).	»		Charpie.	
Grasset (Mme).	2	»		
Grillon.	1	»		
Gringord.	»		Linge.	
Grognet.	1	»		
Grognet.	5	»		
Grielle.	»	50		
Guerin.	1	»		
Guillard.	»	30		
Guillaume.	2	»		
Guillaumot.	»	50		
Guilloteaux.	1	»		
Guy.	5	»		
Guyon.	»	50		
Guyot.	»	25		
Haneton.	»	50		
Hans.	1	»		
Havet.	1	»		
Henocq.	2	»		
Henonin.	2	»		
Henri.	»	50		
Herard (veuve).	10	»		
Herbet.	2	»		
Herout.	5	»		
Hersen (l'abbé).	20	»		
Hervé.	»	50		
Houdin.	»	50		
Huet.	»	50		
Hugony.	10	»		
Huymans (Mlle).	5	»		
Huze.	1	»		
Hivry.	2	»		
Jacqueau père.	5	»		
Jacqumard.	»	50		
Jacquemin.	1	»		
Jagin.	1	50		
Jamain.	»	40		
Jeunet.	2	»		
Jochmans.	1	»		
Jouanne.	2	»		
Keller.	1	»		
Klein.	1	»		
Laborne.	1	»		
Lacolle.	2	»		
Lamarche.	2	»		
Lamare.	1	»		
Lamarque.	1	»		
Lambert.	»	35		
Lambert.	5	»		
Lamblet.	2	»		
Langard.	»	50		
Langdoc (Mme).	1	»		
Langlois.	1	»		
Laporte.	1	»		

NOMS, PRÉNOMS et professions DES DONATEURS.	DONS		DATE DE LA REMISE DES DONS à l'Intendance militaire.
	EN ARGENT.	EN NATURE.	
	fr. c.		
Laporte.	2 »		NOTA. — Les dons en nature de la banlieue ont été remis à l'Intendance militaire les 23 avril et 20 juillet 1855. — Les dons en argent ont été versés à la caisse du Ministère de la guerre.
Laribe.	» 45		
Lasalle.	2 »		
Lasseau.	» 30		
Launais.	» 50		
Laurent.	2 »		
Laurent.	5 »		
Laurent (Joseph).	10 »		
Laurent (Louis-Marthe).	1 50		
Lebert.	» 50		
Lebreit.	1 »		
Lebrun.	2 »		
Lechalat.	2 »		
Leclanché.	2 »		
Leclerc.	5 »		
Leclerc (Mme).	2 »		
Leconte.	» 50		
Leconte.	2 »		
Ledin.	5 »		
Leduc.	5 »		
Lefèvre (Mme).	»	Linge.	
Lefolle.	1 »		
Leger.	20 »		
Legris (veuve).	3 »		
Leliou.	2 »		
Lenfant.	2 »		
Lenoir.	» 50		
Léonard.	10 »		
Lepine.	2 »		
Lepré.	2 »		
Leroux.	» 50		
Leroux.	5 »		
Leroy.	» 20		
Leroy.	» 50		
Lescène.	2 »		
Leteurtre.	1 »		
Leteurtre père.	1 »		
Levêque.	» 50		
Leymonnerye.	5 »		
Lhuillier.	5 »		
Ligué fils.	10 »		
Linat.	1 »		
Loire.	2 »		
Long.	» 50		
Longchamp.	1 »		
Lor.	1 50		
Louis (Mme).	» 25		
Louvet.	»	Linge.	
Lozet.	1 »		
Luchiey.	1 »		
Macaire (Mlle).	» 50		
Macquin.	» 50		
Maheu.	5 »		
Mainfroy.	1 »		
Le maire, les adjoints (conseil municipal).	155 »		
Maiseau.	20 »		
Maison.	1 »		
Maison (Mme).	5 »		
Mallère.	5 »		
Malloger.	1 »		
Manou.	1 »		
Marazin.	2 »		
Margat.	1 »		

NOMS, PRÉNOMS et professions DES DONATEURS.	DONS EN ARGENT.	DONS EN NATURE.	DATE DE LA REMISE DES DONS à l'Intendance militaire.
	fr. c.		
Margot père.	3 »		Nota. — Les dons en nature de la banlieue ont été remis à l'Intendance militaire les 25 avril et 20 juillet 1855. — Les dons en argent ont été versés à la caisse du Ministère de la guerre.
Marguerie.	3 »		
Maria Dollé (Mlle).	1 »		
Martin.	1 »		
Massard.	5 »		
Massié aîné.	5 »		
Massié (Adolphe).	»	10 draps, 54 serviettes toile.	
Masson (veuve).	1 »		
Maurey.	5 »		
Maurice.	1 »		
Maurisot (Mlle).	1 »		
Medard.	3 »		
Megret.	» 50		
Meley.	» 50		
Mélin.	»	Linge.	
Mélitrine (Mlle).	» 25		
Mentec.	1 »		
Merle.	2 »		
Merle.	3 »		
Merlin.	1 »		
Mespoulède.	» 10		
Mette.	1 »		
Meunier (Mme).	2 »		
Michaut (Mme).	3 »		
Millet.	» 50		
Minoi.	1 »		
Moignard.	» 50		
Mongin.	» 50		
Monterot.	1 »		
Mony.	3 »		
Moos (Mme).	3 »		
Moreau.	3 »	Linge, charpie.	
Mozart.	1 »		
Mullot.	»	Linge.	
Munier.	1 50		
Murat.	2 »		
Nauguet.	1 50		
Nicolle.	» 50		
Noché.	1 »		
Nodot (veuve).	»	Linge.	
Noël.	1 »		
Noël (Mme).	3 »		
Noquet.	2 »		
Ody.	2 »		
Orville (Mlle).	» 50		
Ouvriers de M. Delepault.	» 70		
Ouvriers de M. Muraour.	6 »		
Pacalle.	1 »		
Palitat.	» 20		
Paunier.	2 »		
Pape.	1 50		
Papillon (veuve).	2 »		
Parent.	1 50		
Paris.	1 »		
Parizot (Mme).	1 »		
Parnageon.	1 »		
Passereau.	» 50		
Pecheur.	1 »		
Pélissier (Mlle).	1 50		
Pelley (Mme).	1 »		
Pepin.	» 50		
Pères jésuites (les).	100 »		
Perroin.	2 »		
Perrot.	1 »		

NOMS, PRÉNOMS et professions DES DONATEURS.	DONS			DATE DE LA REMISE DES DONS à l'Intendance militaire.
	EN ARGENT.		EN NATURE.	
	fr.	c.		
Perrot.	»		Linge.	NOTA. — Les dons en nature de la banlieue ont été remis à l'Intendance militaire les 25 avril et 20 juillet 1855. — Les dons en argent ont été versés à la caisse du Ministère de la guerre.
Pertruisot.	2	»		
Petit.	»	50		
Petit.	2	»		
Petit (Mme).	»	25		
Pézard.	»	50		
Pfoltzer.	»	90		
Piat.	1	50		
Pichot.	1	50		
Pierrot.	5	»		
Pierson.	»	50		
Pierson.	5	»		
Pillu.	3	»		
Poirier.	1	»		
Poissonnier.	6	»		
Potier.	3	»	Linge.	
Pouard.	»			
Pouget.	1	»		
Préaux (Mme).	»			
Souscription faite par messieurs Leroy et Peron.	40	50		
Pruner.	»	20		
Pugol.	»	10		
Pupille.	2	»		
Quatremère.	5	»		
Queverdeau.	1	»		
Quinton (Mme).	»	20		
Racle.	5	»		
Radis.	2	»		
Ragache.	1	»		
Ragot.	5	»		
Rallu.	»	60	Linge.	
Rechleing.	»	75		
Recolin.	2	»		
Regnault.	2	»		
Reigard.	1	»		
Remond.	»	50		
Remy.	2	»		
Renal.	1	»		
Renaud.	1	»		
Richard.	1	»		
Richard (Mme).	1	»		
Richefeu père.	5	»		
Rigault.	1	»		
Rivet.	»	50		
Robert.	»	25		
Robert (Mlle).	»	25		
Robin.	»	25		
Robin.	»		Linge.	
Robinet.	2	»		
Robsy.	5	»		
Rocher (Mme).	1	»		
Rochet.	»	50		
Roffin.	1	»		
Rose.	»	50		
Rousseau.	1	»		
Roussel.	10	»		
Ruelle.	3	»		
Ruffin.	1	»		
Ruffin (J.-M.).	5	»		
Russinger.	1	»		
Ruta.	2	»		
Sahu.	2	»		
Saint-Fort.	2	»		

NOMS, PRÉNOMS et professions DES DONATEURS.	DONS			DATE DE LA REMISE DES DONS à l'Intendance militaire.
	EN ARGENT.		EN NATURE.	
	fr.	c.		
Saintin.	1	50		NOTA. — Les dons en nature de la banlieue ont été remis à l'Intendance militaire les 25 avril et 20 juillet 1855. — Les dons en argent ont été versés à la caisse du Ministère de la guerre.
Samier.	5	»		
Schmit.	1	»		
Schoultz (Mme).	»		Linge.	
Secrétaire et employés de la mairie.	21	50		
Seguin.	5	»		
Sellier (Mme).	1	»		
Sergent.	»	50		
Serre.	5	»		
Seugey.	10	»		
Sintrac.	1	»		
Soudé.	1	50		
Souhaite.	1	»		
Tarbos.	»	50		
Tarisse.	1	»		
Tassard.	2	»		
Terrier.	5	»		
Tessonnier (Mlle).	1	»		
Therge.	»	25		
Thevenot.	3	»		
Thibault.	1	»		
Thiboumery (Mme).	»		Charpie.	
Thouille (veuve).	1	»		
Thuillier (Mme).	5	»		
Tirard (Mme).	»		1 drap.	
Tirel.	5	»		
Tirel fils.	3	»		
Toret.	1	50		
Triaux.	1	»		
Tropenat.	»	50		
Tuvache.	10	»		
Vallée.	»	50		
Vauquaire.	5	»		
Vattier.	5	»		
Vaucanson.	1	»		
Vaudet.	2	»		
Vayset.	5	»		
Veillard.	»	25		
Verlynde.	1	»		
Vigneron.	3	»		
Vinot.	»	C0		
Violelle.	5	»		
Vionel.	1	»		
Voirin.	1	»		
Voisery.	5	»		
Weil.	2	50		
Werner.	2	»		
TOTAL.....	1,592	50		
A déduire...........	67	60		
Reste............	1,524	90		

NOMS, PRÉNOMS et professions DES DONATEURS.	DONS EN ARGENT.		DONS EN NATURE.	DATE DE LA REMISE DES DONS à l'Intendance militaire.

Villejuif.

MM. Dieu, Housseau, Huard, Leblanc, Lefèvre, Lemaître, Lorin, Mansais, Robinot, Tardu, Thibaut (Pierre), Thibaut (Jean-Claude), ont donné : charpie, 1 couverture de laine, draps, nappes, gilets de flanelle, gilet de laine, chemises, caleçons, 109 paires de chaussettes, 6 paires de chaussons, loto, cartes, dames, jeu d'oie.

Villemonble.

	fr.	c.		
Anonymes.	200	»		NOTA. — Les dons en nature de la banlieue ont été remis à l'Intendance militaire les 25 avril et 20 juillet 1855. — Les dons en argent ont été versés à la caisse du Ministère de la guerre.
Boguet.	5	»		
Chaignet.	5	»		
Chardon.	1	50		
Charrière.	5	»		
Chaumusart.	2	»		
Copet.	1	»		
Destouche.	50	»		
Détourbet.	25	»		
Devergie.	10	»		
Ensminger.	100	»		
Fleury.	5	»		
Fouqu.	2	»		
Giboury.	1	50		
Guédon.	»		Linge.	
Huché.	5	»		
Kopff.	1	50		
Laby.	5	»		
Mahé de la Bourdonnais (Me).	15	»		
Mongin.	2	»		
Poussin.	40	»		
Quaccio.	10	»		
Testard.	5	»		
Varroquier.	»		Linge.	
TOTAL.....	496	50		

Vincennes.

Aimart.	1	»		
Albert.	1	50		
Amanda (Mlle).	»	50		
Andos.	2	»		
André.	1	»		
Aufray.	2	»		
Angot.	5	»		
Anonyme.	»	60		
Anselme.	5	»		
Antoine.	2	»		
Aprin.	20	»		
Arcelin.	5	»		
Aubert.	25	»	Linge.	
Aubry.	»	50		
Aubry.	1	»		
Aubry (veuve).	1	»	Linge.	
Auger.	1	»		
Autréau.	»	25		
Bagri.	»	50		
Bansillia.	5	»		

NOMS, PRÉNOMS et professions DES DONATEURS.	DONS			DATE DE LA REMISE DES DONS à l'Intendance militaire.
	EN ARGENT.		EN NATURE.	
	fr.	c.		
Baptiste.	1	»		NOTA. — Les dons en nature de la banlieue ont été remis à l'Intendance militaire les 25 avril et 20 juillet 1855. — Les dons en argent ont été versés à la caisse du Ministère de la guerre.
Barbeau.	5	»		
Barbier.	5	»		
Bardet.	5	»		
Baril.	2	»	Linge.	
Baron.	2	»		
Barrat.	1	»		
Barrié.	5	»		
Bataille.	»	50		
Beauboucher.	2	»		
Beaudin.	»	50		
Beaudoin.	1	»		
Beaulieu.	2	»	Linge.	
Beaupied.	10	»		
Belleville.	»	50		
Berault.	»		1 couverture en laine.	
Bérault.	5	»		
Berens (veuve).	1	»		
Berger.	2	»		
Bermant.	2	»		
Bernard.	»	10		
Bernier (veuve).	»	50		
Bernier.	1	»		
Bertin.	»	50		
Bligny.	»		Linge.	
Blin.	1	»		
Blondat.	5	»		
Blondel.	»	50		
Blondot.	10	»		
Bocquet.	1	»		
Boisvert.	1	»		
Bompard.	»	50		
Bonnefoy.	2	»		
Bonnefoy.	2	»		
Bonnefoy (Mme).	1	»		
Bonnefoy (Mme).	1	»		
Bonnelet.	5	»		
Bonnet.	»	50		
Boucher.	1	»		
Boulard.	1	»		
Bourdon.	3	»		
Boutonnet	1	»		
Braun.	»	35		
Bray.	1	»		
Brossard.	1	»		
Brou.	5	»		
Bruneau.	1	»		
Bunel.	»	50		
Callier de Ste-Appoline.	1	50		
Carbonnier.	2	»		
Carré.	»	50		
Carrier.	»	30		
Castenoble.	2	»		
Chaillon.	»	50		
Chappey.	1	»	Linge.	
Charmon.	5	»		
Charpin.	»	50		
Chartier.	»	50		
Chaton.	»	70		
Chaumeton.	1	»		
Chaumont.	»	75		
Chearle.	»	50		
Cheffer.	1	»		

NOMS, PRÉNOMS et professions DES DONATEURS.	DONS		DATE DE LA REMISE DES DONS à l'Intendance militaire.
	EN ARGENT.	EN NATURE.	
	fr. c.		
Chevallier.	2 »		NOTA. — Les dons en nature de la banlieue ont été remis à l'Intendance militaire les 25 avril et 20 juillet 1855. — Les dons en argent ont été versés à la caisse du Ministère de la guerre.
Chevillon.	1 »		
Chevreau.	» 50		
Chevreau.	1 »		
Chevreau.	2 »		
Chevreau.	2 »		
Chevreau.	5 »		
Chinal.	1 »		
Clée.	» 50		
Collet.	» 50		
Collin.	»	Linge.	
Comben.	3 »		
Compiègne.	2 »		
Contentin.	1 »		
Contrault.	»	2 paires de draps.	
Coulon.	10 »	Linge.	
Coulon (veuve).	5 »	*Id.*	
Cousin.	» 50		
Crampel.	1 »	Linge.	
Cremont.	» 50		
Daniel.	» 25		
Daveux.	» 50		
David.	1 »		
David.	2 »		
Decaux.	» 50		
Decaux.	1 »		
Dechamps.	5 »		
Defrance (Mme).	3 »		
Degousse.	»	Linge.	
Deladreue (veuve).	3 »		
Delamare.	» 50		
Delaunay.	5 »		
Demaux.	» 50		
Demay.	» 50		
Demoget.	» 50		
Deneuville.	2 »		
Dengler.	» 50		
Destrez.	1 »		
Diot.	» 50		
Douillet.	1 »		
Dubettier.	1 »		
Dubois.	» 50		
Dubois.	6 »		
Dudoit.	5 »		
Duménil.	3 »		
Dumont.	» 50		
Dunoyer.	5 »		
Duperron (veuve).	» 50		
Duval.	1 »		
Duvivier.	2 »		
Duvoye.	1 »		
Ernie.	2 »		
Eslan.	» 50		
Fauvelle.	2 »		
Felt.	2 50		
Ferrand (Mme).	» 50		
Fichet.	1 »		
Filerin.	» 50		
Florentin.	» 25		
Florentin.	1 »		
Forestier.	» 50		
Fortuné.	2 »		
Fouché.	5 »		

NOMS, PRÉNOMS et professions DES DONATEURS.	DONS			DATE DE LA REMISE DES DONS à l'Intendance militaire.
	EN ARGENT.		EN NATURE.	
	fr.	c.		
Foyer.	2	»		NOTA. — Les dons en nature de la banlieue ont été remis à l'Intendance militaire les 25 avril et 20 juillet 1855. — Les dons en argent ont été versés à la caisse du Ministère de la guerre.
Fraiture.	1	»		
Francmann.	1	»		
François.	1	»		
François.	1	»		
Gallerand.	1	»		
Galliot.	2	»		
Gaumard.	5	»	Linge.	
Gautrin.	»	50		
Gendron.	»	50		
Giganon.	2	»		
Gilbert.	2	»		
Gillet.	»	50		
Girard.	10	»		
Girard.	»	50		
Giroux.	»	50		
Gorey.	2	»		
Gosse.	2	»		
Gosset.	3	»		
Goussier.	2	»		
Grandjean.	3	»		
Grenier.	1	»		
Griblier.	10	»		
Guérin.	1	»		
Guérin.	6	»		
Guernier.	»	50		
Guigny.	»	20		
Guilbert.	»	25		
Guillaume.	»	50		
Guiot.	2	»		
Guyot.	»	35		
Guyot.	1	»		
Haësse.	1	»		
Helle.	9	»		
Hénault.	»		Linge.	
Hénault.	3	»		
Héricourt.	1	»		
Héricourt.	»		Linge.	
Herst (Arsène).	»	50		
Heude.	1	50		
Hochart.	»	50		
Houdart.	2	»		
Hubert.	»	50		
Hudier.	2	»		
Hugonel.	2	»		
Hulin.	1	»		
Husson.	2	»		
Inconnu.	1	»		
Id.	2	»		
Id.	2	»		
Isnard.	»		Linge.	
Jacob.	»	50		
Jacob.	»	50		
James.	»		Linge.	
Janets.	5	»		
Juérie.	2	»		
Julien.	1	»		
Korbach.	5	»		
Labille.	2	»		
Laizier.	»		Linge.	
Laizier.	1	»		
Lamotte.	3	»		
Lamy.	10	»		
Langlois.	»	50		

NOMS, PRÉNOMS et professions DES DONATEURS.	DONS EN ARGENT.		DONS EN NATURE.	DATE DE LA REMISE DES DONS à l'Intendance militaire.
	fr.	c.		
Lansyaux.	»	25		NOTA. — Les dons en nature de la banlieue ont été remis à l'Intendance militaire les 25 avril et 20 juillet 1855. — Les dons en argent ont été versés à la caisse du Ministère de la guerre.
Laporte.	5	»		
Laurent.	3	»		
Lavenue père.	1	»		
Le Bailly.	3	»		
Lebœuf (veuve).	»	50		
Lebrun.	5	»		
Lechevallier.	1	»		
Leclerc.	»	25		
Leclerc.	8	»		
Lecomte.	»	30		
Lecomte.	1	»		
Leduc.	1	»		
Leduc.	5	»		
Lefèvre.	5	»		
Lefranc.	1	»		
Legrand.	1	50		
Lebarle.	1	50		
Lejemptel.	5	»		
Lelièvre.	1	»		
Lelièvre.	1	50		
Lelièvre.	2	»		
Lelièvre.	5	»		
Lelong.	1	»		
Lemaire (Mlle).	5	»		
Lemeneux.	2	»		
Lemeveberg (veuve).	»	50		
Lemingue.	1	»		
Lenoble.	10	»		
Lenoir.	5	»		
Leplat.	»	50		
Leroy.	1	»		
Lesage.	1	»		
Lesage.	2	»		
Lesage (Mme).	»	50		
Lessertisseur.	1	»		
Lhuillier.	1	»		
Liasse.	1	»		
Loir.	»	50		
Loiseau.	1	»		
Loré.	»	50		
Louette.	1	»		
Louise (Mlle).	»	50		
Lourd.	1	»		
Lourde-Delaplace.	1	»		
Louvrier.	5	»		
Lozier.	1	»		
Magnan.	2	»		
Mancel.	3	»		
Manescau.	5	»		
Mansart.	1	»		
Marcellin.	»	50		
Marchadier.	1	»		
Marechal.	»	50		
Marichaud.	5	»		
Marquet.	»	50		
Marrier.	1	»		
Marthod.	2	»		
Martin.	5	»	Linge.	
Martin-Lantoine.	1	»		
Masson.	1	»		
Maubertier.	2	»	Linge.	
Mauduit.	»		*Id.*	

NOMS, PRÉNOMS et professions DES DONATEURS.	DONS EN ARGENT.		DONS EN NATURE.	DATE DE LA REMISE DES DONS à l'Intendance militaire.
	fr.	c.		
Mauny.	»	50		NOTA. — Les dons en nature de la banlieue ont été remis à l'Intendance militaire les 25 avril et 20 juillet 1855. — Les dons en argent ont été versés à la caisse du Ministère de la guerre.
Mauny.	5	»		
Merantine.	1	»		
Mercier.	»	50		
Mignon.	»	50		
Mignot.	1	»		
Milcent.	»	50		
Milcent.	1	»	Linge.	
Milcent (veuve).	2	»		
Milcent.	5	»		
Millon.	1	»		
Milon.	5	»		
Mopineau.	1	»		
Morel.	1	»		
Morizet.	2	»		
Moronval (Mme).	»		Linge.	
Mouchot.	2	»		
Moulin.	3	»		
Moussette.	3	»		
Moutoux.	»	50		
Nachon.	1	»		
Naveau.	1	»		
Nicot.	»	20		
Nolot.	1	»		
Normand.	»	50		
Ory.	»	25		
Pagnot.	1	»		
Paolo.	5	»		
Partiot.	1	»		
Paul Cruchon.	3	»		
Pauly.	1	»		
Peron.	1	»		
Perret.	1	»		
Personne.	»	50		
Petit.	»	50		
Petit.	3	»		
Picard.	»	50		
Plessis.	1	»		
Plessis.	2	»		
Polux.	»	50		
Pottier.	5	»		
Poulinier.	1	»		
Pouteau.	2	»		
Railleux.	2	»		
Ramard.	1	50		
Ransillat.	1	»		
Rateau.	1	»		
Rault.	»	50		
Raverat.	2	»		
Redon.	»	50		
Renardier (Mme).	»	50		
Renouf (Mlle).	»	50	Linge.	
Rioudet.	1	»		
Riberolle.	5	»	Linge.	
Rodermont.	»	50		
Roger.	3	»		
Roucoul.	2	»		
Rougemont.	1	50		
Ruffel.	1	»		
Sagot.	»	50		
Sandrin.	»		Linge.	
Sat dit Buisson.	5	»		
Saucisse.	2	»		

NOMS, PRÉNOMS et professions DES DONATEURS.	DONS		DATE DE LA REMISE DES DONS à l'Intendance militaire.
	EN ARGENT.	EN NATURE.	
	fr. c.		
Saussolle (Mlles).	1 »	Linge.	NOTA. — Les dons en nature de la banlieue ont été remis à l'Intendance militaire les 25 avril et 20 juillet 1855. — Les dons en argent ont été versés à la caisse du Ministère de la guerre.
Savard.	3 »	*Id.*	
Saye.	3 50		
Schall.	2 »		
Scheffer.	» 20		
Schoualbe.	2 »		
Sellier.	1 »		
Serenne.	2 »		
Simon.	2 »		
Simon (Mme).	» 50		
Souchet.	1 »		
Souchet.	1 »		
Soudieux.	» 50		
Souplet.	1 »		
Taflin.	3 »		
Teissier.	»	Linge.	
Teneux.	1 »		
Thevenard.	» 50		
Thevenard.	1 »		
Thioust.	» 50	Linge.	
Thioust.	1 »		
Thioust.	1 »		
Thioust.	1 »		
Thioust.	3 »		
Thioust.	5 »		
Thioust (Mlle).	5 »	Linge.	
Thouret.	» 50		
Toulze.	»	4 vieilles chemises.	
Touraud.	1 »		
Taurnant.	5 »		
Tournier.	» 50		
Travers.	» 50	Linge.	
Trion.	»	1 caisse à emballer.	
Vallotte.	2 »		
Varcon.	1 »		
Vart-Vart.	2 50		
Vassou.	5 »		
Vernet.	» 50		
Verrier.	1 »		
Verrier.	2 »		
Vidron.	5 »	Linge.	
Viénot.	»	*Id.*	
Viénot.	2 »		
Viénot.	2 »		
Viénot.	3 »		
Viénot.	3 »		
Viez.	3 »		
Verlogeux.	2 »		
Voisin.	1 »		
Yozon.	1 »		
Yvard.	5 »		
Zigler.	2 »		
Zinder.	» 50		
Zinder.	» 50		
TOTAL.....	819 70		

NOMS, PRÉNOMS et professions DES DONATEURS.	DONS			DATE DE LA REMISE DES DONS à l'Intendance militaire.
	EN ARGENT.		EN NATURE.	
			Vitry.	NOTA. — Les dons en nature de la banlieue ont été remis à l'Intendance militaire les 25 avril et 20 juillet 1855. — Les dons en argent ont été versés à la caisse du Ministère de la guerre.
	fr.	c.		
Abraham.	1	»		
Adam père.	»	50		
Albert (Mme).	10	»	Linge.	
Allège.	»	50		
Amiot.	»	50		
Amiot (Antoine).	»		Linge.	
Amiot (Jean-Charles).	2	»		
Amiot (Joseph).	»		Linge.	
Amiot (Louis-Germain).	1	»		
Amiot père.	»		Linge.	
Anette (Mlle).	1	»		
Anonyme.	2	»		
Aubert.	1	»	Linge.	
Aubry.	1	»		
Bachoux (André).	»	50		
Bachoux (Denis).	»	50		
Bachoux (Louis).	1	»	Linge.	
Bachoux (Victor).	1	»		
Baptiste.	»	50		
Barre (veuve).	1	»		
Barre (veuve Alexandre).	»		Linge.	
Barre (Auguste).	»		*Id.*	
Barrier.	1	»		
Baudoin.	»		Linge.	
Beaucour.	»		*Id.*	
Beaumier.	»	50		
Beauregard.	3	»		
Belleret.	»		Linge.	
Bernard.	»		*Id.*	
Berthe.	»	50		
Berthe-Frazier.	»	20		
Bif.	5	»		
Bilcart (Mme).	2	»		
Billetout.	1	»	Linge.	
Bochard.	»	50		
Boncorps (Mme).	5	»		
Bonnard.	»		Linge.	
Bonnelais.	»		*Id.*	
Bonnet.	2	»		
Bonnin.	2	»		
Bonnot (veuve).	2	»	Linge.	
Botton fils.	3	»		
Botton père.	1	»		
Boudet.	3	»		
Boulanger (veuve).	1	»		
Bouquet.	»		6 chemises.	
Bouquet (Denis).	1	»		
Bourcier (Auguste).	1	»		
Bourdillat.	»	50		
Bourge.	2	»	Linge.	
Bourgeois (Mme).	»		*Id.*	
Boursier (Jérôme).	1	»		
Bouscatel.	5	»	Linge.	
Bouscatel (Alex.).	2	»		
Boultier.	2	»		
Caillet.	»		Linge.	
Cailleux (Paul).	5	»		
Canard.	»	50		
Capitaine.	»		Linge.	
Cardet (André).	1	»		

NOMS, PRÉNOMS et professions DES DONATEURS.	DONS		DATE DE LA REMISE DES DONS à l'Intendance militaire.
	EN ARGENT.	EN NATURE.	
	fr. c.		
Cardet père.	1 »		NOTA. — Les dons en nature de la banlieue ont été remis à l'Intendance militaire les 25 avril et 20 juillet 1855. — Les dons en argent ont été versés à la caisse du Ministère de la guerre.
Caron (Henry).	»	Linge.	
Caron (veuve).	1 »		
Carpentier.	» 50		
Carteron.	2 »		
Catelin.	1 »		
Chabuet.	5 »	1 drap.	
Chalumeau.	»	Linge, lainage.	
Chatenay.	2 »		
Chatenay (Auguste).	1 »		
Chatenay (Franç.-Antoine).	5 »		
Chatenay (Jean).	» 50		
Chatenay mère.	2 »		
Chatenay père.	»	Linge.	
Chatenay (veuve).	1 »		
Chatenay (veuve).	1 »		
Chauvin.	2 »		
Chavoix.	1 »		
Chemin.	1 »		
Chéron.	5 »		
Claudon.	» 50		
Clément.	»	Linge.	
Clept père.	» 50		
Clerget.	»	Linge.	
Contant.	»	*Id.*	
Cordey.	5 »		
Cormier.	»	Linge.	
Coulombier.	3 »		
Coupet.	2 50		
Cretté (Clément) fils.	1 »		
Cretté (Clément) père.	1 »		
Cretté (Courtin).	»	Linge.	
Cretté (Etienne).	1 »		
Cretté (Eugène).	» 25		
Cretté (Louis-Polo).	1 »		
Cretté (Valentin).	1 »		
Cretté (veuve).	» 50		
Cretté dit Patu.	1 »		
Cretté-Hello père.	»	Linge.	
D'abont (Mlle).	1 »		
David.	»	Linge.	
David.	» 50	*Id.*	
Defforges.	1 »		
Defresnes fils.	2 »		
Defresnes (Honoré).	5 »		
Defresnes (Jacques).	5 »		
Defresnes (Jean-Nicolas).	3 »		
Degrain (Antoine).	»	Linge.	
Delanoue.	»	*Id.*	
Delanoue (François).	2 »		
Delanoue (Henry).	1 »		
Demarle.	1 50		
Deroche.	3 »		
Desestre.	» 50		
Devernoille.	3 »		
Dieu.	2 »		
Dresco.	1 »		
Driancourt (Mme).	»	Linge.	
Druot (veuve).	» 50		
Duchange.	»	*Id.*	
Duchange.	» 50		
Duchange père.	» 50		
Duclos.	1 »	Linge.	
Duclos-Florentin.	» 50		

NOMS, PRÉNOMS et professions DES DONATEURS.	DONS		DATE DE LA REMISE DES DONS à l'Intendance militaire.
	EN ARGENT.	EN NATURE.	
	fr. c.		
Dulac.	5 »	Linge.	NOTA. — Les dons en nature de la banlieue ont été remis à l'Intendance militaire les 25 avril et 20 juillet 1855. — Les dons en argent ont été versés à la caisse du Ministère de la guerre.
Durand fils.	2 »		
Dutruit.	» 50		
Duval.	1 »		
Duval.	» 50		
Elie.	1 »		
Emery.	» 50		
Fabre.	1 »		
Famin.	1 »		
Flament (Mme).	» 20		
Forest (Henry).	2 »		
Forest (Louis).	1 »		
Forêt (Mme).	»	3 chemises.	
Foret (Jean-Baptiste).	»	Linge.	
Foucaut.	1 »		
Foucaut.	» 50		
Fralon.	1 »	Linge.	
Froment.	» 50		
Froment (Denis).	2 »		
Froment (Germain).	»	Linge.	
Gadenne (Alfred).	» 50		
Gambil.	» 50		
Gauchard.	1 »		
Gelmont (Mlle).	2 »		
Gely.	» 50		
Genin (Mme).	1 »		
Genisson.	5 »		
Geoffroy.	2 »		
Gérard.	5 »		
Gérard (Mme).	» 50		
Gervais.	» 50		
Gervais père.	1 »		
Gézequil.	1 »		
Girardot (Prudent).	»	Linge.	
Glory.	5 »		
Gravereaux.	1 »		
Grenier.	1 »		
Grognet (Ferdinand).	»	Linge.	
Grognet (Jean-Marie).	» 50		
Grognet (Pierre-Marie).	»	Linge.	
Grognet (veuve).	1 »		
Grou.	5 »		
Gobet père.	» 30		
Gouesdé.	»	Linge.	
Goyard.	5 »	2 chemises.	
Goyard (Gervais) père.	» 50		
Guérin.	3 »		
Guézard (Mme).	» 25		
Guichet.	5 »		
Guillaume (Mme).	2 »		
Guillemin (veuve).	» 50		
Guillot.	2 »		
Guiod fils.	» 50		
Guiod père.	» 50		
Guitare (Mme Catherine).	»	Linge.	
Guy.	» 50		
Havé.	5 »		
Henon.	»	Linge.	
Hervy.	» 50		
Houdé (Joseph).	1 »		
Houdet (Christophe).	2 »		
Houdet (Honoré).	2 »		
Huard (Pierre).	»	Linge.	
Huart fils.	2 »		

NOMS, PRÉNOMS et professions DES DONATEURS.	DONS EN ARGENT.		DONS EN NATURE.	DATE DE LA REMISE DES DONS à l'Intendance militaire.
	fr.	c.		
Huart (Joseph).	5	»		NOTA. — Les dons en nature de la banlieue ont été remis à l'intendance militaire les 25 avril et 20 juillet 1855 — Les dons en argent ont été versés à la caisse du Ministère de la guerre.
Huart (Louis).	1	»		
Hutinet.	»		Linge.	
Jacotot.	»		*Id.*	
Jacques (Mlle).	»	50		
Kablan.	1	»		
Labbé.	[illegible]		Linge.	
Lachaume.	»	50		
Lamarche.	1	»		
Lamouroux, maire.	20	»	Linge, charpie, couverture.	
Lamy (Denis).	»		Linge.	
Larue.	1	»		
Laurent (Mme).	2	»		
Laveissière (Mme).	5	»		
Lavessière (Mme).	5	»		
Lazerge.	2	»		
Leblanc.	2	»		
Lecerf.	»	50		
Lécuyer.	2	50		
Leduc.	»	50		
Leduc (veuve).	»		Chemises.	
Lefevre (Dame).	»	30		
Lefèvre (Henry).	2	»		
Lefoy (Paul).	1	»		
Legrand.	2	»		
Legrand.	1	»		
Legrand.	5	»		
Legrand mère (Mme).	5	»		
Lelong.	1	50		
Lemoigne.	»	50		
Léon.	5	»		
Lephay.	»		Linge.	
Leprince.	2	»		
Leroux.	»	25		
Letellier.	1	»		
Levasseur.	»	50		
Liste (Mlle).	1	»		
Littau.	2	»		
Logre.	2	»		
Luisette (Constant).	2	»		
Luisette fils.	1	»		
Luisette mère.	3	»		
Luisette jeune (Mme).	5	»		
Maillard.		»	Linge.	
Mainfroy.	1	50		
Mainfroy.		»	Linge.	
Mansion-Luisette.	1	»		
Marcel.	»	25		
Margat aîné fils.		»	Linge.	
Margat père.	2	»		
Mark.	2	»		
Marquet.	1	»		
Martin.	1	»		
Masson (Antoine).	2	»		
Masson (Mme).	1	»		
Mathis.	1	»		
Mathon (veuve).	5	»		
Maucuit (Alexandre).	»	50		
Maucuit (Socrate).	»	25		
Mazelon.	»		Linge.	
Mélanie (Mlle).	1	»	*Id.*	
Merlin (Mme).		»	*Id.*	
Michaud.	»	50		
Michel.	5	»		

NOMS, PRÉNOMS et professions DES DONATEURS.	DONS EN ARGENT.	DONS EN NATURE.	DATE DE LA REMISE DES DONS à l'Intendance militaire.
	fr. c.		
Millevoye.	» 75		NOTA. — Les dons en nature de la banlieue ont été remis à l'Intendance militaire les 25 avril et 20 juillet 1855. — Les dons en argent ont été versés à la caisse du Ministère de la guerre.
Moinery.	2 »		
Moneuil.	1 »		
Monténot.	»	Linge.	
Montigny.	» 50		
Morblant.	1 »		
Morblant aîné.	2 »		
Morblant (Antoine).	» 50		
Morblant (Eugène).	» 50		
Morblant (Jean-Louis).	»	Linge.	
Morblant mère.	5 »		
Morblant père.	»	Linge.	
Moreau.	1 50		
Morel.	1 »		
Morisset.	» 50		
Papiniot.	» 50		
Parmentier (Mme).	»	Linge.	
Pascal.	2 »		
Pasquier.	2 »		
Paulet.	5 »		
Péculier.	»	Linge.	
Pelvain (Mme).	2 »		
Penseron.	» 50		
Penseron fils.	1 »		
Perieux.	1 »		
Petit-Louis (Mme).	» 10		
Picard fils.	3 »		
Picard père.	1 »		
Picarles.	1 »		
Pillet.	» 30		
Pinard.	1 »		
Pinson (Germain).	»	Linge.	
Piverneau.	» 50		
Poisson.	1 »		
Prouteau père.	1 »		
Quérault (Mlle).	3 »	Linge.	
Raban (Max).	» 50		
Rameau.	1 »		
Raoul.	1 »		
Ravilly (veuve).	» 50		
Religieuses (les).	5 »	Linge.	
Remy-Caillet.	»	*Id.*	
Renaud.	2 »		
Renoud.	1 »		
Renoux.	» 50		
Reyé.	1 »		
Roblin.	1 »		
Rocque.	1 »		
Roger (Mme).	1 25		
Rondeau.	» 50		
Rondeau (André).	» 50		
Rousseau.	»	Linge.	
Rousseau.	2 »		
Roux (Georges).	5 »		
Roy (Gervais).	2 »		
Roy (Henry).	»	Linge.	
St-Chéron (Mme).	» 50		
Sassey.	1 »		
Schneider.	1 »		
Segaut.	1 »		
Séguin (Mme).	1 »		
Sergent (Denis).	»	Linge.	
Sergent (Germain).	1 »		
Sergent (Mme Louis).	5 »		

NOMS, PRÉNOMS et professions DES DONATEURS.	DONS EN ARGENT.		DONS EN NATURE.	DATE DE LA REMISE DES DONS à l'Intendance militaire.
	fr.	c.		
Sergent (Victor).	2	»	Linge.	NOTA. — Les dons en nature de la banlieue ont été remis à l'Intendance militaire les 25 avril et 20 juillet 1855. — Les dons en argent ont été versés à la caisse du Ministère de la guerre.
Sœur Marie.	5	»		
Soreau.	»	50		
Soubranne.	»	50		
Teinturier.	1	»		
Thevenot.	1	»		
Thevenot.	»	50		
Thevenot (Charles).	»		Linge.	
Thevenot (Jean).	»	75		
Thevenot (Maurice).	1	»		
Thevenot (Victor).	»	50		
Thirion.	1	»		
Thomas fils.	»	50		
Thomas père.	1	»		
Tremblay.	2	»	Linge.	
Tremet.	»		*Id.*	
Vacher (Louis).	1	»		
Vallet (veuve).	2	»		
Vanchaux (Mme).	2	»		
Vasseur.	»	50		
Vaudoyer.	»	50		
Vaudoyer (Honoré).	2	»		
Vaudoyer (Regis).	»		Linge.	
Verès (Mme).	»		*Id.*	
Vimont fils.	1	»		
Vimont père.	3	»		
Voivrier.	»	25		
Vollant.	»	50		
	467	15		

Cette somme de 467 fr. 15 c. a été employée par le maire en achat de 33 couvertures, 17 ceintures et 26 cache-nez.

RÉCAPITULATION DES DONS EN ARGENT

POUR L'ARRONDISSEMENT DE SCEAUX.

DÉSIGNATION DES COMMUNES.	SOMMES VERSÉES. fr.	c.
Antony	318	35
Arcueil	167	»
Bagneux	262	30
Bercy	1,351	50
Bonneuil	38	»
Bourg-la-Reine	122	»
Brie-sur-Marne	107	20
Champigny	300	»
Charenton	226	50
Chatenay	329	50
Châtillon	»	»
Chevilly	86	»
Choisy	»	»
Clamart	167	»
Créteil	70	»
Fontenay-aux-Roses	243	50
Fontenay-sous-Bois	315	55
Fresnes	»	»
Gentilly	252	50
Grenelle	205	50
Issy	274	»
Ivry	588	50
Joinville-le-Pont	667	»
L'Haï	21	»
Maisons-Alfort	93	50
Montreuil	»	»
Montrouge	1,518	35
Nogent-sur-Marne	553	80
Orly	194	50
Plessy-Piquet (le)	11	»
Rosny	200	75
Rungis	50	»
Saint-Mandé	1,137	85
Saint-Maur	583	90
Saint-Maurice	290	»
Sceaux	21	40
Thiais	171	50
Vanves	183	50
Vaugirard	1,524	90
Villejuif	»	»
Villemonble	496	50
Vincennes	819	70
Vitry	»	»
TOTAUX	13,964	05

RÉCAPITULATION GÉNÉRALE DES DONS EN ARGENT.

	fr.	c.
Les mairies des 12 arrondissements de Paris ont versé jusqu'au 18 février 1856.	84,659	44
La mairie du 12e arrondissement a versé, à part, au titre anonymes, la somme de........	42	»
	84,701	44
De cette somme de 84,701 fr. 44 c., il y a lieu de déduire celle de............ qui n'a été réellement versée qu'après le 18 février 1856, par la 7e mairie.	305	50
Reste......	84,395	94
Depuis il a été versé, par les mairies de Paris, la somme de............. dans laquelle se trouve comprise celle de 305 fr. 50 c. versée tardivement par la 7e mairie.	1,678	25
	86,074	19

RÉPARTITION.

	fr.	c.
1er Arrondissement........	3,847	50
2e —	12,547	60
3e —	10,889	40
4e —	4,000	»
5e —	4,457	09
6e —	6,707	80
7e —	13,072	15
8e —	9,512	25
9e —	2,951	15
10e —	3,836	75
11e —	3,439	»
12e —	10,813	50
Total égal........	86,074	19

	fr.	c.
Total égal	86,074	19
Sommes versées par l'arrondissement de Saint-Denis........	13,104	10
Id. *Id.* de Sceaux........	13,964	05
Total des sommes versées à la caisse du ministère de la guerre le 20 avril 1855, les 18 février et 10 octobre 1856........	113,142	34

ÉTAT

Des sommes votées par les Communes du département de la Seine
POUR SECOURS AUX FAMILLES DE MILITAIRES MORTS A L'ARMÉE D'ORIENT.

ARRONDISSEMENT DE SAINT-DENIS.		ARRONDISSEMENT DE SCEAUX.	
DÉSIGNATION DES COMMUNES.	SOMMES VOTÉES.	DÉSIGNATION DES COMMUNES.	SOMMES VOTÉES.
	fr.		fr.
Asnières	100	Antony	60
Aubervilliers	60	Arcueil	150
Auteuil	300	Bry-sur-Marne	40
Bagnolet	50	Choisy-le-Roi	125
Batignolles (les)	1,000	Fontenay-aux-Roses	200
Belleville	500	Fontenay-sous-Bois	100
Bondy	100	Grenelle	500
Boulogne	500	Ivry	200
Chapelle (la)	1,000	Saint-Maur	200
Charonne	200	Sceaux	300
Clichy	200	Thiais	50
Colombes	100	Vaugirard	500
Courneuve (la)	100	Villemonble	50
Épinay	127	Vitry	100
Gennevilliers	100		
Ile-Saint-Denis	100		
Montmartre	500		
Nanterre	100		
Neuilly	1,000		
Noisy-le-Sec	200		
Pantin	100		
Passy	600		
Prés-Saint-Gervais (les)	50		
Puteaux	200		
Romainville	100		
Saint-Denis	500		
Saint-Ouen	200		
Stains	100		
Suresnes	100		
Villette (la)	1,000		
TOTAUX....	9,287	TOTAUX....	2,575

Certifié conforme aux minutes et originaux :

Paris, le 23 décembre 1856.

Le Secrétaire général,

Signé Ch. Merruau.

Paris, Paul Dupont,
Hôtel des Fermes.

www.ingramcontent.com/pod-product-compliance
Lightning Source LLC
Chambersburg PA
CBHW061008280326
41935CB00009B/876